SHODENSHA
SHINSHO

親日国の世界地図

——236のデータで実証

佐藤 拓

JN184099

祥伝社新書

プロローグ　データで正しく検証する真の「親日国」

北朝鮮、尖閣諸島《せんかく》、南シナ海……。現在、日本周辺が極度の緊張状態に包まれていることは、ここで述べるまでもないだろう。日本周辺だけではない。日本が経済協力を推《お》し進めようとしているロシアは、クリミア半島を占領し、さらにバルト海でも不穏な動きを見せている。「イスラム国」（ＩＳ）がほぼ壊滅したというのはその中でも数少ない朗報だが、イスラム過激派は何も「イスラム国」だけではなく、世界各地でテロを起こしている。そしてそれを嫌ったトランプ政権は移民排斥《はいせき》の姿勢を明確に打ち出し、それがヨーロッパの難民排除を正当化させており、またこうした動きが人種差別・民族差別に再び火をつけている。

まことに世界は安定しない。仮に、上記の懸案事項がすべて穏《おだ》やかに終息したとしても、おそらく新たな問題が発生し、世界は頭を悩まされ続けるのだろう。このような世の中で、日本が戦争やテロに巻き込まれず、平和で繁栄するためには、どのような外交政策をとればよいのか。非常に難しい問題だが、方策は多岐《たき》にわたるとしても、要は国同士がお互いに信頼し合える関係を構築することが肝腎《かんじん》だとすれば、そのためには世界中に「親日国」を増やしていくことが必要だと言えるだろう。もちろん親日国だからといって、有事《ゆうじ》の際に必ずしも日本を助けてくれるわけではない。どの国も自国の利益を優先した行動を取るのが当然であり、過度の期待はできない。しかし、少なくとも親日国は日本に対して「ミサイルを撃ち込むぞ」と脅したり、領海侵犯を繰《く》り返したりはしない。

では現在、世界にはどれくらいの親日国があり、どの程度日本を信頼し、親近感を持ってくれているのだろうか。それを明らかにするのが本書のテーマである。

■親日感情を生み出してきた要素

本書では、日本及び日本人に対して、親近感を持っている人、信頼を置いている人を「親日家」(または親日派)と呼び、親日家が多数を占めている国を「親日国」と定義する。逆に反日感情を持つ人が多数を占める国を「反日国」とする。ある国が親日感情(または反日感情)を持つ要因のうち主なものを列挙すると、おおむね次のようになる。

①アジア・太平洋戦争(反日感情) 日本軍が進出したアジア・大洋州諸国では多大な被害を受けたため、多くの国は戦後長い間反日だった。ただし、欧米の植民地支配からの脱却のきっかけになったと評価する向きも一部にある。中国と韓国は戦争被害を政治利用し続けているため、現在に至るまで国民の反日感情が他国より強い。なお、本書では今後、

アジア・太平洋戦争を短く「先の大戦」と表記する。

②戦後の平和外交　憲法九条に基づき平和外交に徹《てっ》して、日本は信頼を築いた。

③経済大国への成長　日本が敗戦から短期間で経済復興を成し遂げ、アジアの先頭を切って先進国入りしたことに対して、他国から敬意を受け、目標となった。

④経済・技術支援　日本は先の大戦の被害国やその他の開発途上国へODA（政府開発援助）などを積極的に実施してきており、これが親日感情を醸成している面は非常に大きい。

⑤科学技術及び工業製品の信頼度　日本の先端科学技術や工業製品は厚い信頼を得ている。ただし、最近はデータの改ざんなど製造業の不祥事が相次いでおり、その信頼感が揺らいでいる。

⑥日系人の功績　世界各地の日本人移民とその子孫が苦労を重ね、現地での信頼を築いた。

⑦日露戦争での勝利　一一〇年以上前の戦争だが、アジアの小国が大国ロシアを破ったことで、植民地支配を受けていたアジア諸国に希望と勇気を与えた。と同時に、ロシアの圧力に苦しめられていた欧州の国々からも喝采を浴びた。

⑧二国間の特別な歴史的事件　日本で難破したトルコ軍艦「エルトゥールル号」の乗員を村民が救助した一件など、人道的エピソードが二国間の信頼関係を強めることがある。

⑦と⑧は現地の教科書などに記載され、現在まで知識としてある程度現地に伝わっている。ただし、それが今の対日感情に影響している度合はさほど大きくないかもしれない。

⑨皇室外交　王室を現在も維持している国との皇室外交は、国民の親日感情に寄与している。というのも、一般にそうした国では王室は国民から敬愛されており、その王室と日本の皇室がロイヤル外交を繰り広げることが、日本への親近感につながるからである。

■データ重視で「親日指数」を決定

本書では、各種世論調査結果などに基づいて、データ重視で各国の親日度を計っている。巷《ちまた》では、歴史上のエピソードや個人的な旅行体験から「あの国は親日国だ」とか「あそこはさほど親日的な国ではない」などといわれるものの、根拠が非常にあいまいである。そこで本書では徹底的にデータにこだわり、親日度合を「親日指数」で表わした。そうすると、かねてより親日国だと思われてきた国が実はそうでもなかったり、逆に意外な国が親日派だったりすることがわかった。なお、各種世論調査の対象人数や属性、回収率などの詳しい実施内容については、記載されている「出典」にあたってほしい。

「親日指数」が表わす概略と目安は以下のとおり。


「5」絶対的な親日国　国民のおよそ八割以上が親日的で、反日派が一割に満たない。

「4」かなりの親日国　国民のおよそ七割以上が親日的で、反日派はほぼ二割以下。

「3」親日国　親日派がほぼ過半数を占め、反日派はほぼ二割以下。

「2」友好国　親日派が半数以下か、過半数を占めていても、反日派も二〜三割程度おり、親日国とは呼びにくい。

「1」中立的友好国　親日派が反日派に勝るものの、反日派も拮抗《きっこう》している。

「反日国」　反日派が親日派を上回る。


どの国がどの程度の親日国なのか。結論だけを先に示す形となるが、次頁に親日国の世界地図を掲載した。数字は「親日指数」を表わす。なお、二章の地図には国名だけで数値のない国があるが、これはデータが古いか不確かなために指数を決められなかったもの。ただし、参考として本文中で親日度合について述べている。

親日国の世界地図

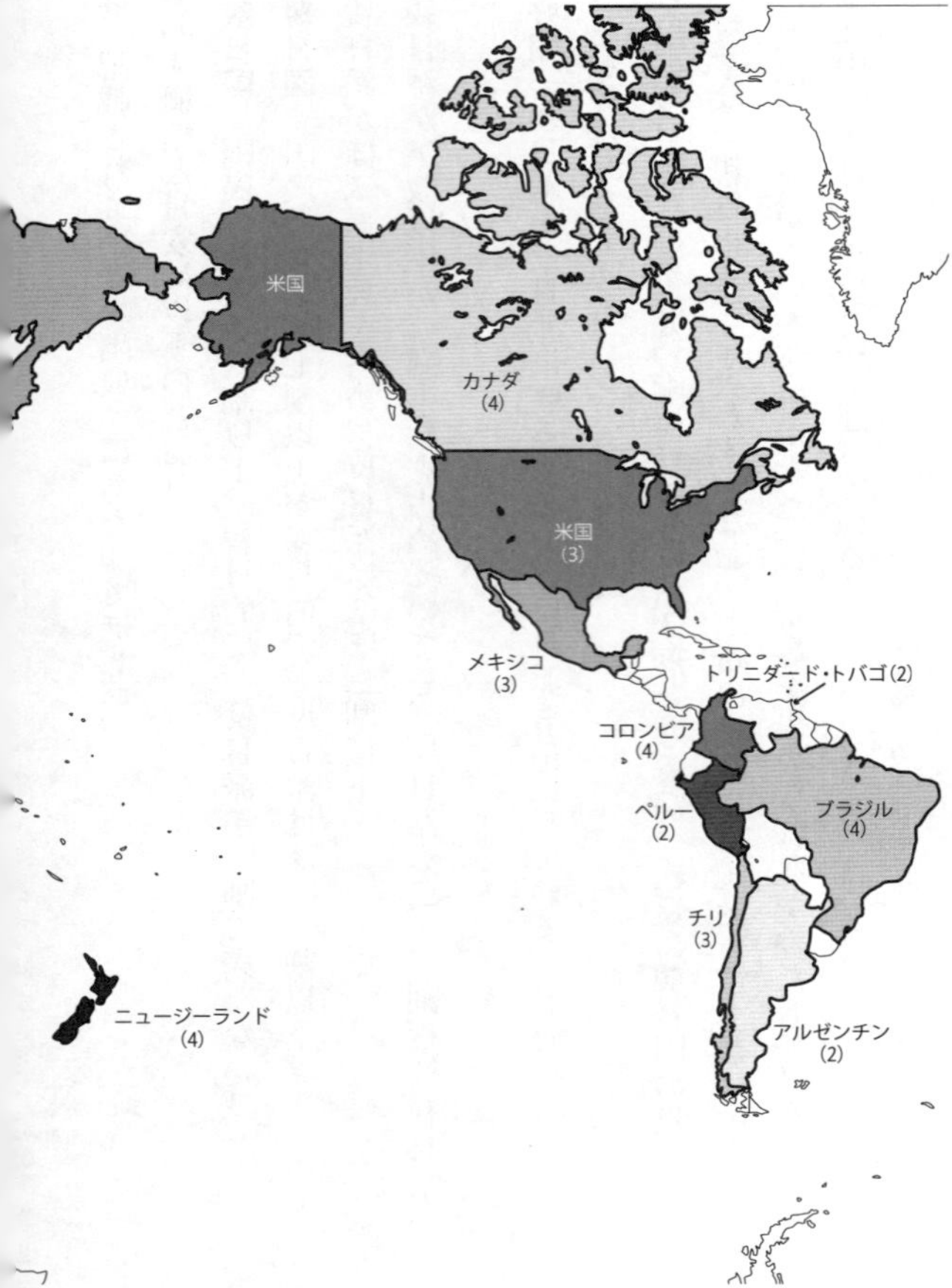
米国
カナダ
(4)
米国
(3)
メキシコ
(3)
トリニダード・トバゴ(2)
コロンビア
(4)
ペルー
(2)
ブラジル
(4)
チリ
(3)
アルゼンチン
(2)
ニュージーランド
(4)

※国名が記載されている国について、本書で親日指数を決定。
（　）内の数字が親日指数。
5は「絶対的親日国」
4は「かなりの親日国」
3は「親日国」
2は「友好国」
1は「中立的友好国」を表わす
（アミの濃度は各国の親日度とは無関係です）

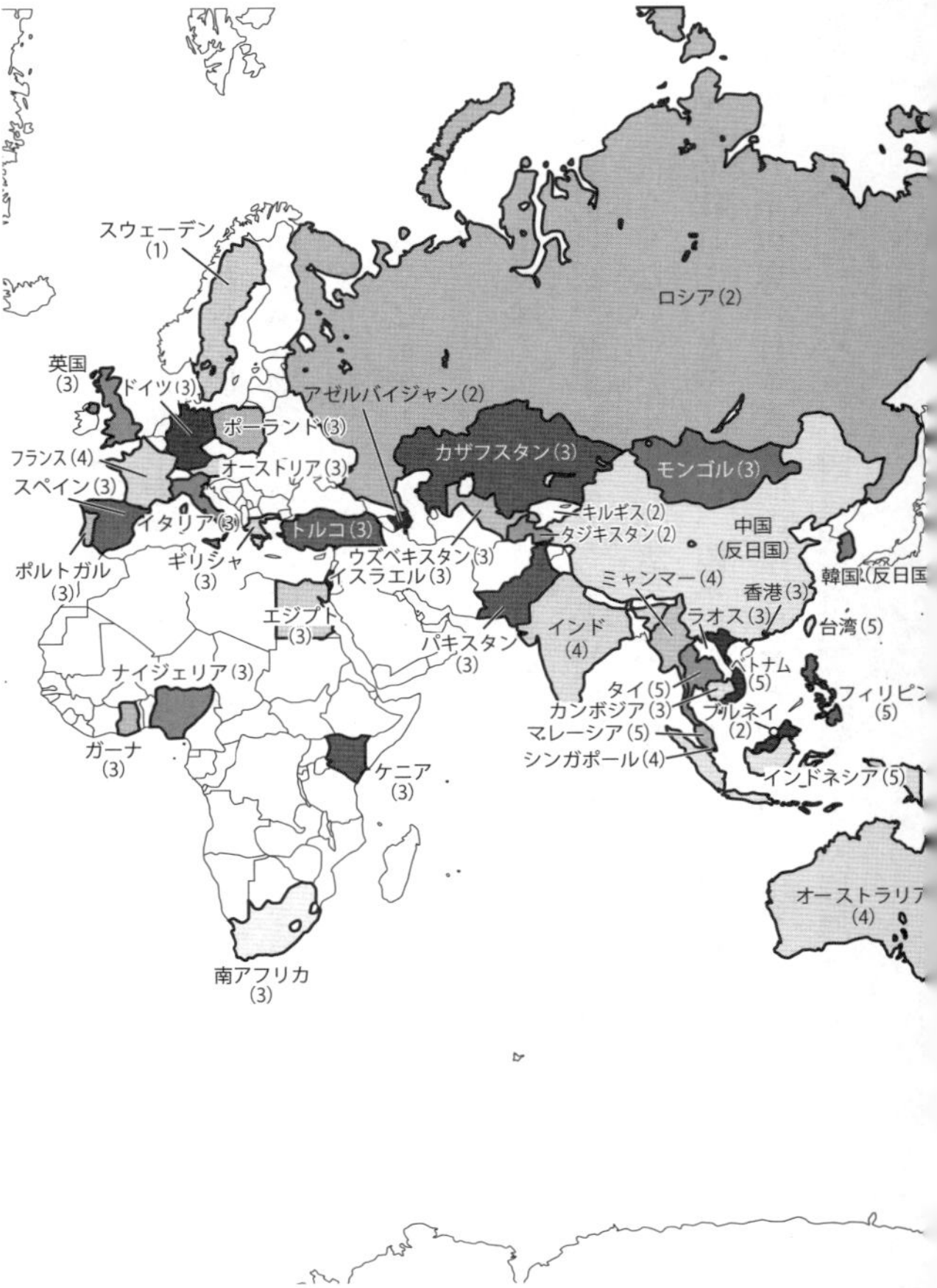

■「親日感情」は一過性であり、また親日国への「旅行は安全」というものでもない

本書で留意してほしいのは、仮に「親日国」と記載されていても、それは現時点に限った一過性のものにすぎないことである。たとえば、本書では台湾を親日指数が5の「絶対的親日国」としているが、台湾と日本の間には漁業権問題や尖閣諸島の領有権問題などがあり、今後の展開によっては台湾の親日指数が低下する可能性もある。

また、政府の対日姿勢と国民の意識は別物であると認識されたい。中国と韓国は、これまで政府が政権安定のために国民を反日に誘導してきたことは周知の事実。しかし、若い世代はかなりの親日感情を持っていることがデータから明らかになっている。政府の反日姿勢あるいは一部の反日家の存在をして、国民全体を反日派とみなすのは間違いである。もちろんその逆もあり、政府が親日でも国民はそうでもない国もある。

そして、最後に親日国にも反日家が必ずいること、また親日国だからといって旅行の安全を担保しないことも忘れてはならない。とくに犯罪者にとって旅行者はすべてカモにすぎない。タイも本書では「絶対的親日国」だが、二〇一四年に犯罪被害に遭《あ》った邦人を在タイ日本大使館が援護した件数は、全世界の日本大使館の中で最多だったのである。

なお、本書では北朝鮮を取り上げていない。対日観の世論調査データが皆無だからである。

親日国の世界地図…目次

図版製作／寺尾定伸

一章

日本のことが大好きな国トップ6

日本のことが大好きな国トップ6

※（　）内の数字は親日指数
5は「絶対的親日国」を表わす

■日本のことが大好きな国はアジアに集中

世界で最も親日的な六カ国（親日指数5）は東・東南アジアに集中している。インドネシア、ベトナム、フィリピン、タイ、台湾、マレーシア。これらの国はすべて先の大戦の際に日本軍の侵略を受けた。台湾にいたっては、朝鮮より前に日本の植民地となっていた。しかしそれにもかかわらず、これらの国は日本が大好きなのである。中国・韓国は「歴史を直視しない日本は世界で孤立している」と主張しているものの、実際はその正反対で、しかも各国が中国・韓国よりもずっと日本を信頼していることを、データが示している。

トップ6が日本を信頼し、好きでいてくれる理由については国ごとに異《こと》なる面があるが、総じていえるのは、戦後の日本が一貫して堅持してきた、平和外交への信頼と経済支援がある。また、アジアで先頭を走ってきた先進国日本への憧《あこが》れや、科学技術に対する尊敬、さらに若者にとってはアニメを筆頭とするポップカルチャーへの愛着などもある。

もちろん、年輩者の中には先の大戦の記憶ゆえに未《いま》だに反日感情を持つ人もいる。しかし、そうした時代を生きた人口は年々減少しており、戦争を知らない世代では日本に親近感を抱《いだ》く者が多数を占めているため、結果的に親日派の割合が増加しているといえる。

■東南アジアで拮抗《きっこう》する日本と中国に対する信頼感

外務省は毎年、世界各地域で対日観の世論調査を実施しており、図1－2と図1－3は二〇一五年におこなわれたASEAN一〇カ国における調査結果である。全体では、日本を友邦《ゆうほう》として信頼できるとした人(「信頼できる」と「どちらかといえば信頼できる」の合計)の割合は七三パーセントで、かなりの信頼を得ている。(図1－2)。逆に、「信頼できない」またはどちらかといえば信頼できない」とする人は合計で六パーセントにすぎなかった。

一方、G20(20カ国財務相・中央銀行総裁会議)で最も信頼できる国の選択においては、一〇カ国全体では日本が二三パーセントの支持を得てトップだった(図1－3)。第二位は僅差《きんさ》で米国、第三位は中国。しかし国別に見ると、日本を第一位に選んだのはわずか二カ国にすぎない。米国は三カ国、そして中国は実に五カ国で最も信頼できるとされた。南シナ海の問題があっても、フィリピンとインドネシアを除き、中国はASEAN(東南アジア諸国連合)諸国に支持されているのだ。なお、G20とは、日本、米国、英国、フランス、ドイツ、イタリア、カナダ(以上、G7)、ロシア、中国、インド、ブラジル、メキシコ、南アフリカ、オーストラリア、韓国、インドネシア、サウジアラビア、トルコ、アルゼンチンである(EUを除く)。

図1-2　ASEANの国別／対日信頼度

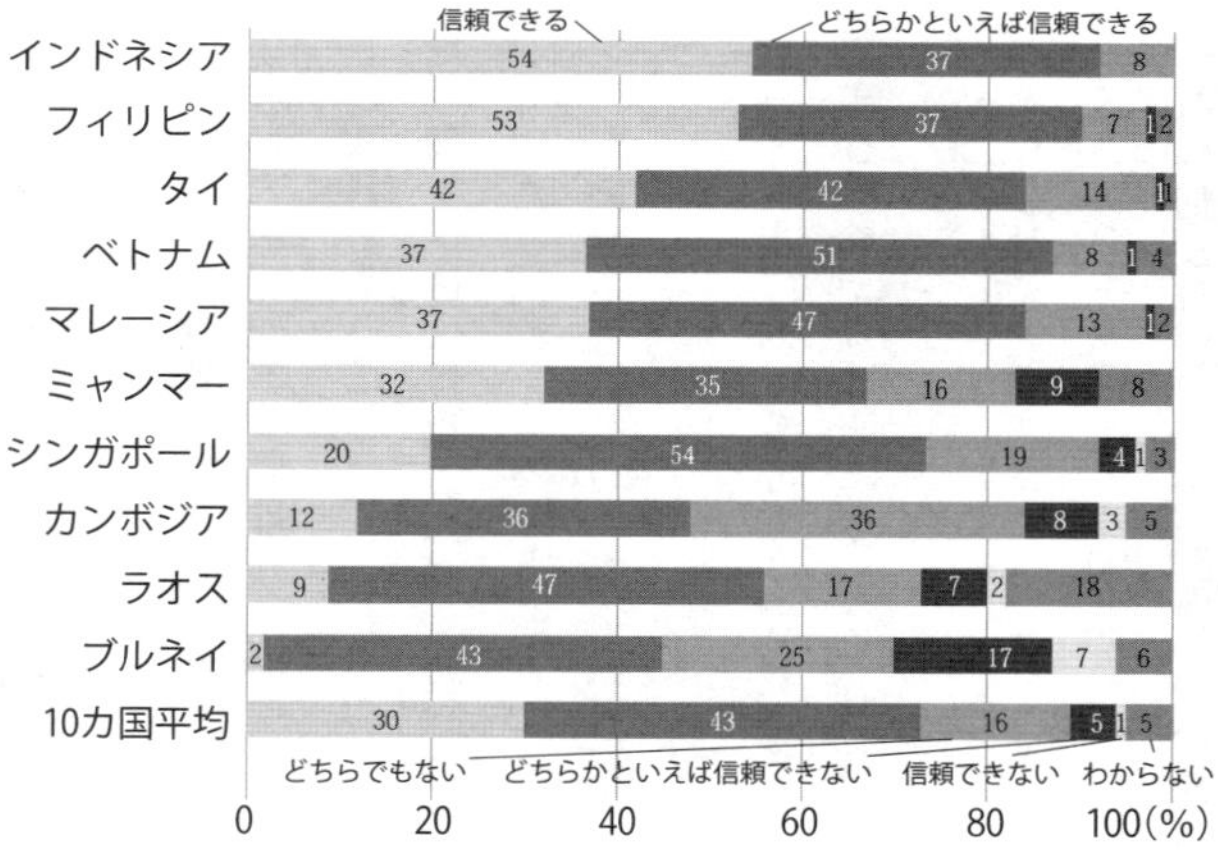

図1-3　ASEANの国別/G20で最も信頼する国

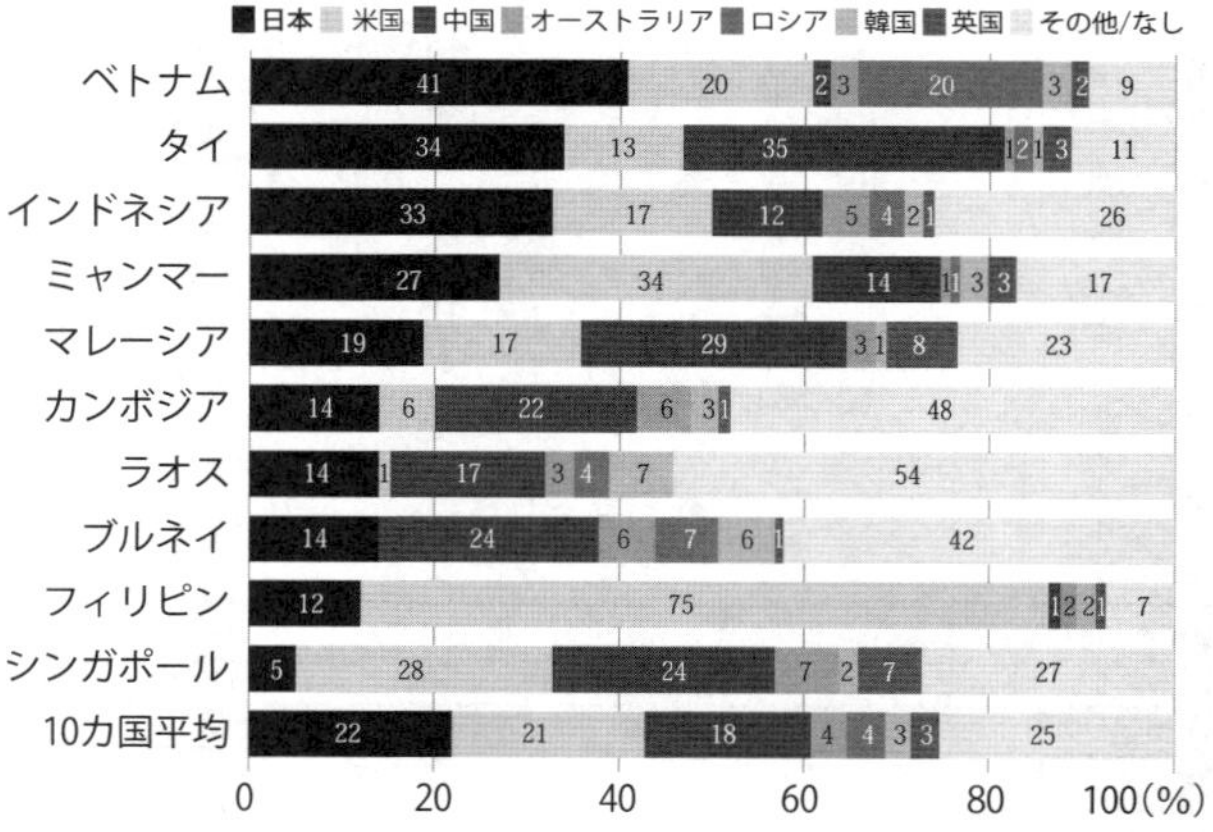

図1-2&3の出典:「ASEANにおける対日世論調査」2016年、外務省

インドネシア

親日指数5　絶対的親日国

二〇一五年の外務省の調査結果から、インドネシアのデータだけを取り出して円グラフで示したのが**図1－4**と**図1－5**である。インドネシアが掛け値なしの親日であることは、これらのグラフからよくわかる。

また、**図1－6**は外務省の過去四回の調査で、日本を「信頼できる」「どちらかといえば信頼できる」と答えた人の割合を合算した数の推移を示したグラフ。インドネシアと同じく「絶対的親日国」であるベトナムのデータと並べた。ベトナムは二〇〇二年までは親日指数が4のレベルだったが、今ではどちらも日本に対して非常に厚い信頼を置いている。インドネシアの対日観に関する世論調査は他にもあり、どれも親日派が圧倒的多数を占めている結果ばかりとなっている。

しかし、なぜインドネシアは、こうまで親日的なのだろうか。インドネシアはイスラム教を国教とする国であり、日本とは文化や風俗がまったく異なる。それに何より、先の大戦では少なからず日本軍の侵略を受けて戦禍《せんか》を

面積	189万km²	日本の約5倍	人口	2億5500万人	日本の約2倍
GDP	9323億ドル	日本の約5分の1	1人あたりGDP	3570ドル	日本の約11分の1
輸出国	1)中国 2)米国 3)日本		在留邦人数	1万8463人	
輸入国	1)中国 2)シンガポール 3)日本		在日インドネシア人数	4万2850人	
主要援助国	1)日本 2)ドイツ 3)オーストラリア 4)フランス 5)米国				

各国基本情報は2017年12月現在の外務省データによる

図1-4　インドネシアの対日信頼度

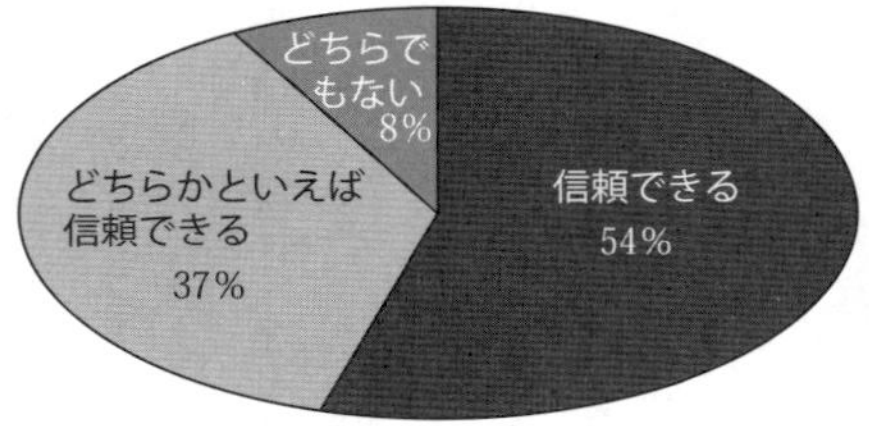

図1-5　インドネシアがG20で最も信頼する国

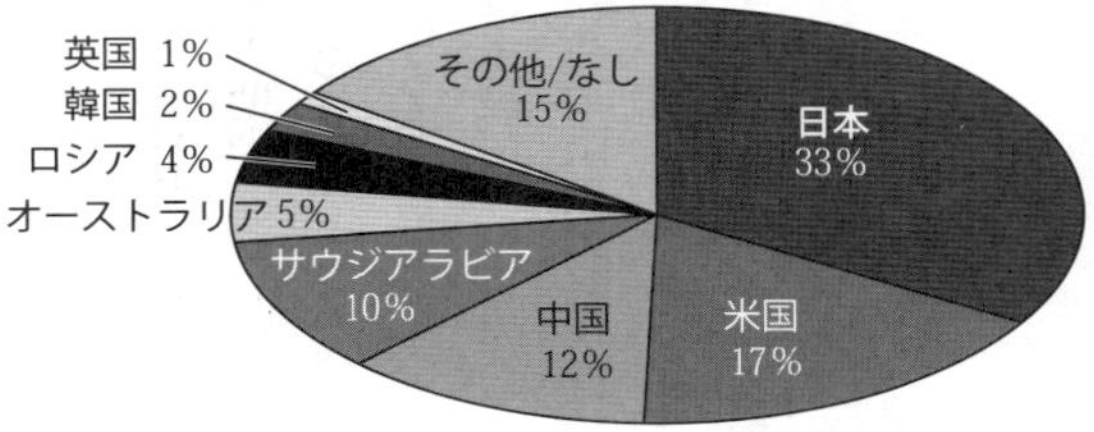

図1-4&5の出典：「ASEANにおける対日世論調査」2016年、外務省

図1-6　インドネシアとベトナムの対日信頼度の推移

※「信頼できる」「どちらかといえば信頼できる」と答えた割合の合計

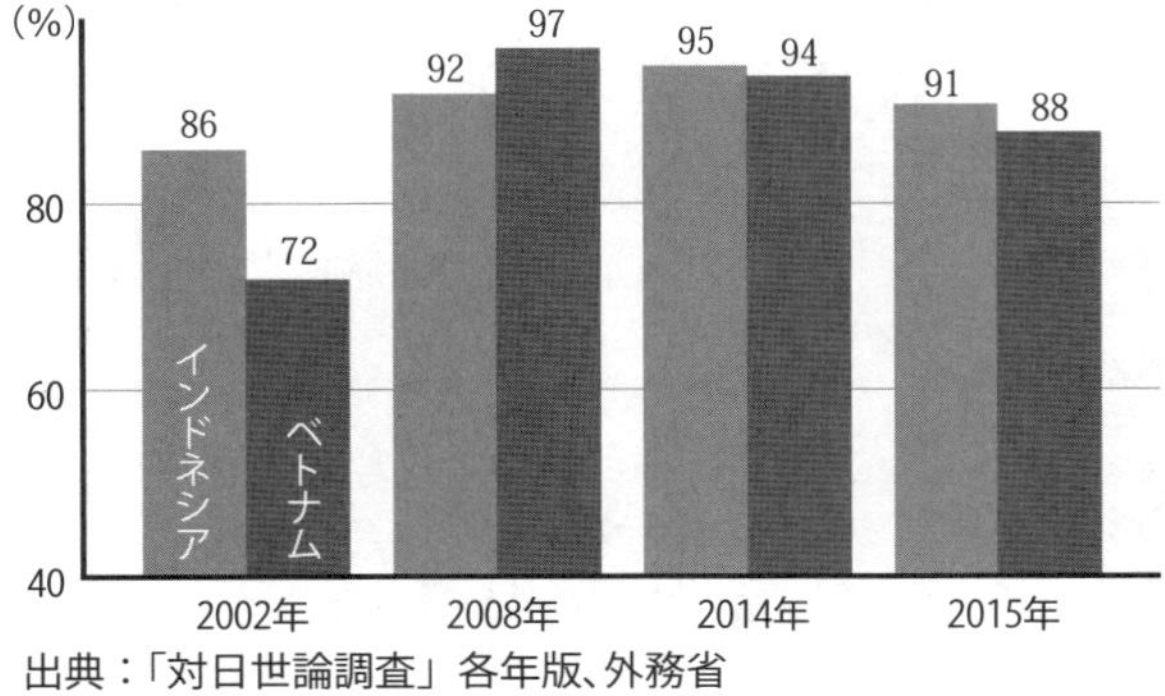

出典：「対日世論調査」各年版、外務省

被《こうむ》った。なのに、なぜここまでインドネシアは日本を信頼し、愛してくれているのか。

二〇一六年の外務省調査で、「日本を信頼できる」理由として、インドネシア国民が挙《あ》げた項目（複数選択）は、第一に「ODAなどによる経済的貢献」（七九パーセント）だった。日本が長期にわたって最大の援助国であり続けてきたことが親日感情につながっているといえる。その他、「世界経済の安定と発展への貢献」（六九パーセント）、「価値観を共有」（六二パーセント）、「国際社会における開発協力」（五一パーセント）と続く。

諸外国が親日になる理由は多岐《たき》にわたるが、アジア諸国に限らず、反日派が持つ対日嫌悪感の元は、ほとんどの場合、先の大戦の被害記憶にある。しかし、インドネシアでは先の戦争を全面否定するのではなく、肯定できる面があるとする考え方も存在し、それが親日につながっているともいえる。すなわち、アジアを植民地支配し、けっしてかなわぬ相手と思っていた欧米列強と、日本だけが伍《ご》して戦った。そして、その後独立できたのは日本のおかげである、という歴史観である。こうした意見については**コラム①と②**で紹介する。

コラム①　サンフランシスコ講和会議で、スリランカ代表が日本擁護の大演説

一九五一年九月、日本を含め五二カ国の代表が集まり、対日講和会議（サンフランシスコ講和会議）が開かれた。その席上、セイロン（現スリランカ）のジャヤワルダナ蔵相（後に大統領）が次のような演説をおこなった。

「私は代表として、セイロン政府の意に従って陳述すべきことは申すまでもありませんが、それと共にアジア諸国民が日本国の将来に抱く一般的感情を伝える権利があることもご理解願いたい。（中略）アジアの諸国民が日本国の自由を熱願している理由はいずこにあるか。それは過去長年月にわたる日本との密接な関係、アジアの従属民族が胸に抱く日本に対する尊敬の念、日本国のみがアジア諸民族の間において、強力にして自由なる独立国であった。我らも友邦として保護者として敬意を持っていたからであります。思い起こす。この度の戦争中アジア共存共栄のスローガンが従属国民の心を動かしたことを。（以下略）」（『再生日本国の大恩人スリランカ共和国ジャヤワルダナ大統領覚え書き』秋山平吾訳より引用）。そして彼は仏陀《ぶつだ》の言葉を引用し、「憎しみは憎しみによらず、ただ慈悲によって断《た》つ」と諭《さと》し、会場は万雷《ばんらい》の拍手に包まれた。

ベトナム　親日指数5　絶対的親日国

ベトナムもまた「絶対的親日国」だ。それは外務省の調査から明らかだ（**図1－7**と**図1－8**）。しかしここでは、**図1－9**に別の世論調査におけるインドネシアとフィリピンの結果を並べて示した。この調査は米調査機関のピュー・リサーチ・センターが二〇一五年にアジア・大洋州諸国及び米国民を対象に実施したものである。

図1－9を見ても、やはりベトナムは絶対的親日国に値《あたい》するといえる。しかもインドネシアやフィリピンよりも日本が「とても好き」と答えた人の割合がかなり多い。なお、この三国はいずれも日本が最大の援助国であるという点で共通している。

ベトナムの親日感情には、中国の存在が影響していることも考えられる。ベトナムは中国と同じ共産主義国であり、中国に倣《なら》った一党独裁体制を敷《し》いている。しかも近年は市場経済を導入するなど、両国は大筋で同じような路線を歩んでいる。にもかかわらず、両国は仲が悪く、ベトナムは中国よりロ

面積	32.9万km²	日本の約0.9倍	人口	9270万人	日本の約0.7倍
GDP	2026億ドル	日本の約24分の1	1人あたりGDP	2186ドル	日本の約18分の1
輸出国	1)米国 2)中国 3)日本 4)韓国 5)香港		在留邦人数	1万4695人	
輸入国	1)中国 2)韓国 3)日本 4)台湾 5)タイ		在日ベトナム人数	18万174人	
主要援助国	1)日本 2)韓国 3)フランス 4)オーストラリア 5)ドイツ				

図1-7　ベトナムの対日信頼度

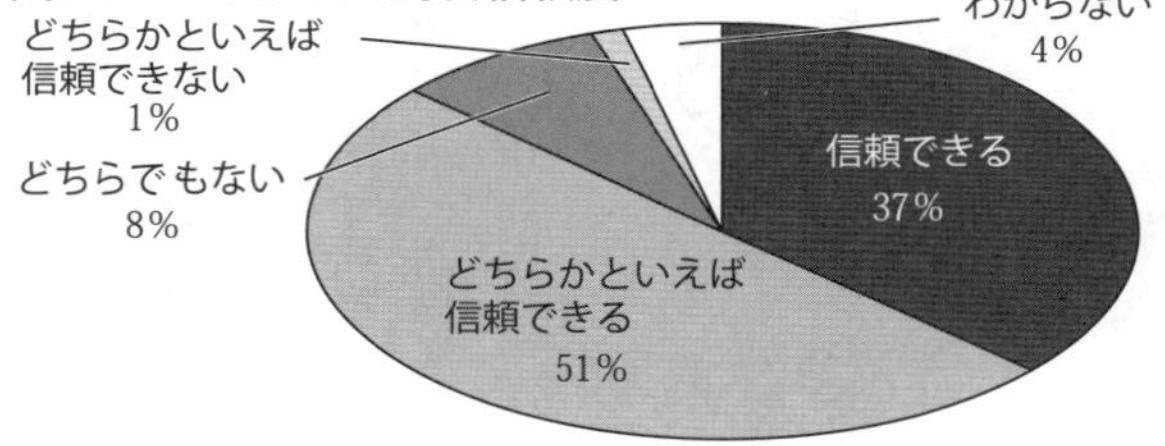

図1-8　ベトナムがG20で最も信頼する国

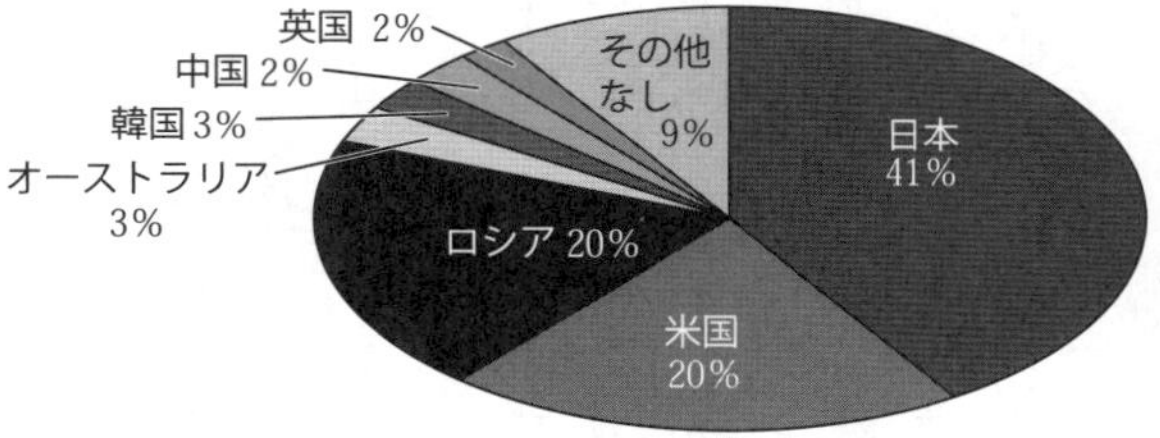

図1-7&8の出典:「ASEANにおける対日世論調査」2016年、外務省

図1-9　ベトナム・フィリピン・インドネシアの対日好感度

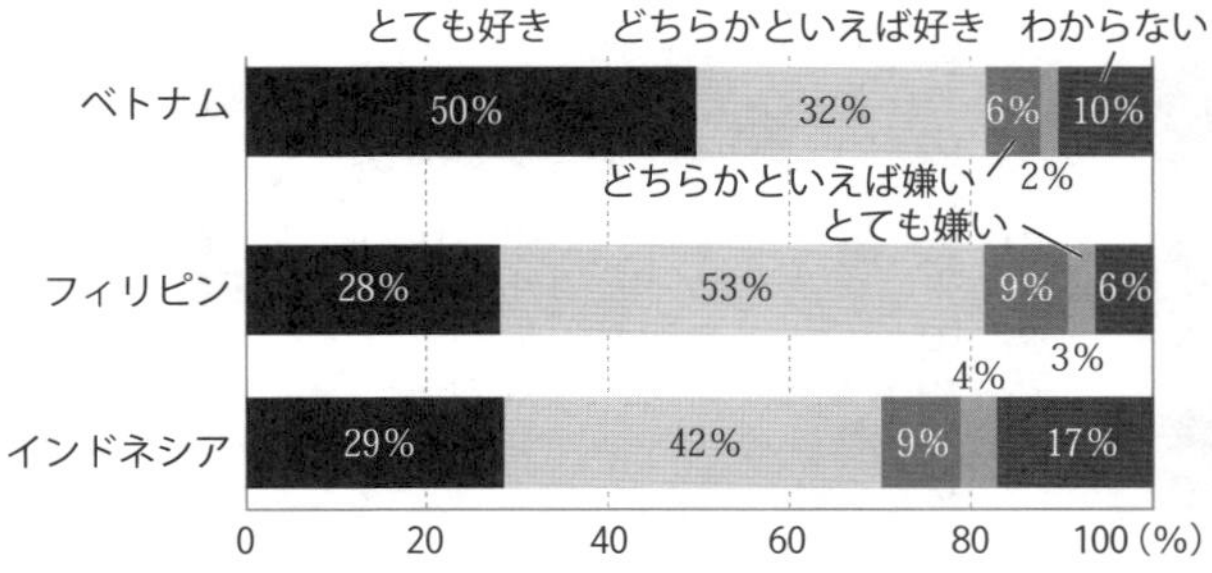

出典：How Asia-Pacific Publics See Each Other and Their National Leaders　2015年 Pew Research Center

シアに親近感を抱いている。そうした中国への反発が、より強い親日感情を生《う》んでいるとも推測できる。

ベトナムは秦《しん》の始皇帝《しこうてい》以来、一〇〇〇年間も中国の支配を受け、その後フランスの植民地となるまで、つねに中国の圧力を受けてきた。そして、先の大戦後に独立した後も、領土問題をめぐって幾度も中国と武力衝突を繰《く》り返してきた。現在も周知のとおり、南シナ海の西《せい》沙《さ》諸島、南沙《なんさ》諸島などの領有権をめぐって鋭く対立している。その嫌中感情が、同じく尖閣諸島や歴史問題で中国と対立する日本への親近感につながっている可能性がある。同様のことはフィリピンについてもいえる。もっとも、対日感情と対中感情は本来独立したもので、後で見るマレーシアのように日本と中国の両方が好きという例もあるので、親日感情にどれほど中国との対立が影響しているのか、本当のところはわからない。

ところで、戦争の被害記憶は世代交代とともに薄まっていくという話をしたが、ベトナムの対米感情もそれを証明する。ベトナム戦争で熾烈《しれつ》な戦いを繰り広げた米国が、現在ではベトナムが世界で最も信頼する国の第二位（ロシアと同率、**図1-8**）なのである。

コラム② アジアの独立戦争を戦った残留日本兵

先の大戦で一度は日本によってアジアから駆逐《くちく》された欧米諸国は、日本の敗戦で再び植民地経営に戻ってきた。だがそれに対して、アジア諸国民は独立を求め立ち上がった。そして、現地の日本兵の中にはさまざまな理由から日本に復員せず、当地の独立戦争や内戦に加わった者が少なからずいた。確かな数は敗戦の混乱期のため不明だが、種々の文献や手記から推測すると、中国で約五六〇〇人、インドネシア九〇〇人余、ベトナム約六〇〇人、マラヤ（現マレーシア）約四〇〇人、ビルマ（現ミャンマー）約二〇〇人などである。

こうした残留日本兵がアジア諸国の宗主国《そうしゅ》からの独立に大きな貢献をした例は多い。インドネシアのスリヨハディプロジョ駐日大使は、独立五〇周年を迎えた一九九五年に、日本で次のような感謝のスピーチをおこなった。

「かつて多くの日本の青年たちがインドネシアの自由のために、独立の闘士たちと共に戦い、命を捧げてくれました。今日、これらすべての若者たちを偲《しの》びたいと思います」

インドネシアでは残留日本兵三二人が国立英雄墓地などに眠っている。同様の声は、マレーシア、ミャンマー、インドからも聞かれる。

フィリピン　親日指数5　絶対的親日国

フィリピンの日本に対する信頼感は非常に厚い（図1－10）。しかし、G20で最も信頼する国となると、圧倒的に米国を支持する国民が多い。日本は第二位だが、支持率はわずか一二パーセントである（図1－11）。

とはいえ、フィリピンの対日信頼感の高さは、図1－12で示したデータからも明白である。これは、フィリピンの民間調査会社パルス・アジア・リサーチが二〇一七年三月に米国、日本を含む六カ国に対するフィリピン国民の信頼感を調査した結果である。「信頼している」と答えた割合（「とても信頼している」と「まあ信頼している」の合計）は、米国が七九パーセント、日本は七四パーセントと拮抗《きっこう》している。

フィリピンの歴史をたどると、一六世紀からスペイン、一九世紀末からは米国の植民地支配を受け、先の大戦で一時日本の軍政下に入った。この戦争で多くのフィリピン人が犠牲になったため、長い間フィリピンでは反日感情が強かった。逆に、戦争を終結させ、日本から解放してくれた米国を信頼し

面積	29.9万km²	日本の約0.8倍	人口	1億98万人	日本の約0.8倍
GDP	3049億ドル	日本の約16分の1	1人あたりGDP	2951ドル	日本の約13分の1
輸出国	1)日本 2)米国 3)香港 4)中国 5)シンガポール		在留邦人数	1万6977人	
輸入国	1)中国 2)日本 3)米国 4)タイ 5)シンガポール		在日フィリピン人数	24万3662人	
主要援助国	1)日本 2)米国 3)フランス				

図1-10　フィリピンの対日信頼度

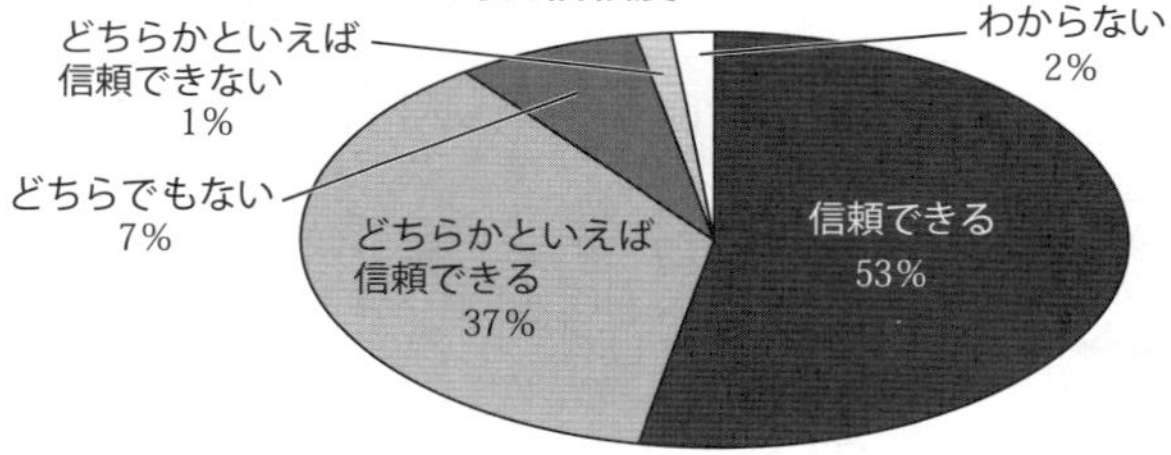

図1-11　フィリピンがG20で最も信頼する国

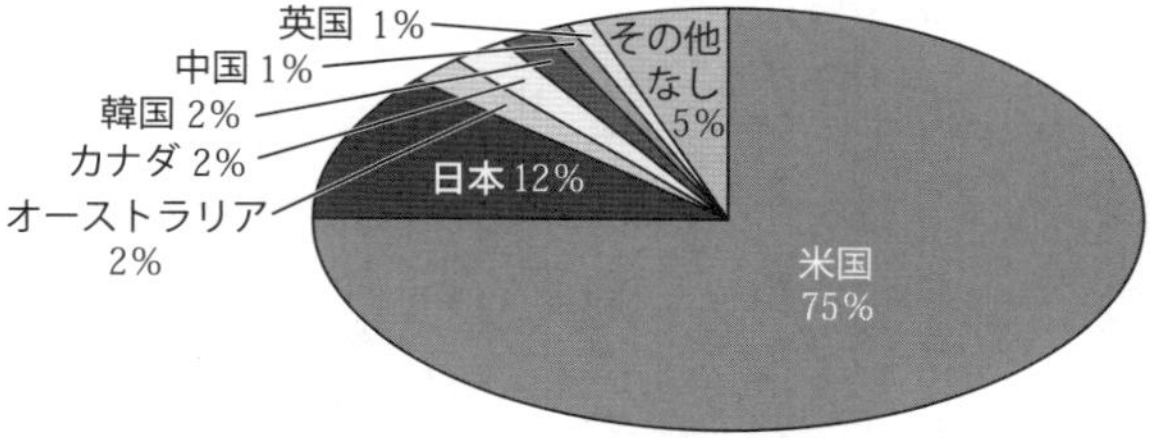

図1-10&11の出典：「ASEANにおける対日世論調査」2016年、外務省

図1-12 フィリピンの対外信頼度

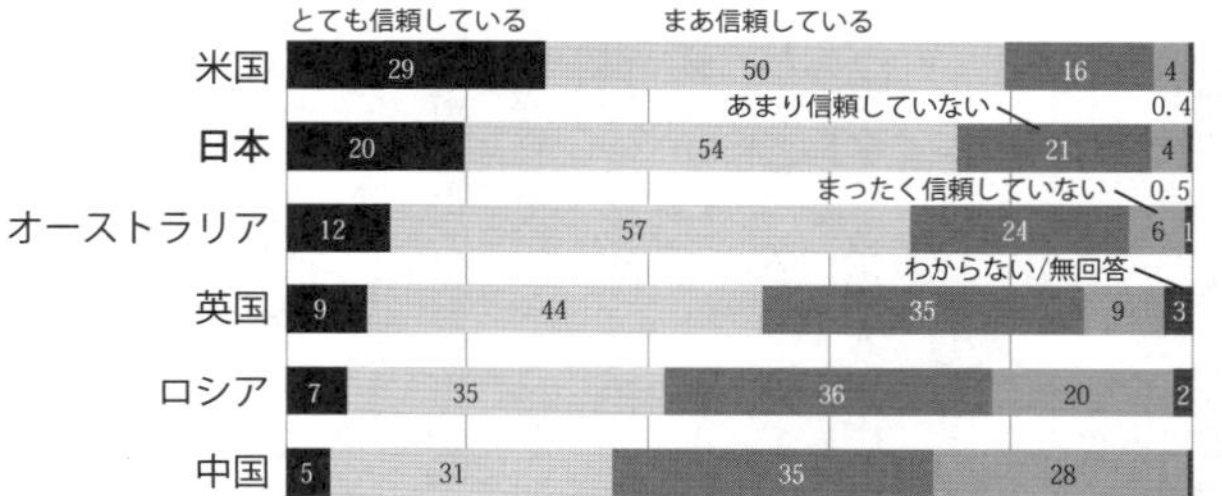

出典：March 2017 Nationwide Survey on the Trust Ratings of Selected Countries and International/Regional Organizations パルス・アジア・リサーチ

好きになったのも当然といえる。そのフィリピンが現在なぜ親日になったのかについては、インドネシアやベトナム同様、日本が長期間にわたって最大の経済援助国であり続けたことも大きな要因だろう。現ドゥテルテ政権は米国と距離を置き、中国とロシアに歩み寄る姿勢を示しているものの、**図1－12**を見る限り、国民はそれとは逆の方向を向いている。

前述したように、戦争の被害記憶は世代交代と共に薄まっていく。しかし、今でもまだかなりの人が日本に苦しめられたことを忘れてはいない。外務省による対日世論調査では、約一〇年前まで「第二次世界大戦中の日本について、現在どう感じているか」という質問項目があり、その選択肢のうち「日本の悪い面で、忘れることはできない」を選んだ人の割合の推移を**図1－13**に示した。これを見ると二〇〇八年時点でフィリピン、マレーシア、シンガポールでは国民の二割以上がまだ日本を恨《うら》んでいることがわかる。なお、**図1－14**は先の大戦におけるアジア・大洋州の国別犠牲者数である。とてつもない数の人が亡《な》くなっているが、ただこの数字は根拠があいまいで、参考程度にすぎないことも付記しておく。

図1-13 先の大戦での日本の悪い面を忘れていない国民の割合

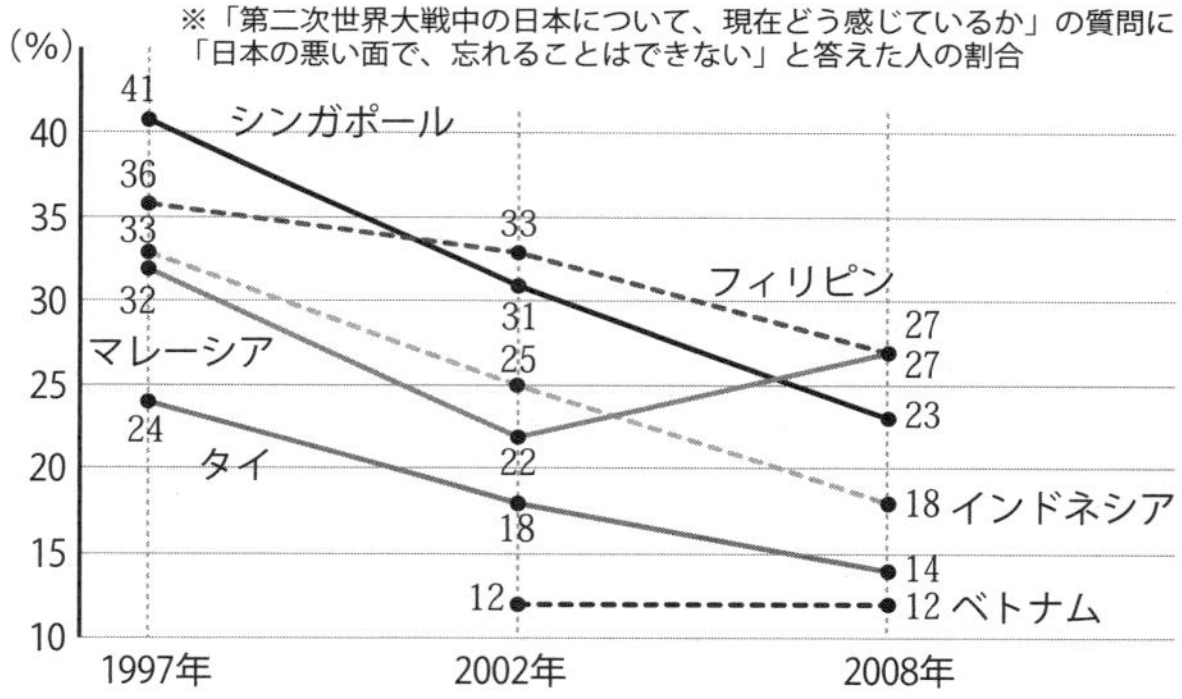

※ベトナムは1997年のデータがない。
出典:「ASEAN地域主要6か国における対日世論調査」2008年、外務省

図1-14 先の大戦におけるアジア・大洋州諸国の犠牲者数

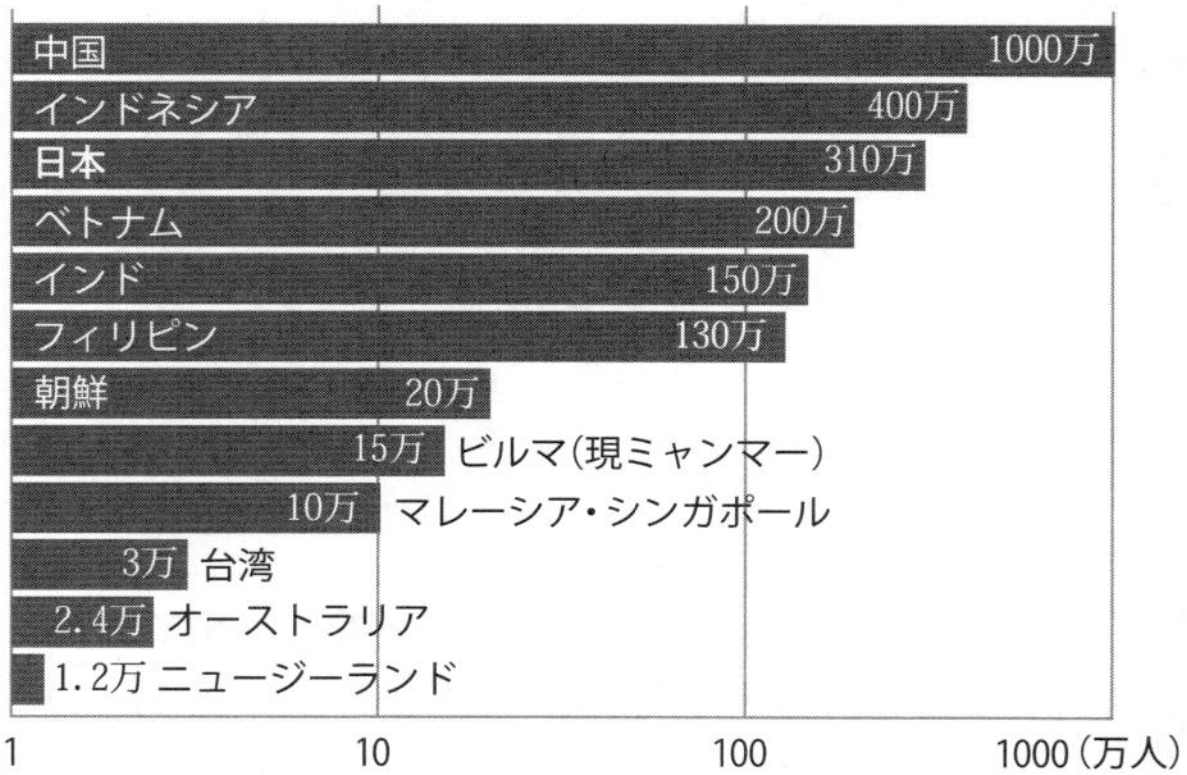

※横軸が対数目盛りになっていることに注意。
出典:「キーワード日本の戦争犯罪」など

タイ　親日指数5　絶対的親日国

タイの親日度が高いことは外務省の世論調査（図1－15）を見れば疑いない。しかし、タイがG20で最も信頼する国の第一位は中国で、日本はわずか一ポイント差で第二位だった（図1－16）。

一方、新聞通信調査会が二〇一七年二月にタイを含む六カ国を対象に実施した世論調査では、外務省の調査とはちょっと違う結果になった。まず、タイを含む六カ国の日本に対する信頼度では、「とても信頼できる」人の割合は欧米諸国のほうが多かった。しかし、「やや信頼できる」割合を加えた合計では、タイの対日信頼度がいちばん高かった（図1－17）。また、日本が好きかどうかを問うた「好感度」の項目では、欧米諸国よりタイがいちばん好感度が高かった（図1－18）。中国と韓国については三章で詳しく取り上げる。

タイと日本には共通点がいくつもあり、そのうちの一つが、タイが東南アジアでは唯一欧米の植民地にならず、独立を保った国であるということ。そ

面積	51.4万km²	日本の約1.4倍	人口	6593万人	日本の約0.52倍
GDP	4068億ドル	日本の約12分の1	1人あたりGDP	5908ドル	日本の約7分の1
輸出国	1)米国 2)中国 3)日本			在留邦人数	6万7424人
輸入国	1)中国 2)日本 3)米国			在日タイ人数	4万5379人

図1-15　タイの対日信頼度

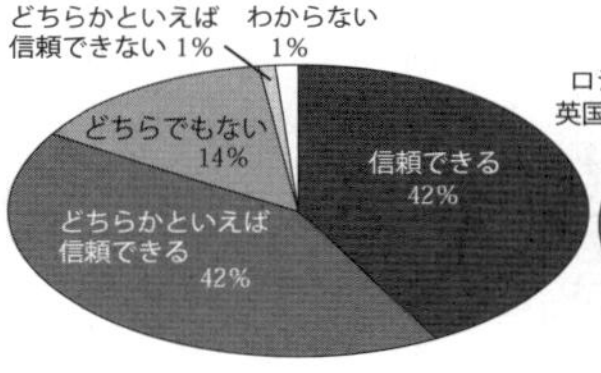

図1-16　タイがG20で最も信頼する国

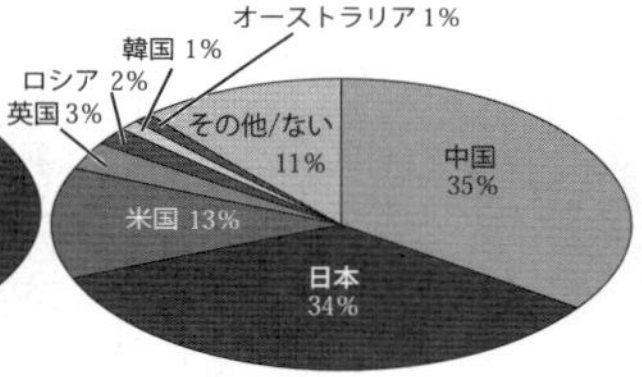

図1-15&16の出典:「ASEANにおける対日世論調査」2016年、外務省

図1-17　タイを含む6カ国の対日信頼度

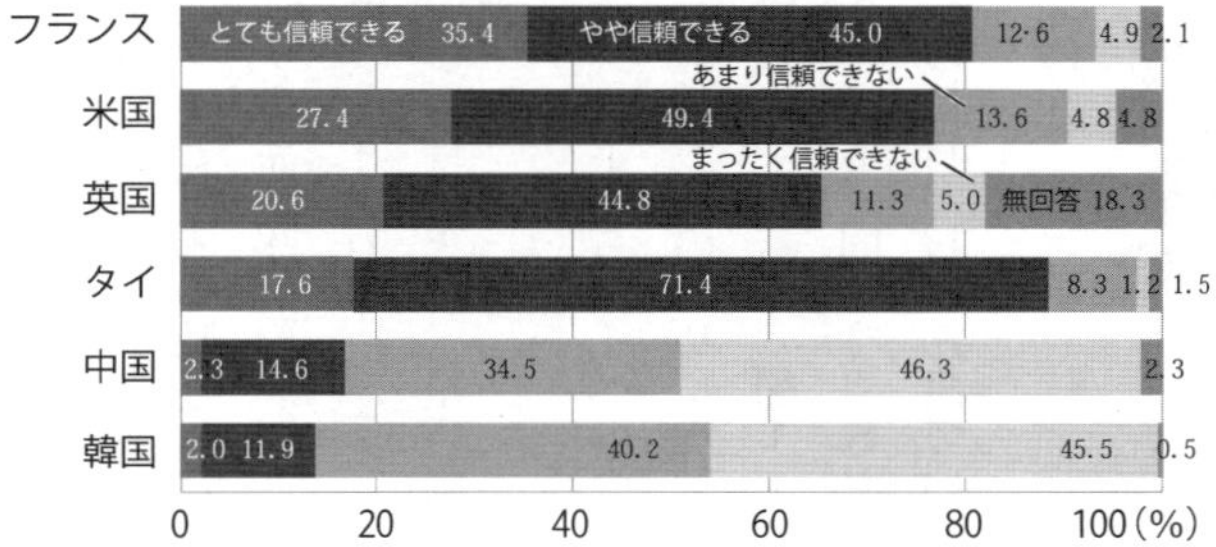

図1-18　タイの対外好感度

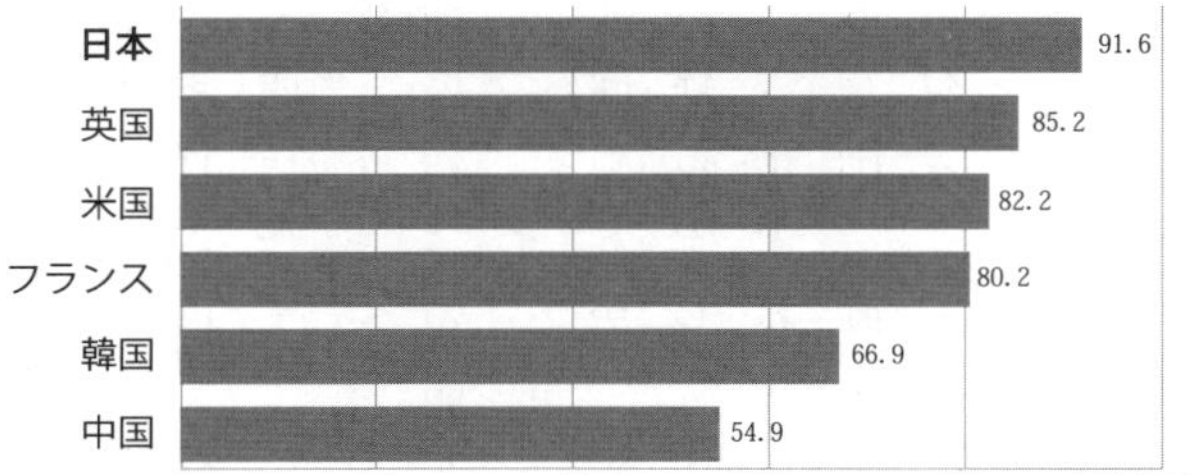

※「とても好感が持てる」と「やや好感が持てる」の合計。
図1-17&18の出典:「第3回 諸外国における対日メディア世論調査 2017」新聞通信調査会

のため、先の大戦では真っ先に中立を宣言。しかし日本の圧力で日本と同盟を結び、連合国に宣戦布告して事実上枢軸国として参戦した。その後、開戦直後に日本軍がタイ南部に進駐して両国間に亀裂が入ったが、タイと日本が戦うことはなく、また日本に占領されることもなかった。戦争中の日本に対する憎悪感情が他のＡＳＥＡＮ諸国に比べて小さい（**図1－13**）のはそのせいだろう。また、タイと日本は王室・皇室を戴《いただ》いていることでも共通しており、両家は親密に交流している。今上天皇・皇后両陛下が即位後初めての訪問先に選んだのも、タイだった。

タイと日本との良好な関係は、日本からタイへの直接投資残高からもわかる。「直接投資」とは、現地に工場を建てたり、経営参加のために現地の会社の株式を購入したりする投資をいい、その合計額が「直接投資残高」である。**図1－19**は二〇一六年末における日本のアジア諸国への直接投資残高、**図1－20**は、同じくＡＳＥＡＮ主要六カ国への直接投資残高の割合である。中国を除き、タイへの投資が抜きん出ていることがわかる。

図1-19　アジアにおける日本の直接投資残高

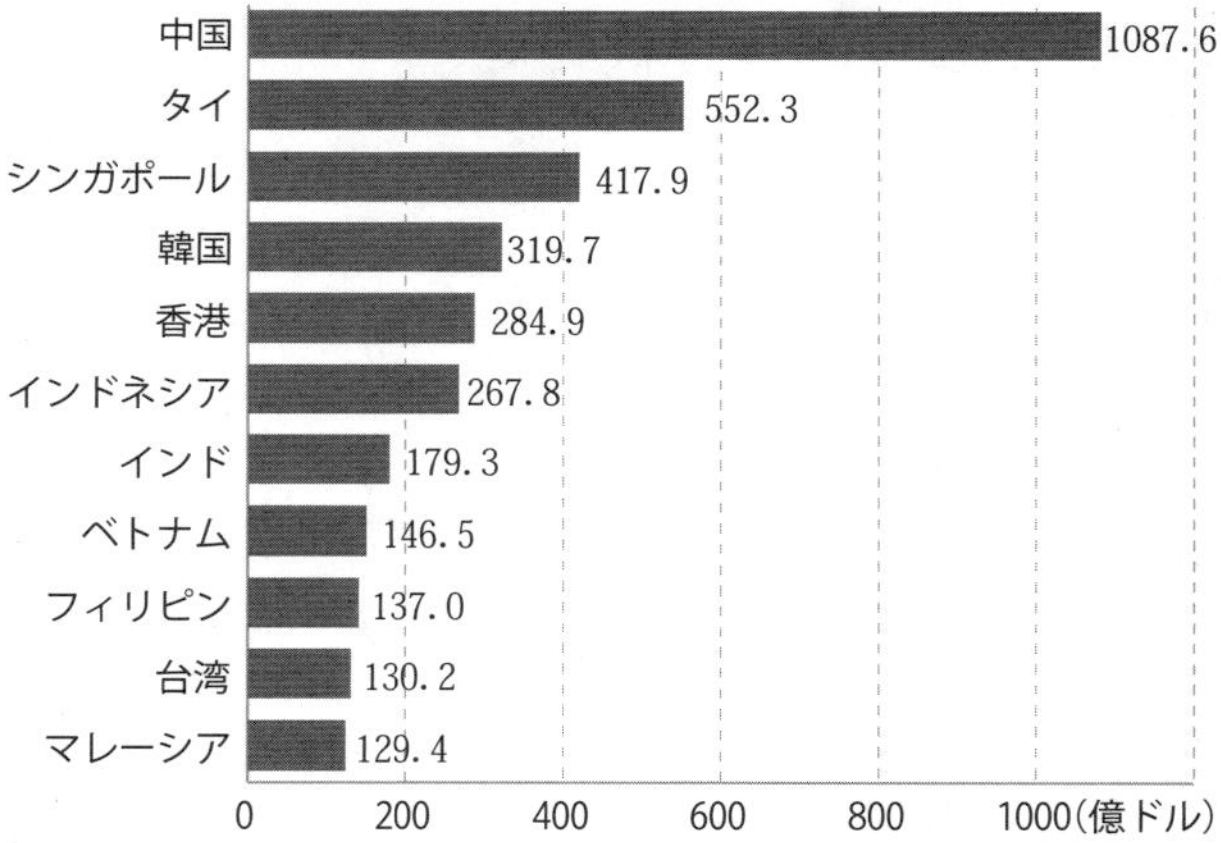

図1-20　ASEAN主要6カ国における日本の直接投資残高の割合

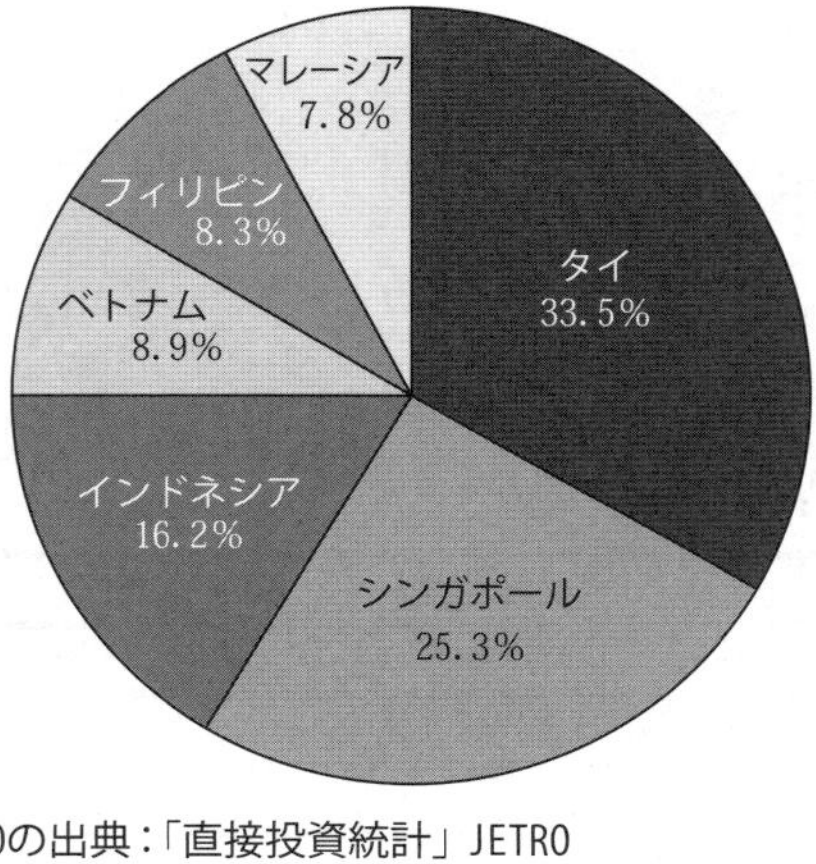

図1-19&20の出典：「直接投資統計」JETRO

台湾　親日指数5　絶対的親日国（地域）

台湾の日本好きは広く知られているところ。図1－21と図1－22に、台湾民意基金会が二〇一七年三月に実施した一二カ国に対する台湾国民の好感度についての世論調査の結果を示した。それによると、台湾人が好きな国の第一位はシンガポール（八七・一パーセント）、第二位が日本（八三・九パーセント）だった。逆に嫌いな国の第一は北朝鮮（八一・六パーセント）、第二位フィリピン、以下中国、韓国と続き、日本は第八位（一二パーセント）。台湾にも一割以上の反日派がいるということである。

一方、二〇一六年一～二月にかけて日本の対台湾窓口機関・日本台湾交流協会（旧交流協会）がおこなった世論調査では、シンガポールに大差を付け、日本がダントツで世界一好きな国に選ばれた（図1－23）。図1－21と図1－23でシンガポールの得票差がかなり大きいが、これには図1－23が日台の交流協会の調査の結果であることが関係しているかもしれないが、それより複数選択と単独選択の違いによると考えられる。シンガポールを好きな人は

面積	3.6万km²	日本の約10分の1	人口	2350万人	日本の約5分の1
GDP	5289億ドル	日本の約9分の1	1人あたりGDP	2万2495ドル	日本の約0.6倍
輸出国	1)中国 2)香港 3)米国 4)日本 5)シンガポール			在留邦人数	2万162人
輸入国	1)中国 2)日本 3)米国 4)韓国 5)ドイツ			在日台湾人数	5万2768人

※GDP値は台湾行政院主計處による2016年データ

図1-21　台湾が好きな国

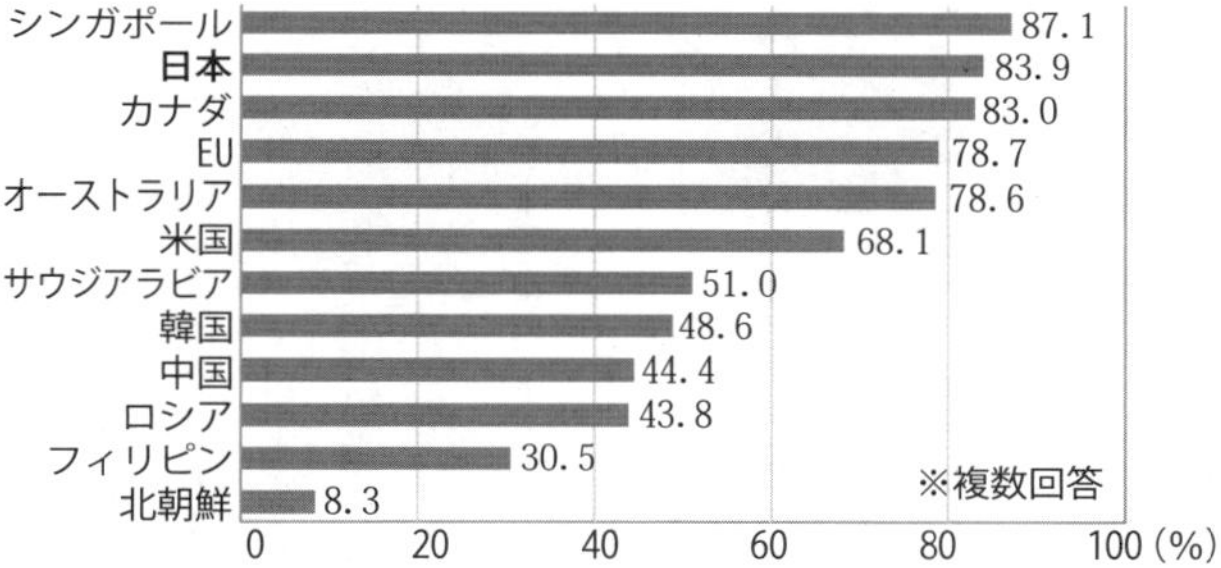

図1-22　台湾が嫌いな国

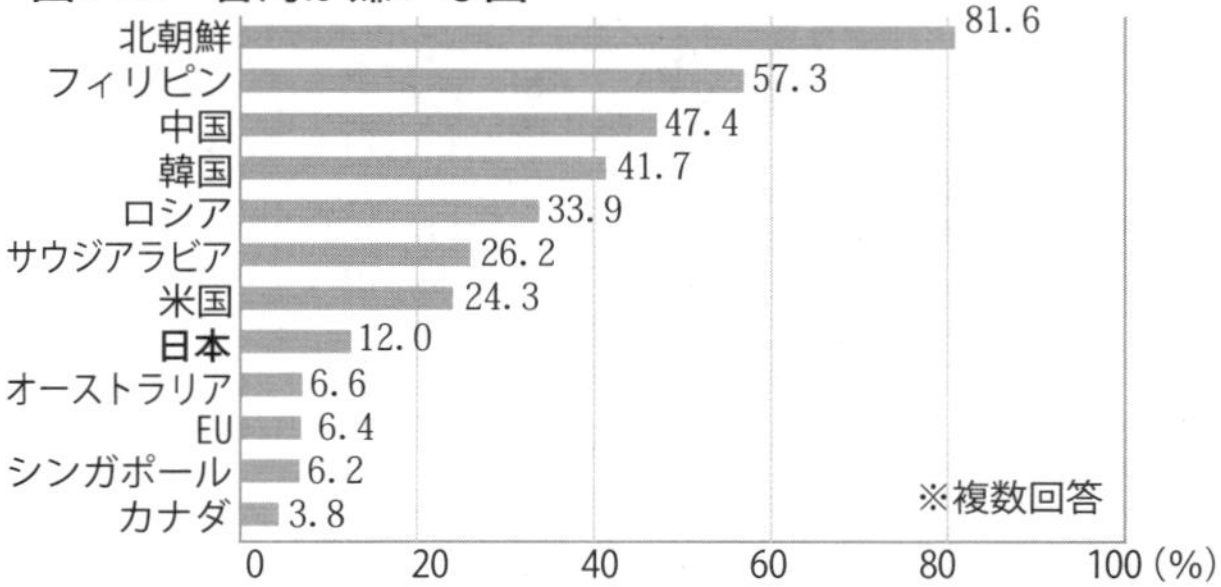

図1-21&22の出典：東方日報 2017年3月20日（台湾民意基金会の調査）

図1-23　台湾が世界でいちばん好きな国

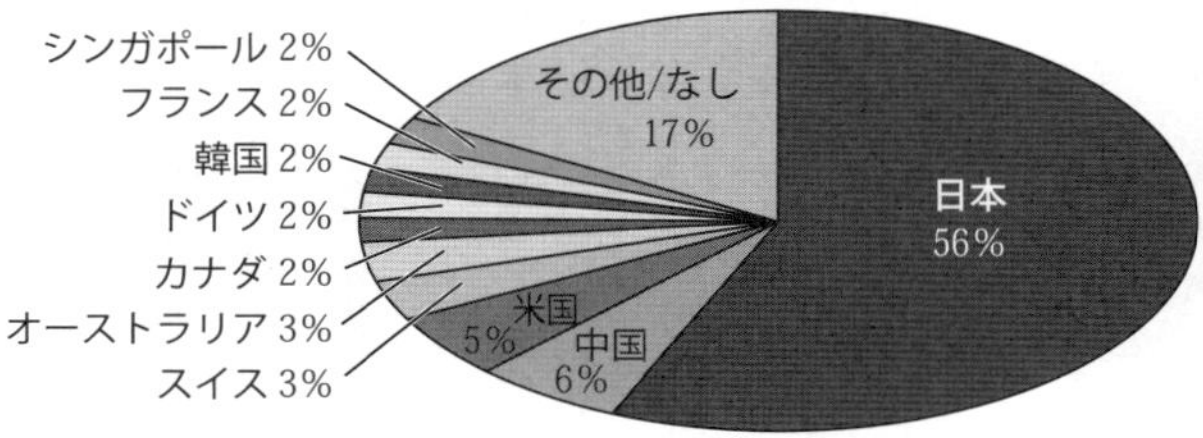

出典：「第5回対日世論調査」交流協会（現日本台湾交流協会）
2016年3月

日本好きより多いが、一つだけ選ぶと、断然日本になるようだ。

日清戦争に勝利した日本は清（中国）から台湾を割譲され、以後五〇年間台湾を統治した。日本の朝鮮統治が三五年間だったので、これより長い。この間、抗日運動もあったとはいえ、朝鮮に比べて日本を恨む声は小さい。その理由の一つに、日本が去った後大陸から逃れてきた蔣介石《しょうかいせき》の国民党が台湾の本省人《ほんしょうじん》（以前から台湾に住んでいた中国人）や少数民族を弾圧したことが挙げられる。支配者として日本のほうがましだったということだ。

二〇一一年の東日本大震災の際、世界中から救援隊や支援物資が日本に到着。多大の義援金やお見舞いメッセージも寄せられた。日本人はそのときの感謝の念を長く忘れないだろう。各国に対する感謝の度合を支援の規模で決めるものではないが、それでも米国が二万四〇〇〇人の将兵と多数の航空機、艦船を投入して実施してくれた「トモダチ作戦」や、台湾から二〇〇億円を超す巨額の義援金や救援金が届いたことはとくに印象深い。台湾からはレスキュー隊も到着。発電機や毛布、食糧などの支援物資も大量に届けられた。

コラム③　台湾で敬愛される土木技師「八田与一《はったよいち》」

台湾で日本人「八田与一」の名前を知らない人はまずいないだろう。台湾の小学校六年生の教科書に載《の》っているからだ。

八田与一（一八八六〜一九四二年）は石川県生まれ。東京帝国大学工学部土木科を卒業し、当時日本の植民地だった台湾の総統府に技手として就職した。八田の最大の業績は、当時東洋一の規模となる烏山頭《うさんとう》ダムの工事を指揮し、一〇年の歳月をかけて完成させたことである。このダムのおかげで、干ばつに苦しんでいた嘉南平原《かなんへいげん》は豊かな穀倉地帯に生まれ変わった。

八田の功績をたたえ、地元住民はダムを見下ろす場所に八田の銅像を建てた。そして、毎年命日には慰霊祭が催《もよお》されてきた。台湾の親日感情の底には八田の存在もあるのだろう。

ところが二〇一七年四月、元台北市議の男が八田像の頭部を切断するという事件が発生。絶対的親日国にも反日感情を持つ人間は必ずいるという証《あか》しである。しかし銅像はすぐに修復され、その除幕式で地元台南市長は「銅像を破壊した人間は台日の友情を破壊しようとしたが、試練を経て台日の感情はさらによくなった」（産経ニュース）と述べている。

マレーシア　親日指数5　絶対的親日国

外務省による世論調査の「対日信頼度」を見ると、マレーシア人の八四パーセントが日本を信頼できる（「信頼できる」と「どちらかといえば信頼できる」の合計）とし、「どちらかといえば信頼できない」人が一パーセント、「信頼できない」人が〇パーセント（**図1－24**）。このことから、マレーシアも「絶対的親日国」の一つとした。

ただ、マレーシアはタイと同様に中国に対する信頼が非常に厚く、G20で最も信頼する国では、日本より一〇ポイントも上回っている（**図1－25**）。マレーシアは親日国であると同時に親中国でもあるのだ。

前出のピュー・リサーチ・センターが実施したマレーシアの対日及び対中の好感度についての世論調査結果を**図1－26**に示した。この調査でも、親日感情と親中感情が拮抗している様子がわかる。そもそも親日と親中は対立する概念ではなく、「どちらも好き」ということは国としても個人としてもあり得る。ベトナムやフィリピンの場合は嫌中感情が親日度を高めることに一

面積	33万km²	日本の約0.9倍	人口	3119万人	日本の約4分の1
GDP	2964億ドル	日本の約17分の1	1人あたりGDP	9503ドル	日本の約4分の1
輸出国	1)シンガポール 2)中国 3)米国		在留邦人数	2万2780人	
輸入国	1)中国 2)シンガポール 3)日本		在日マレーシア人数	1万6571人	
主要援助国	1)ドイツ 2)フランス 3)英国				

図1-24　マレーシアの対日信頼度

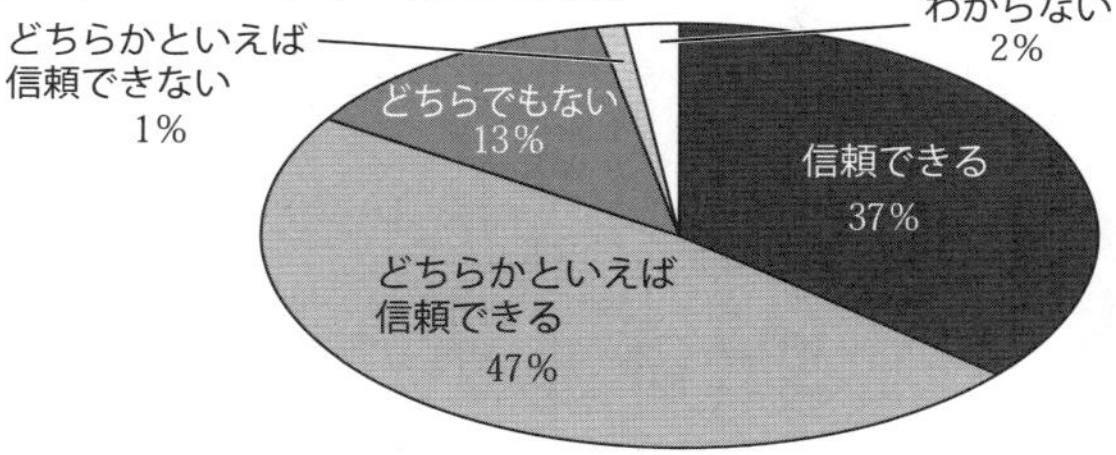

図1-25　マレーシアがG20で最も信頼する国

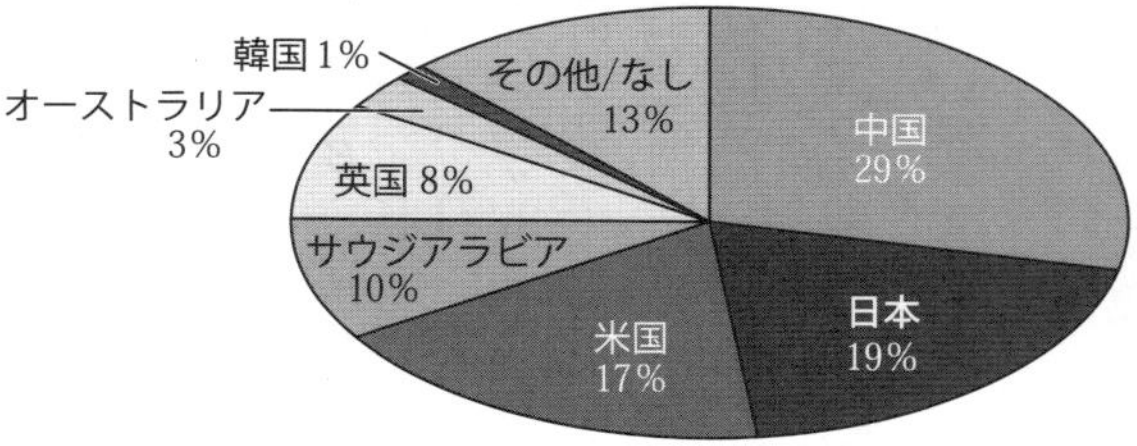

図1-24&25の出典：「ASEANにおける対日世論調査」2016年、外務省

図1-26　マレーシアの対日・対中好感度

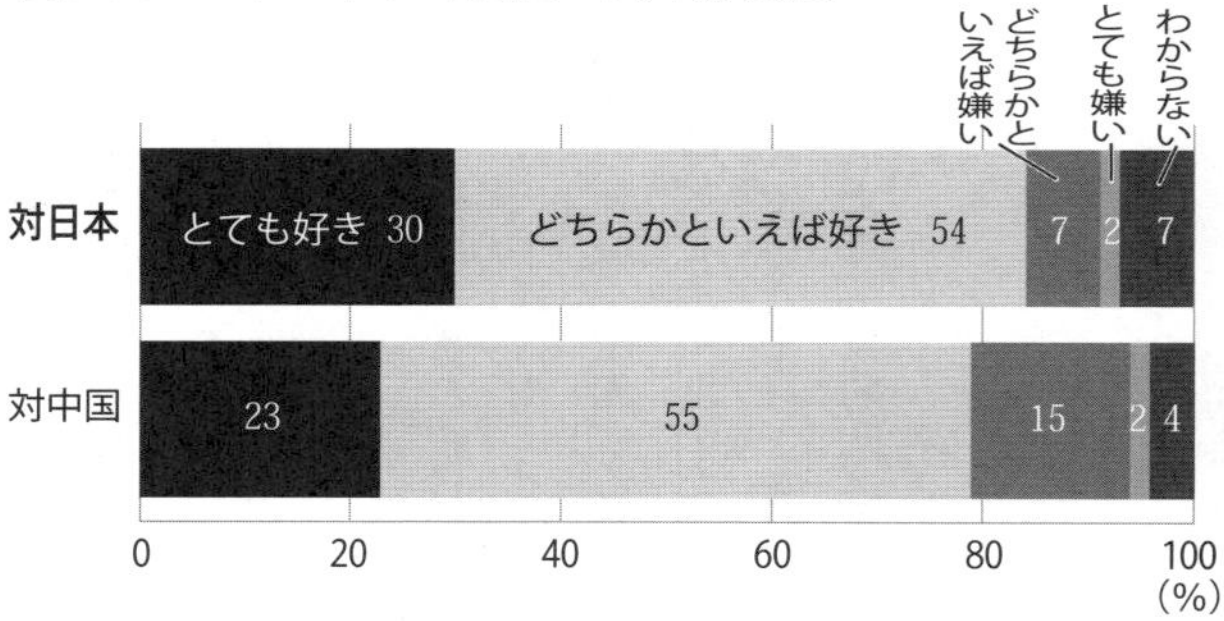

出典：How Asia-Pacific Publics See Each Other and Their National Leaders 2015年, Pew Research Center, 2015

役買っていると推測されるが、マレーシアやタイでは親日感情と親中感情が両立している。

マレーシアの親中感情は、両国の経済的な結びつきの強さに加え、高い華人《かじん》人口比率と関係していると考えられる。マレーシアの人口に占める華人比率は二三・六パーセントと、四人に一人に迫り、ASEAN諸国の中でもシンガポールに次いで多い。華人人口比率は、二章のシンガポールのページ（**図2-8**）に示してある。

一方、マレーシアの親日感情には、同国を二二年間にわたって率いてきた親日家のマハティール元首相の指導も影響しているのかもしれない。彼は一九八一年に首相に就任すると、旧宗主国の英国を手本とするのではなく、個人の利益より集団の利益を優先する日本型の価値観を重視し、日本（や韓国）を見習う「ルック・イースト」政策を推《お》し進めた。マハティール氏は個人的にもルック・イーストを実践し、英国留学を望んでいた末息子を日本の上智大学に留学させ、娘婿に日本企業への就職を勧めた。しかし彼はまた、長期低迷する今の日本の経済状態に苦言も呈している。

二章

世界の親日国

アジア各国の親日指数

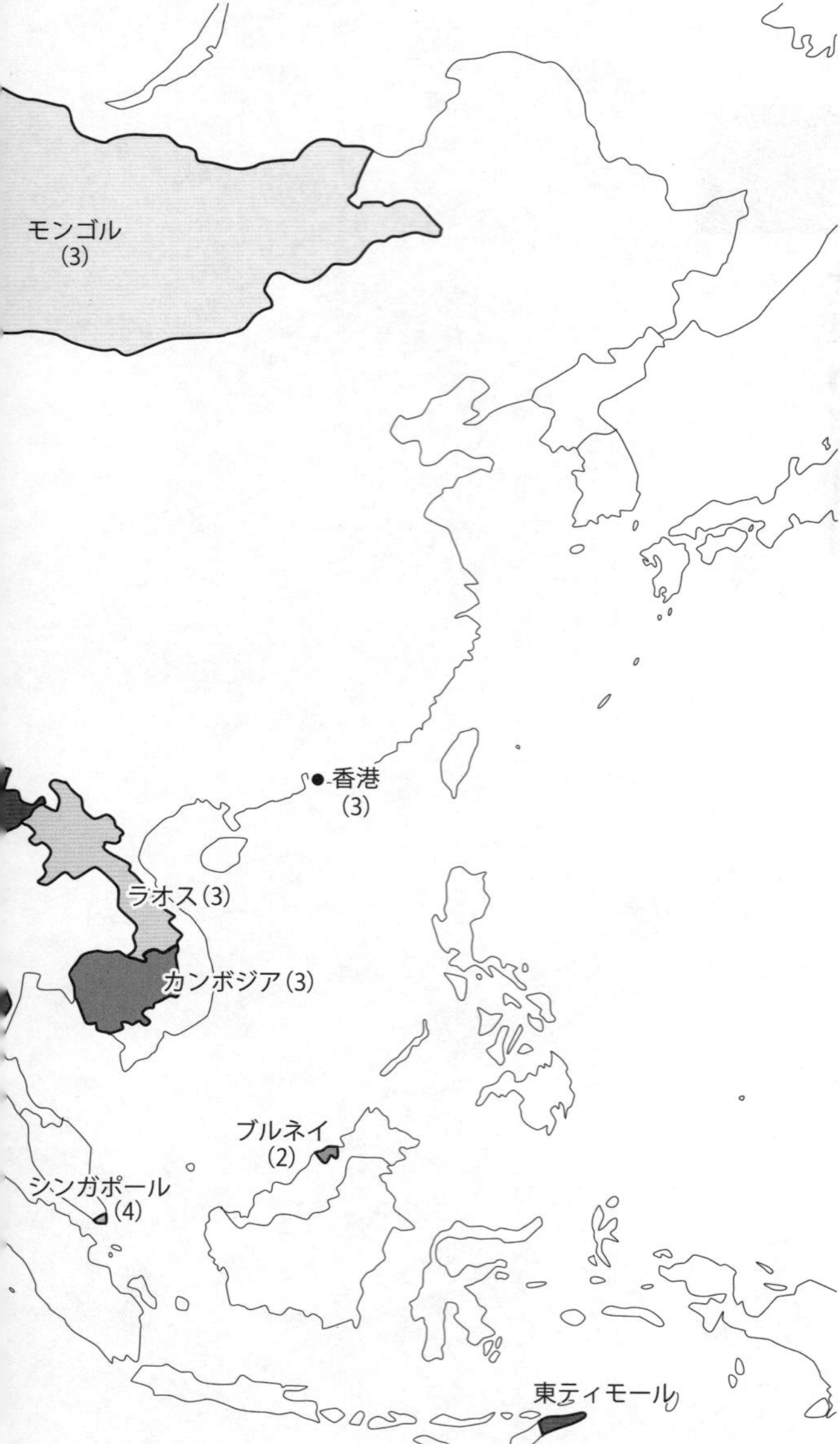

※（　）内の数字は親日指数。
4は「かなりの親日国」
3は「親日国」
2は「友好国」を表わす
数字のない国についても本文で親日度を紹介している。

■アジア諸国を親日に変えたのは、経済面の結びつきと日本の支援

日本を愛し信頼してくれる親日指数5の「絶対的親日国」六カ国は、すべてアジアの国々である。ここまで繰り返し述べてきたように、絶対的親日国を含め、ほとんどのアジア諸国は先の大戦で日本軍による被害を受けた。そのため、戦後しばらくはどこの国でも反日感情が強かった。しかし、現在では多くの国が日本を信頼し、日本のことが好きな親日国に姿を変えている。では、なぜ日本を信頼してくれるのか。**図2－2**は、外務省が二〇一五年にASEAN一〇カ国で実施した対日世論調査で、G20で日本が最も信頼できると答えた回答者が、その理由として選んだ項目の割合（複数回答）である。第一位は良好な経済関係で、第三位と第四位は世界経済への貢献と開発協力だった。やはり経済での結びつきや協力・支援が、親日感情の大きな要因になっているといえる。

さて、本項では前章で取り上げた絶対的親日国と中国、韓国、北朝鮮を除いた、アジア諸国の親日度を紹介する。ただし、「親日指数」を決定したのは世論調査のデータがある九カ国のみである。前ページの地図でわかるように、親日国が多いアジアといえども、国によって親日指数は5～2とばらけている。その差が何によるものであるかを考えていきたい。

図2-2　ASEANが日本を信頼する理由

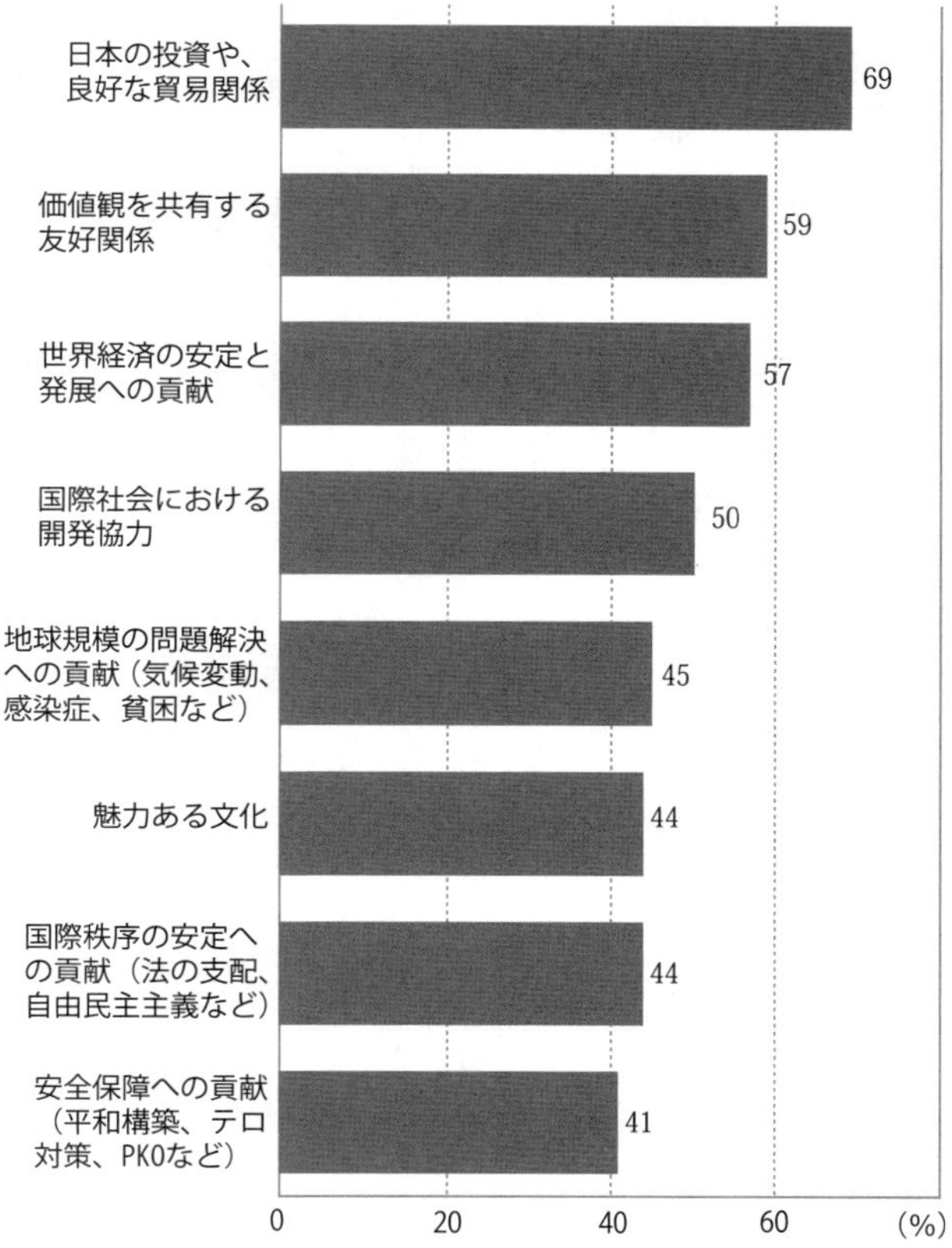

※日本をG20で最も信頼できると回答した人のうち、その理由として各項目を選択した割合。
※選択肢は複数回答で、数値はASEAN10カ国全体の割合。
出典：「ASEANにおける対日世論調査」2016年、外務省

ミャンマー　親日指数4　かなりの親日国

日本を信頼できるとしたミャンマー国民の割合は六七パーセント（「信頼できる」と「どちらかといえば信頼できる」の合計）で高い（**図2-3**）が、G20で最も信頼できる国では米国の後塵《こうじん》を拝《はい》する（**図2-4**）。

ミャンマーはかつて国名を「ビルマ」といい、先の大戦までは英国の植民地支配を受けていた。そこへ攻めてきた日本軍と共闘したのがビルマ独立義勇軍を率いていたアウンサン将軍、つまりミャンマーの現国家指導者であるアウンサンスーチー氏の父である、しかし、日本がビルマ独立の約束を反故《ほご》にしたことから、ビルマは連合軍に寝返った。このような歴史から、ミャンマーも以前は反日色が強かった。

図2-5にミャンマー国民が日本について関心がある分野を示した。科学・技術や経済が主で、日本の文化や歴史に興味を持つ人は少ない。

面積	68万km²	日本の約1.8倍	人口	5141万人	日本の約0.4倍
GDP	674億ドル	日本の約73分の1	1人あたりGDP	1275ドル	日本の約31分の1
輸出国	1)中国 2)タイ 3)シンガポール 4)インド 5)日本		在留邦人数	2370人	
輸入国	1)中国 2)シンガポール 3)日本 4)タイ 5)マレーシア		在日ミャンマー人数	1万5912人	
主要援助国	1)ドイツ 2)日本 3)米国 4)英国 5)EU				

図2-3　ミャンマーの対日信頼度

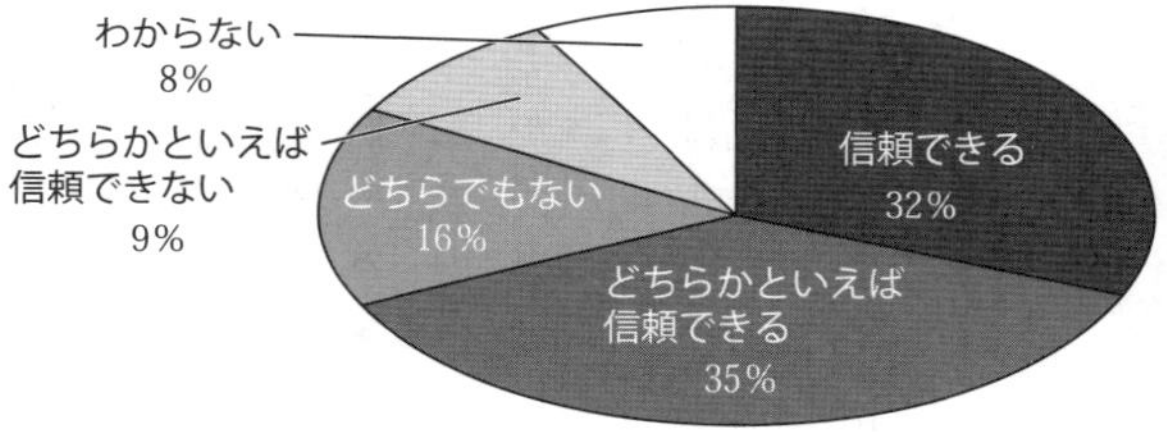

図2-4　ミャンマーがG20で最も信頼する国

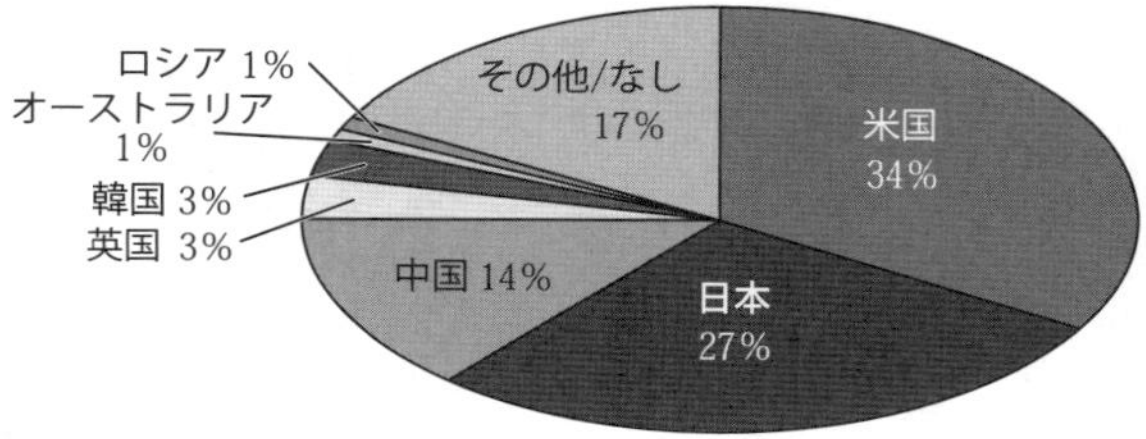

図2-5　ミャンマーが日本について関心のある分野

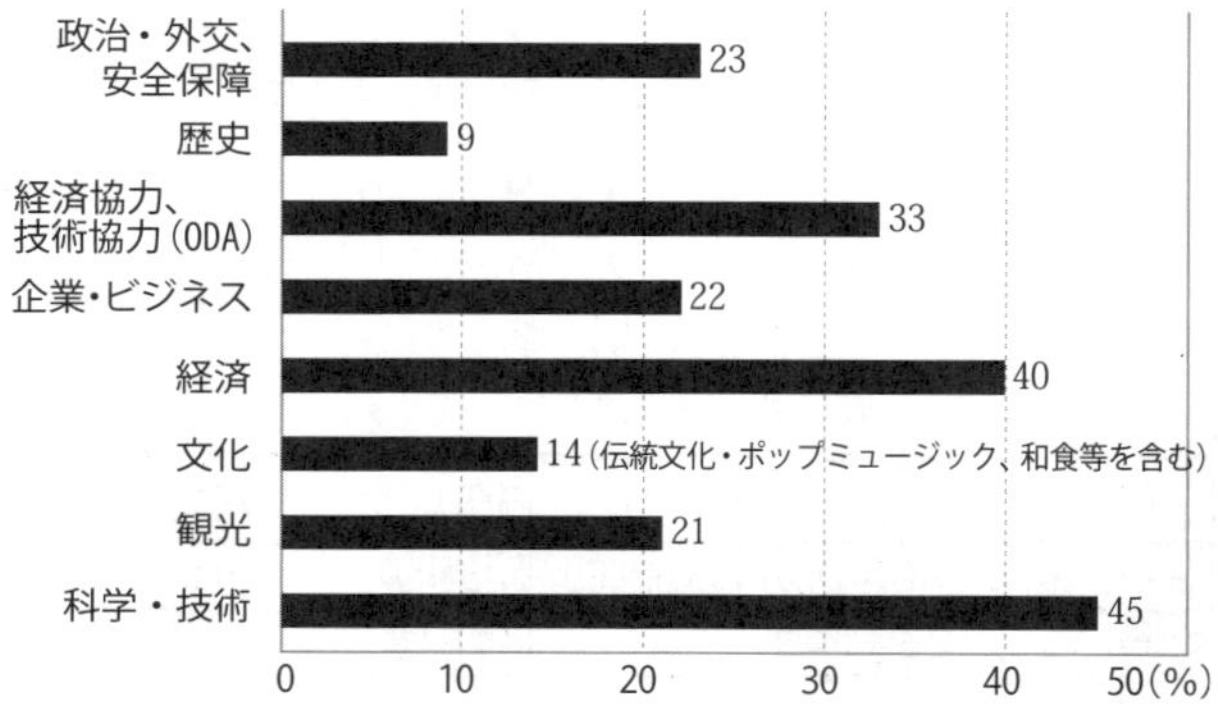

図2-3〜5の出典：「ASEANにおける対日世論調査」2016年、外務省

シンガポール　親日指数4　かなりの親日国

シンガポールの日本への信頼は厚く、「信頼できる」と「どちらかといえば信頼できる」の合計は七四パーセント（**図2－6**）。ところが、G20で最も日本が信頼できるとする人はわずか五パーセントにすぎず、中国（二四パーセント）の約五分の一しかいない（**図2－7**）。

親中派が多いのは、シンガポールにおける華人人口の多さと関係がある。**図2－8**に、ASEAN諸国における華人人口比率を示した。華人人口が最も多いのはインドネシア（八一二万人）で、次はタイ（七五一万人）。シンガポールは二八三万人である。しかし、人口比率ではシンガポールが突出しており、じつに過半数を超える。シンガポールの前首相リー・クアンユー（故人）と、現首相のリー・シェンロン父子も華人系である。

面積	719km²	東京23区と同程度	人口	561万人	日本の約23分の1
GDP	2970億ドル	日本の約17分の1	1人あたりGDP	5万2961ドル	日本の約1.4倍
輸出国	1)マレーシア 2)香港 3)中国			在留邦人数	3万7504人
輸入国	1)マレーシア 2)中国 3)日本			在日シンガポール人数	7232人

図2-6　シンガポールの対日信頼度

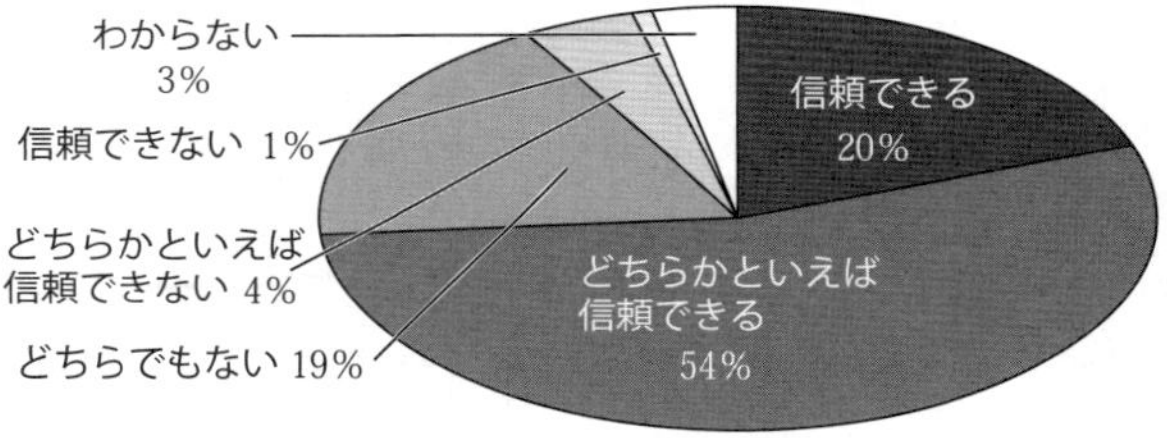

図2-7　シンガポールがG20で最も信頼する国

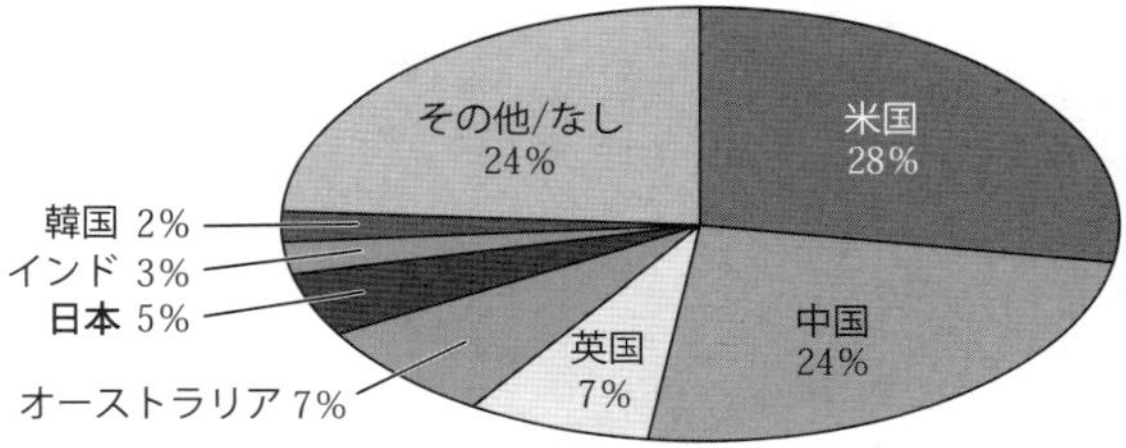

図2-6&7の出典：「ASEANにおける対日世論調査」2016年、外務省

図2-8　ASEAN諸国の華人人口比率

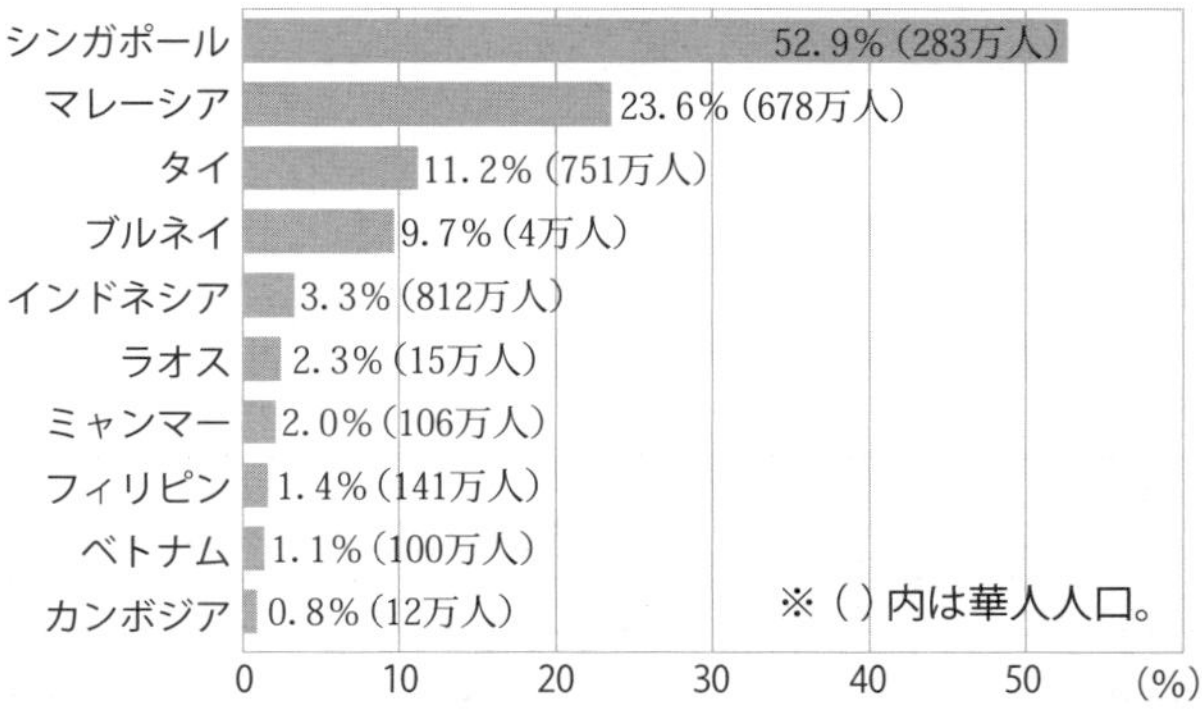

出典：「華僑経済年鑑　民国101年」2012年、中華民国僑務委員会

インド　親日指数4　かなりの親日国

インドの対日感情がすこぶるよいことは、外務省が二〇一六年にインドで実施した世論調査の結果からも明らかである。「信頼できる」と「どちらかといえば信頼できる」の合計が九四パーセント（**図2-9**）で、G20で最も信頼できる国として日本を選んだ人の割合はダントツの四六パーセント（**図2-10**）。どちらも絶対的親日国のどこよりも多い。

ところが、米国のシンクタンク／ピュー・リサーチ・センターの世論調査データでは、日本を「とても好き」と「どちらかといえば好き」の合計は四六パーセントにすぎない（**図2-11**）。また、英国の公共放送BBCによる国際世論調査でも、インドの日本に対する評価はそう高くない。BBCは各国が世界に与えている影響について他国民の評価を調べており、**図2-12**は二〇一六年一二月〜一七年四月に世界一九カ国で実施した世論調査結果のうち、日本に対する各国の評価を取り上げたものである。インドを見ると、日本が世界に好影響を与えているとする割合が四五パーセントで、悪影響を与

面積	328万km²	日本の約8.7倍	人口	12億1057万人	日本の約9.5倍
GDP	2兆2635億ドル	日本の0.46倍	1人あたりGDP	1709ドル	日本の約23分の1
輸出国	1)米国 2)UAE 3)香港 4)中国 5)英国		在留邦人数		8655人
輸入国	1)中国 2)米国 3)サウジアラビア 4)UAE 5)スイス		在日インド人数		2万8047人
主要援助国		1)日本 2)英国 3)ドイツ 4)米国			

図2-9　インドの対日信頼度

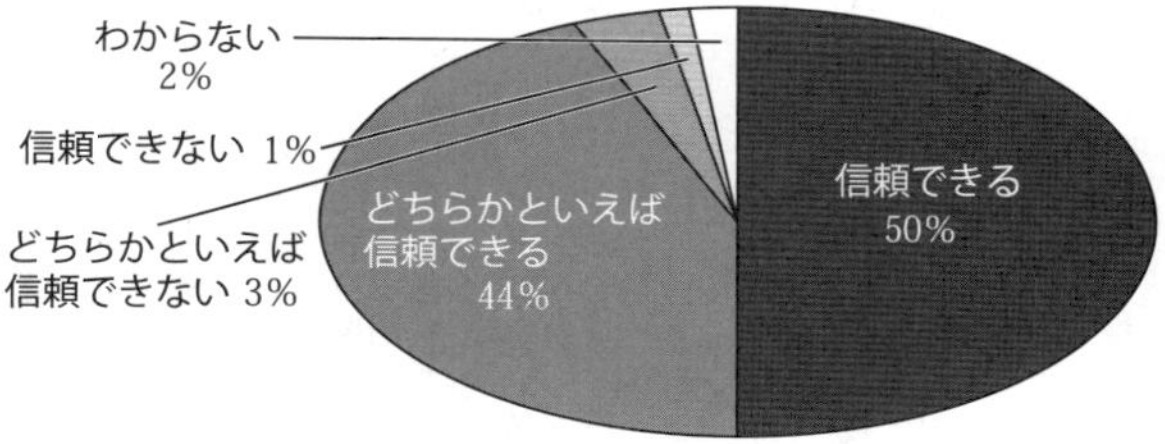

図2-10　インドがG20で最も信頼する国

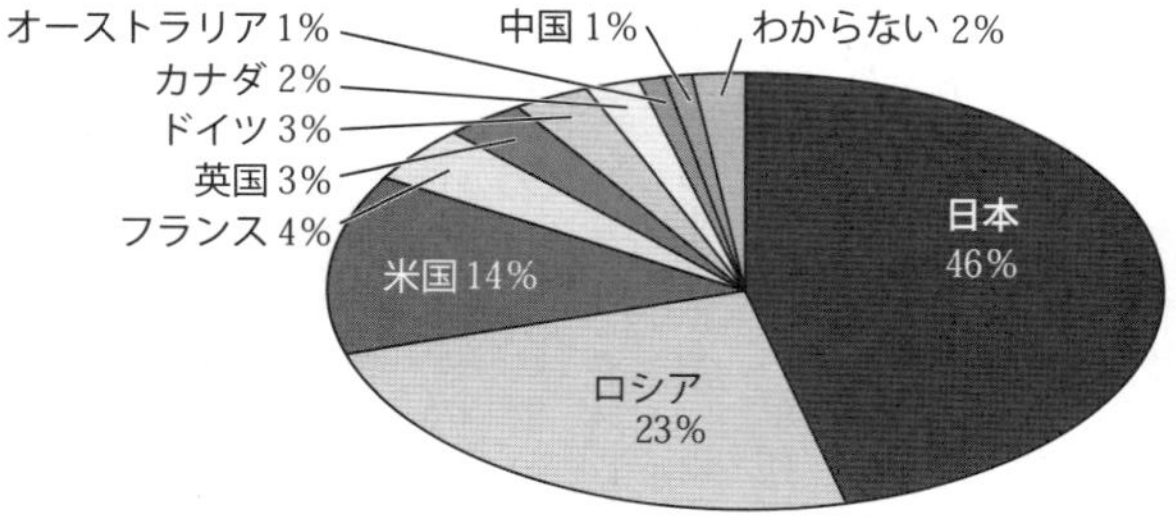

図2-9＆10の出典：「インドにおける対日世論調査」2016年、外務省

図2-11　インドの対日好感度

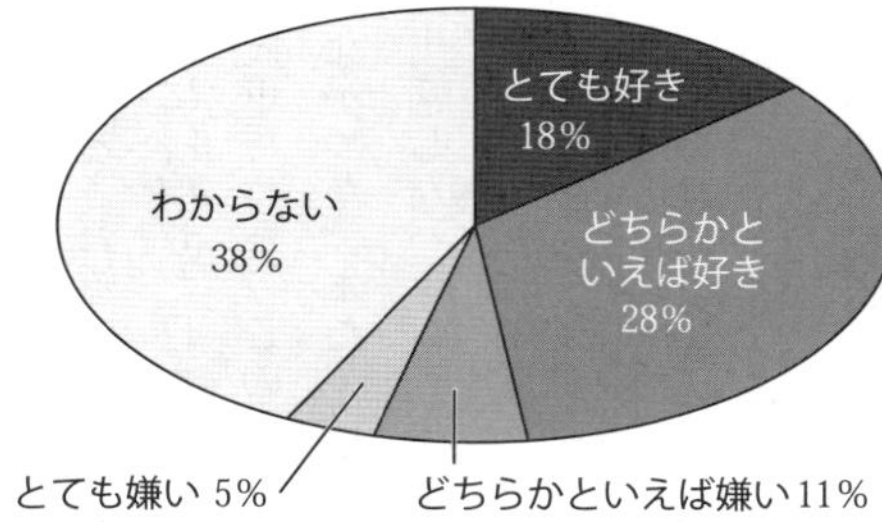

出典：How Asia-Pacific Publics See Each Other and Their National Leaders 2015年，Pew Research Center

えているとする割合が一七パーセントもあり、日本に対する評価は調査国中で低いほうである。ただし、**図2－11**と**図2－12**のインドのデータには「どちらでもない／わからない」の割合が非常に大きく、これは日本のことをよく知らない、興味がない人の多さを示していると考えられる。

インドと日本の関係は、先の大戦における史上最悪の無謀な作戦とされるインパール作戦（一九四四年）を抜きには語れない。インド北部の都市インパールに侵攻した日本軍と共闘したのが、インド独立の英雄チャンドラ・ボース率いるインド国民軍だった。このとき日本軍は敗走し英印軍に負けたものの、これが後にインドの独立につながった。また、日本と関係が深いインド人といえば、日本の戦争犯罪を裁《さば》いた東京裁判に出廷したパール判事を真っ先に思い浮かべる年輩者も多い。パール判事は「平和に対する罪」と「人道に対する罪」は戦勝国が戦後に作った事後法であり、これで日本を裁くことは国際法に違反するとして、A級戦犯全員に無罪判決を書いた。ただし、彼は日本軍の残虐行為を擁護《ようご》したわけではなく、むしろ厳《きび》しく糾弾《きゅうだん》した。その一方で、欧米の植民地支配や米国の原爆投下を鋭く批判した。

図2-12　日本が世界に与えている影響/各国の評価

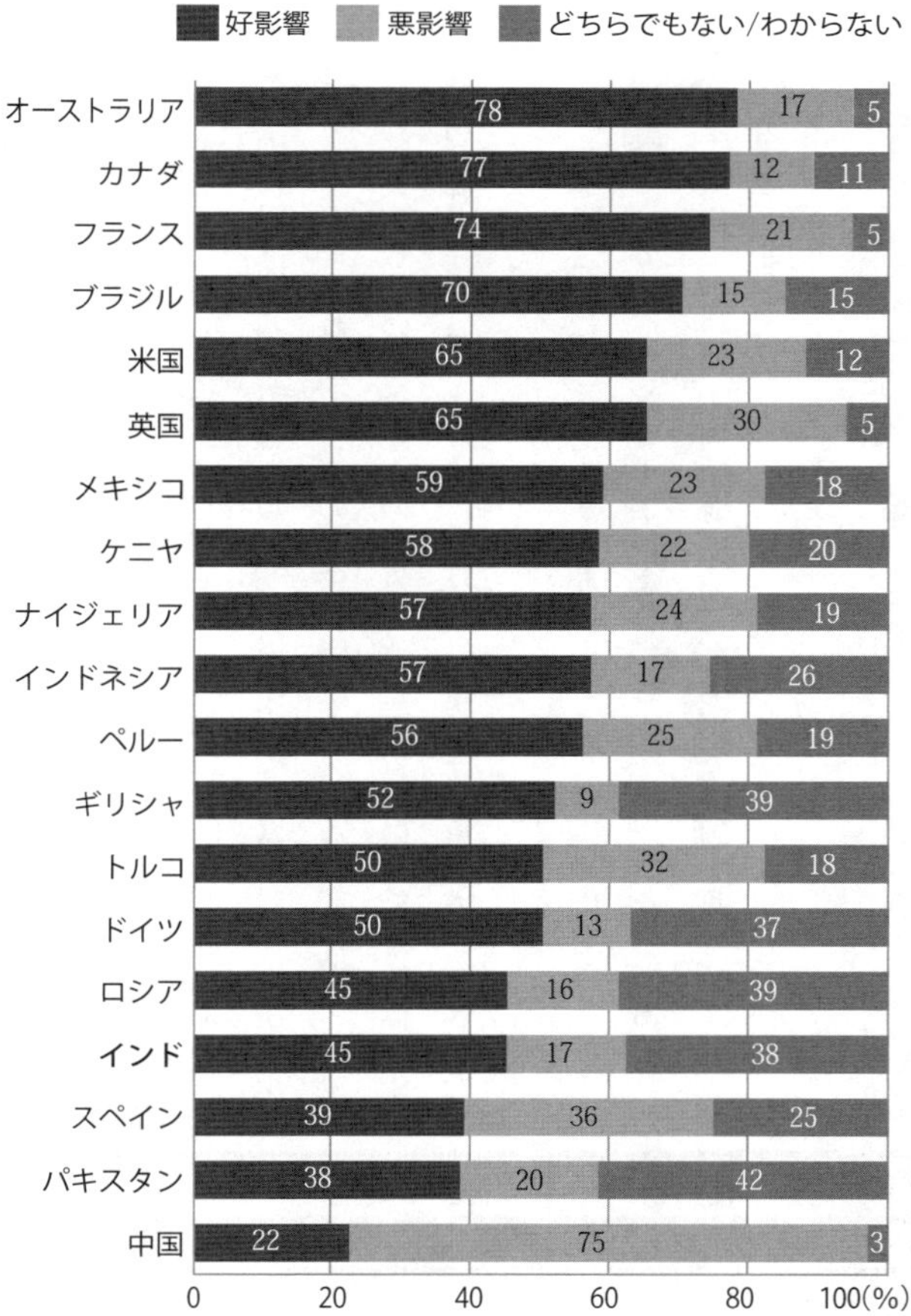

出典：BBC World Service global poll 2017

香港《ホンコン》　親日指数3　親日国（地域）

アヘン戦争の結果、英国に割譲されていた香港が一九九七年に中国に返還されてから、すでに二〇年が経《た》つ。二〇一五年の調査では、返還以来中国本土から香港への移民は約八八万人を数え、香港の人口の八人に一人が本土出身者になった。そうであれば、香港の対中好感度が上がるはずだが、香港大学が半年ごとに実施している香港人の対外好感度調査の最新結果では、中国を好き（「非常に好き」と「まあ好き」の合計）な香港人は三分の一に満たない（**図2―13**）。

そして、驚くべきことに、香港人が「非常に好き」な国は同じ華人の人口比率が高い台湾、マカオ、シンガポールより、日本が第一位なのである。ただし、日本を「非常に好き」と「まあ好き」の合計が六割程度なので、香港の親日指数は3に止《とど》まる。

面積	1103km²	東京都の約半分	人口	729万人	日本の約17分の1
GDP	3209億ドル	日本の約15分の1	1人あたりGDP	4万3681ドル	日本の約1.1倍
輸出国	1)中国 2)米国 3)日本			在留邦人数	2万7429人
輸入国	1)中国 2)台湾 3)日本			在日香港人数	統計なし

図2-13　香港の対外好感度

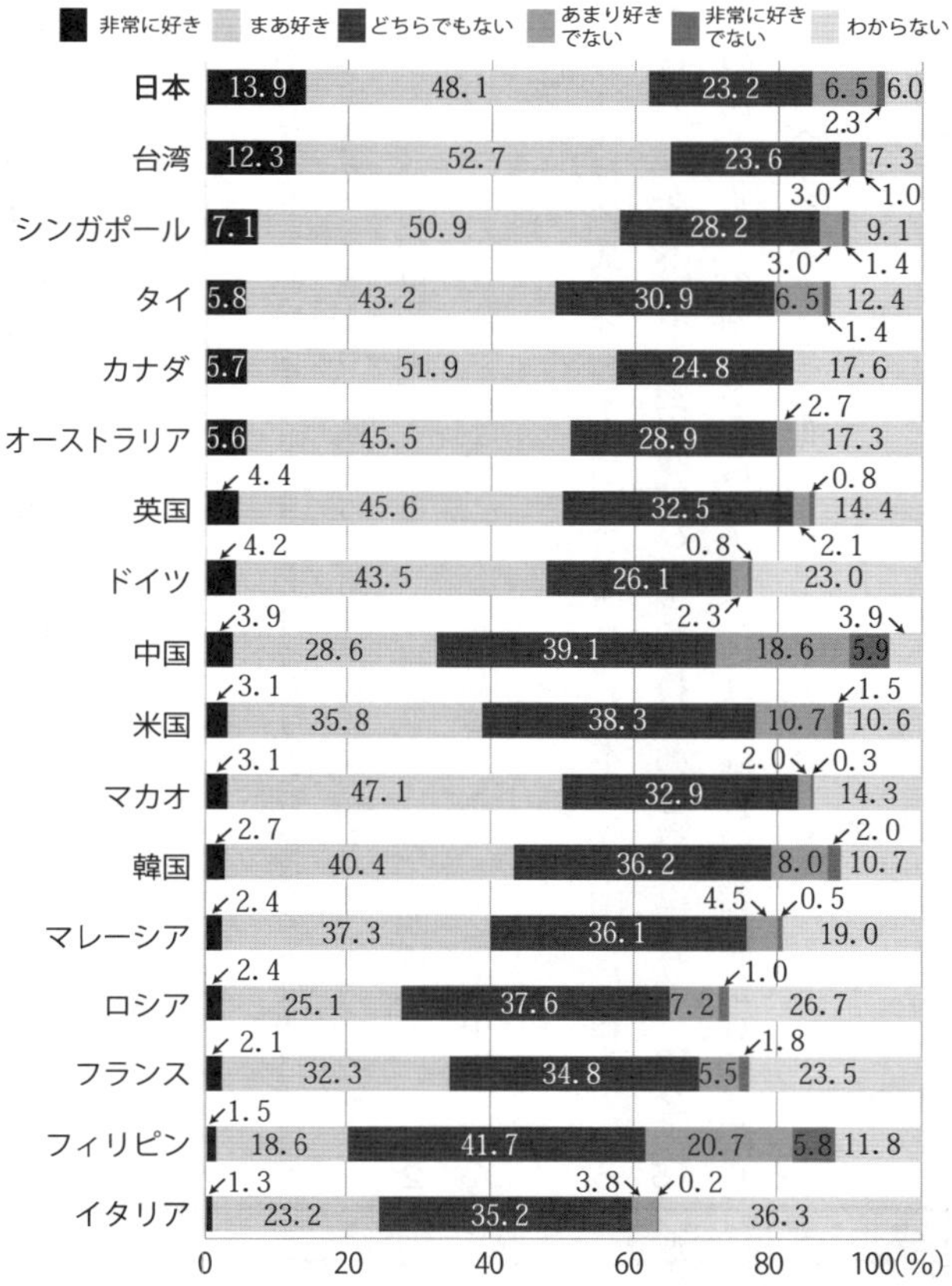

※数値は2017年5月の調査結果による。ただし、中国の数値のみ2016年11月調査のもの。
出典：「The Public Opinion Programme」　2017年5月、香港大学

ラオス　親日指数3　親日国

ラオスは一九世紀末に仏領インドシナ連邦に組み込まれて植民地支配を受けた後、先の大戦で日本軍が一時占領した。しかし、戦後は日本とラオスの間に取り立てて懸案事項もなく、また日本が最大の援助国としてラオスを経済支援してきたこともあり、両国は良好な関係を維持している。ただし、二〇一五年の外務省の世論調査を見ると、親日であることは間違いない（**図2－14**）ものの、「日本に関心がある」人の割合はASEAN諸国中いちばん少ない（**図2－16**）。

ラオスは一党独裁の社会主義国家であり、日本より中国を信頼している（**図2－15**）。しかし、最も強固な結びつきを持つのはベトナムで、**図2－15**で「その他／なし」の割合が非常に大きいのは、回答の選択肢がG20に限られており、ベトナムが「その他」になるからだろう。

面積	24万km²	日本の約0.6倍	人口	649万人	日本の約20分の1
GDP	159億ドル	日本の約311分の1	1人あたりGDP	2353ドル	日本の約17分の1
輸出国	1)タイ 2)中国 3)ベトナム 4)EU 5)日本		在留邦人数	743人	
輸入国	1)タイ 2)中国 3)ベトナム 4)EU 5)韓国		在日ラオス人数	2715人	
主要援助国	1)日本 2)オーストラリア 3)ドイツ 4)韓国 5)スイス				

図2-14　ラオスの対日信頼度

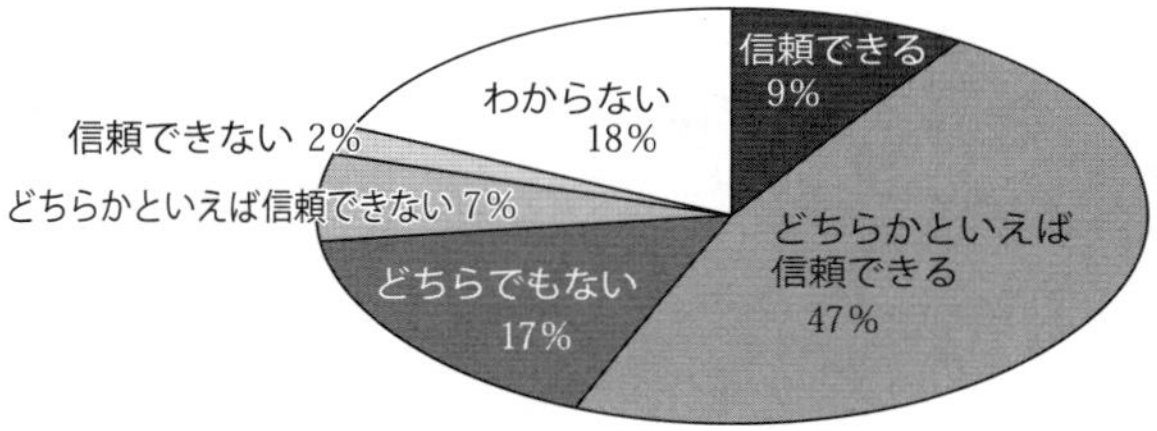

図2-15　ラオスがG20で最も信頼する国

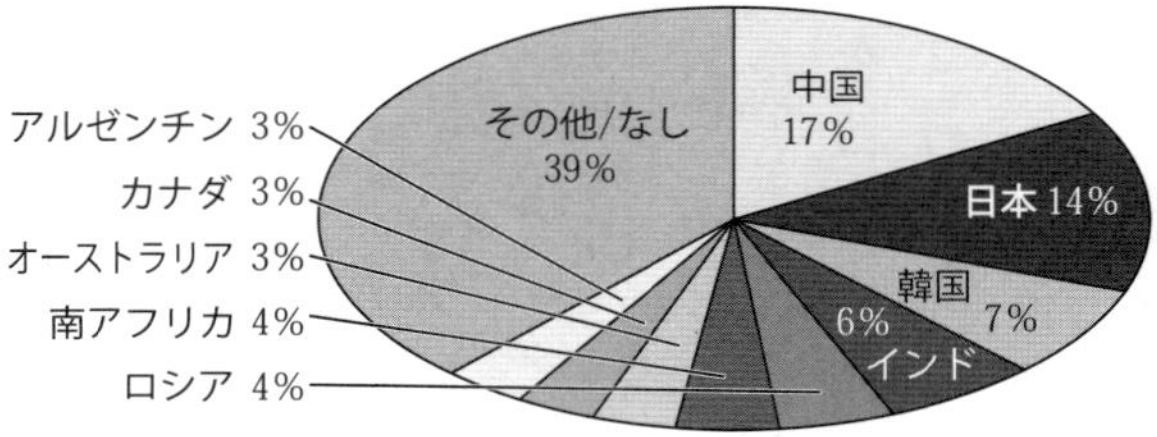

図2-16　ASEANの国別/日本に関心がある人の割合

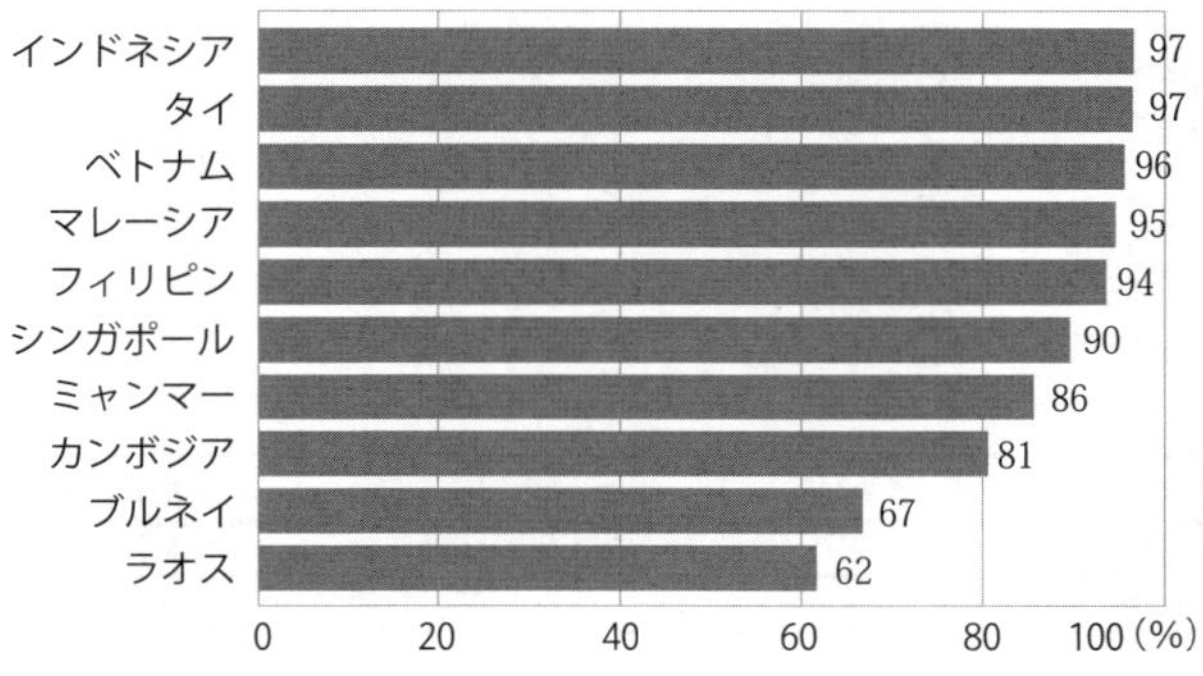

図2-14〜16の出典：「ASEANにおける対日世論調査」2016年、外務省

パキスタン　親日指数3　親日国

パキスタンとインドは、一九四七年に分離独立するまで、英国の植民地支配を受けていた。そして、ヒンドゥー教徒の多い地域がインド、イスラム教徒の多い地域がパキスタンとなった（その後パキスタンからバングラデシュが分離）。両国は独立時点から宗教対立があり、またカシミール地方の帰属をめぐって、これまで何度も武力衝突を繰り返してきた。そのためパキスタンは反インドであり、インドと対立する中国に親近感を持っている（**図2－17**と**図2－18**）。

では、対日感情はといえば、長年の経済援助もあって良好である。日本を「とても好き」な人と「どちらかといえば好き」な人の合計はほぼ半数で、日本を嫌いな人も多くない（**図2－17**）。しかし、二つのグラフを見る限り、日本をよく知らない・関心がない人が多そうだ。

面積	79.6万km²	日本の約2.1倍	人口	1億9540万人	日本の約1.5倍
GDP	2837億ドル	日本の約17分の1	1人あたりGDP	1468ドル	日本の約27分の1
輸出国	1)米国 2)中国 3)UAE 4)英国 5)アフガニスタン		在留邦人数	968人	
輸入国	1)UAE 2)中国 3)サウジアラビア 4)シンガポール		在日パキスタン人数	1万2708人	
主要援助国	1)米国 2)英国 3)日本 4)ドイツ 5)カナダ				

図2-17　パキスタンの日中印に対する好感度

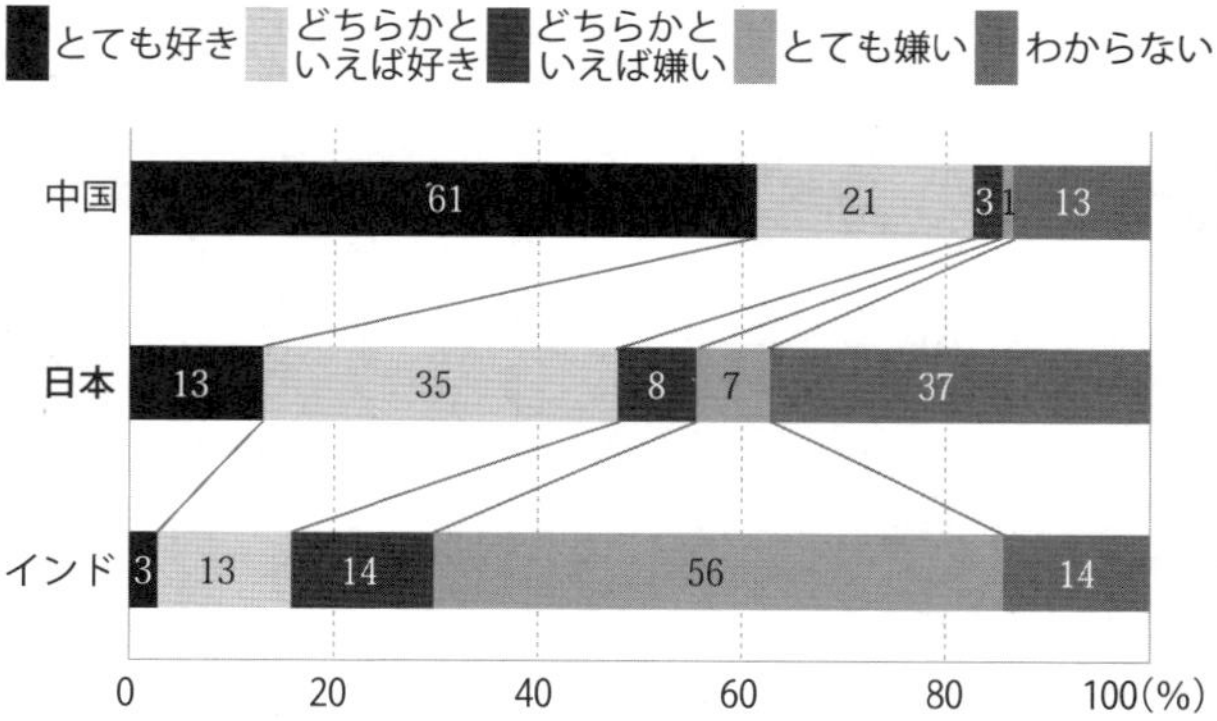

出典：「How Asia-Pacific Publics See Each Other and Their National Leaders」 2015年 Pew Research Center

図2-18　日中印が世界に与える影響/パキスタンの評価

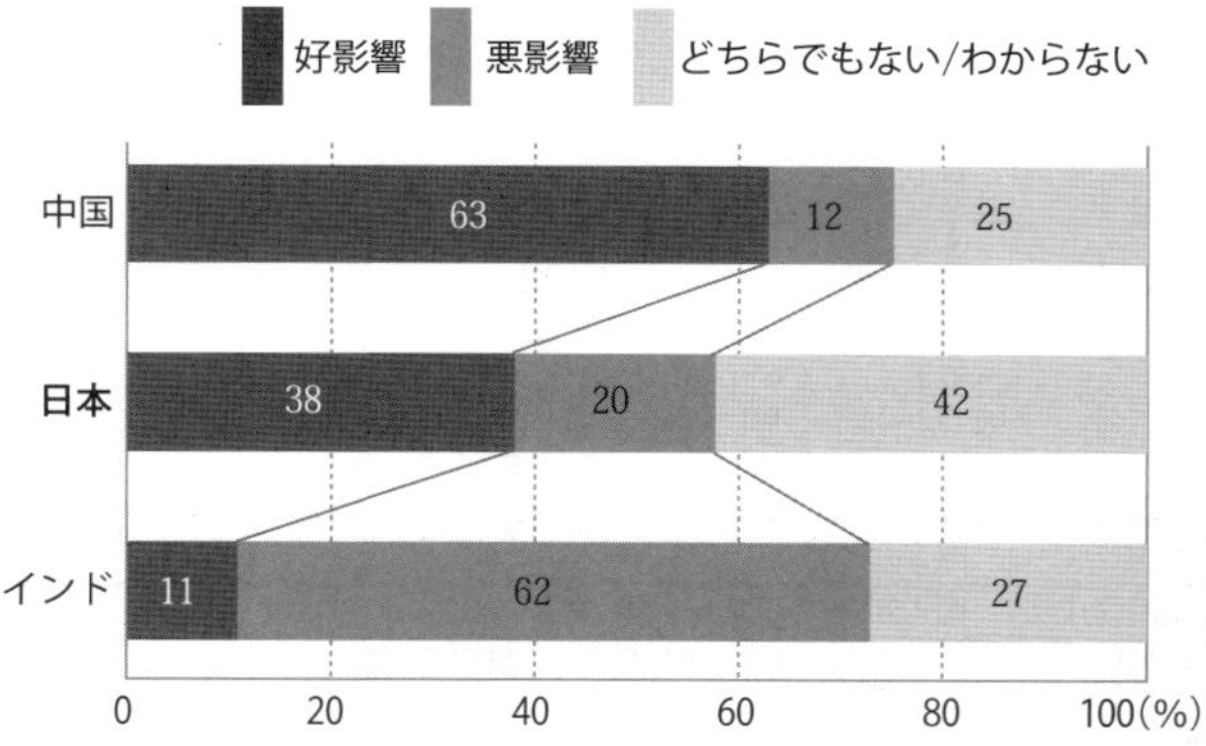

出典：BBC World Service global poll 2017

カンボジア　親日指数3　親日国

カンボジアもパキスタンと同様、親日国ではあるものの、日本よりも中国に親近感が強い（図2－20）。また、図2－21はASEAN諸国が日本を重要なパートナーだと考えているかどうかの調査結果だが、カンボジアはラオスに次いでパートナー意識が低かった。

カンボジアは過去たびたびベトナムと戦火を交《まじ》えてきた。それを助けて軍事援助をおこなってきたのが中国で、親中感情はそこにも由来する。逆に、近年ベトナムとの結びつきを強める日本に対して不快感を持っても不思議ではないが、カンボジアにとって日本は最大の援助国であり、カンボジアと日本との関係は現在まで良好である。なお、日本は一九九二年にPKO（国連平和維持活動）の一環としてカンボジアに自衛隊を派遣した。自衛隊の海外派遣は史上二例目、地上部隊は初だった。

面積	17.1万km²	日本の半分弱	人口	1470万人	日本の約9分の1
GDP	200億ドル	日本の約247分の1	1人あたりGDP	1270ドル	日本の約31分の1
輸出国	1)米国 2)英国 3)ドイツ 4)日本 5)カナダ		在留邦人数	2270人	
輸入国	1)タイ 2)中国 3)ベトナム 4)香港 5)シンガポール		在日カンボジア人数	6111人	
主要援助国	1)日本 2)オーストラリア 3)米国 4)EU 5)中国				

図2-19　カンボジアの対日信頼度

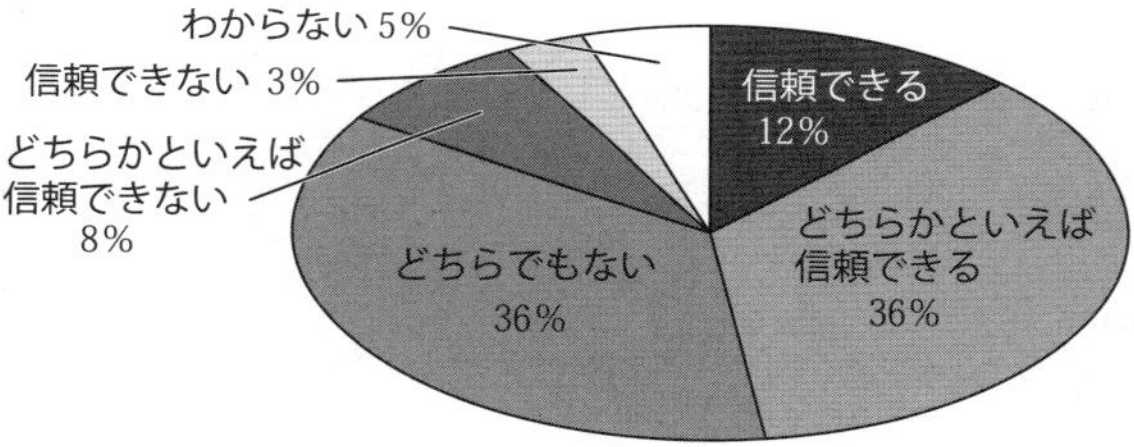

図2-20　カンボジアがG20で最も信頼する国

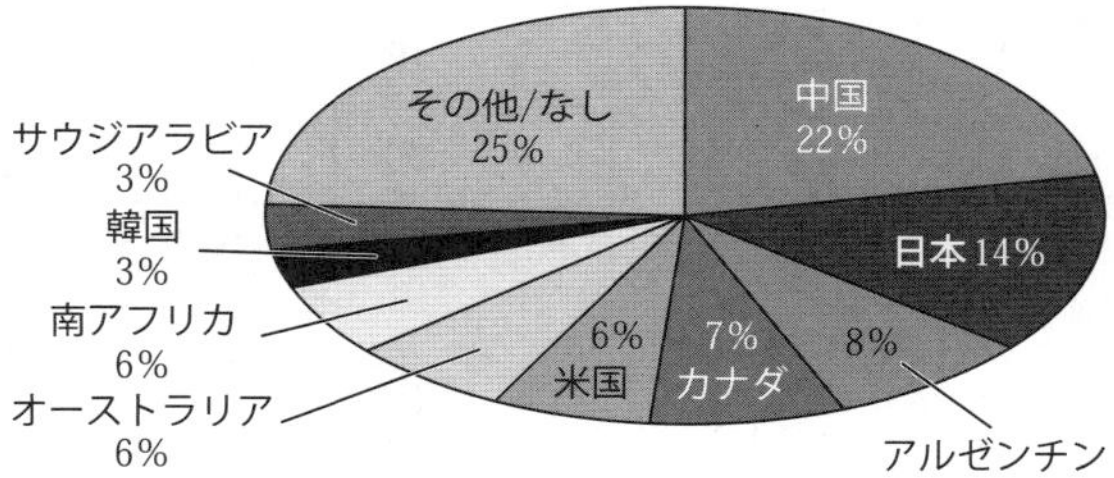

図2-21　ASEANの国別/日本を重要なパートナーだと考えている人の割合

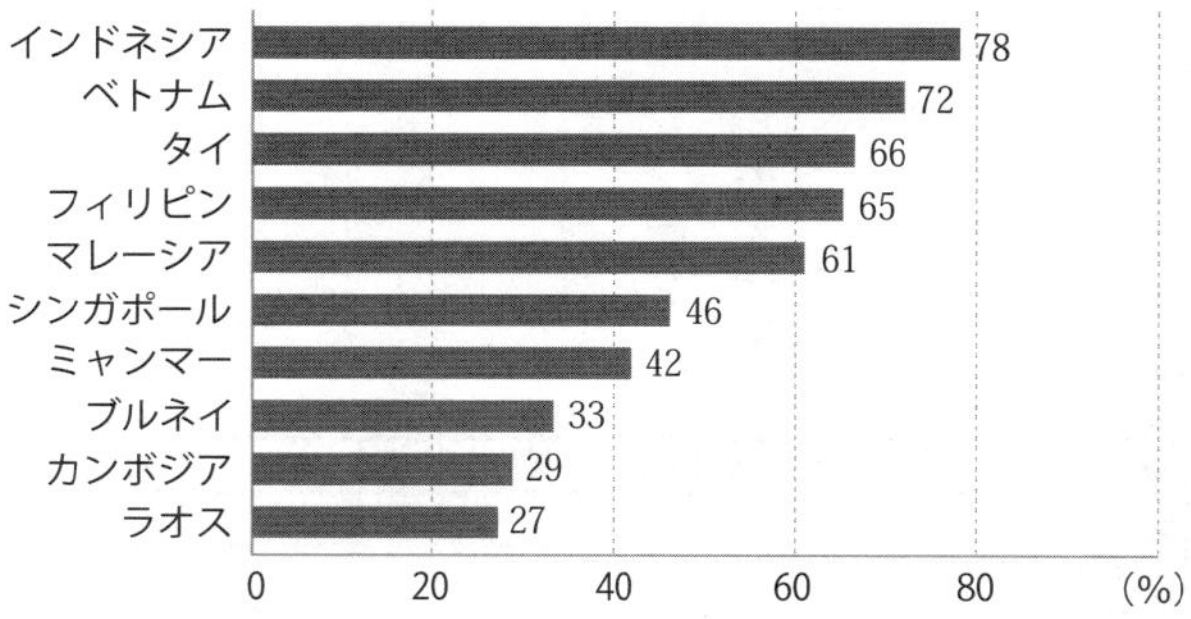

図2-19～21の出典:「ASEANにおける対日世論調査」2016年、外務省

モンゴル　親日指数3　親日国

モンゴルは先の大戦で日本と戦火を交え、戦後の冷戦時代は旧ソ連陣営に属していたため、かつては反日感情が強かった。それが一九九二年の民主化後、日本が最大の援助国になると反日色が薄まった。二〇一七年には日馬富士の暴行事件もあったが、大相撲でのモンゴル出身力士の活躍も親日派の増加に貢献したようだ。

モンゴルの調査機関サント・マラル財団による二〇一七年三月の調査結果では、モンゴル国民が考えるベストパートナーはロシアが圧倒的（**図2-22**）だ。第一選択で日本は第二位だった。しかし**図2-23**を見る限り、モンゴルはそこまでロシアに親近感を感じていない。なお、両質問では第一選択と第二選択があり、グラフには両方の結果を示した。モンゴルは中国も好きではなく、では日本はどうかといえば、古いデータだが、**図2-24**と**図2-25**も考慮すると一応親日国といえるだろう。

面積	156.4万km²	日本の約4倍	人口	312万人	日本の約40分の1
GDP	112億ドル	日本の約443分の1	1人あたりGDP	3686ドル	日本の約11分の1
輸出国	1)中国 2)英国 3)ロシア 4)ドイツ 5)スイス			在留邦人数	539人
輸入国	1)中国 2)ロシア 3)日本 4)韓国 5)米国			在日モンゴル人数	7636人
主要援助国	1)日本 2)米国 3)ドイツ 4)世銀 5)IMF 6)ADB(アジア開発銀行)				

図2-22　モンゴルのベストパートナー

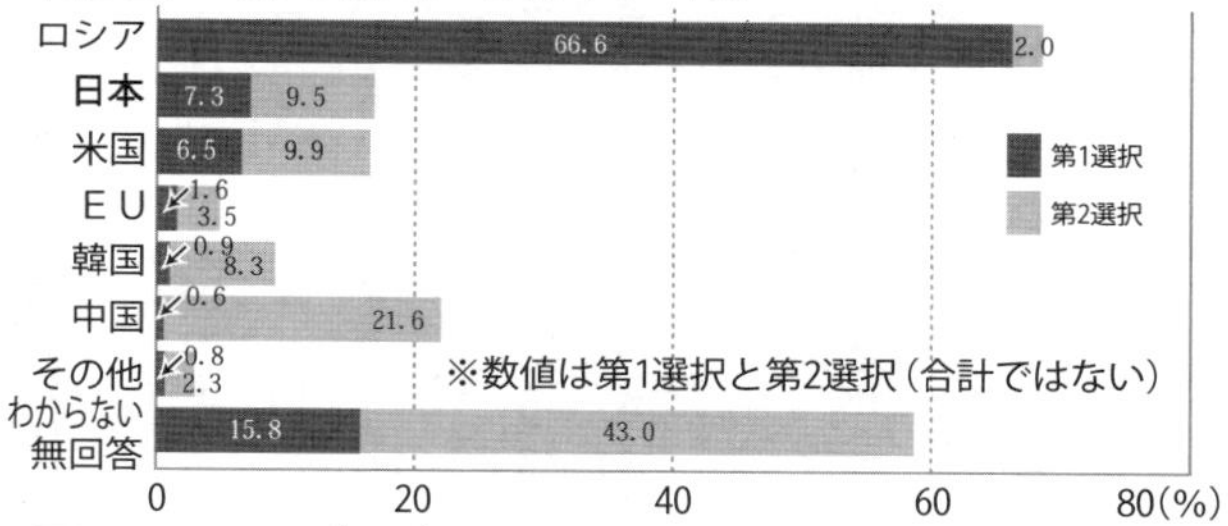

図2-23　モンゴルがうまく意思疎通を図り協力していける国

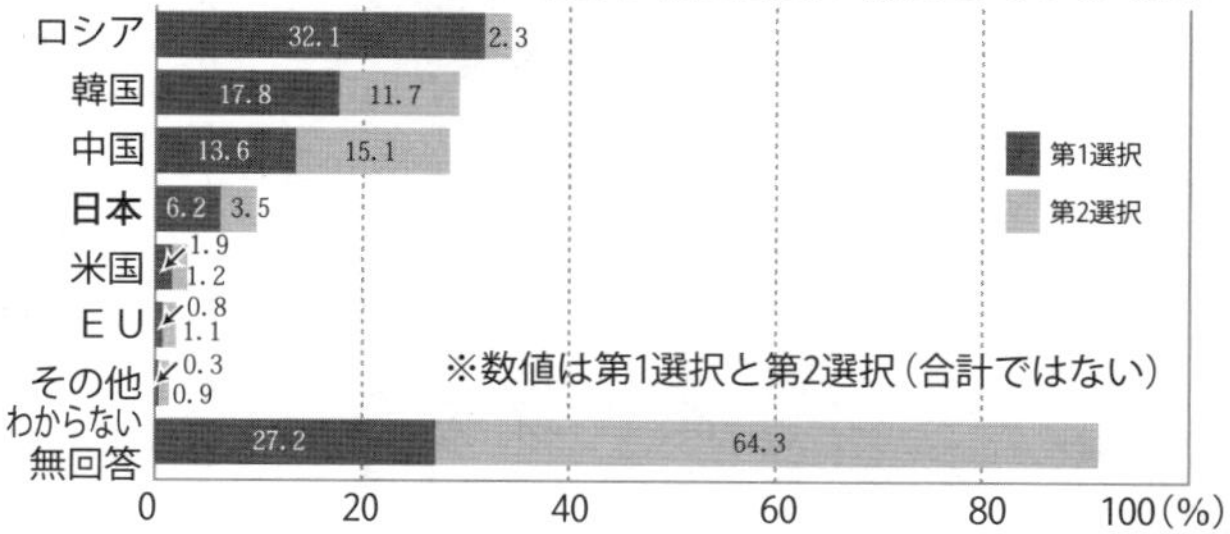

図2-22&23の出典：Politbarometer March 2017 Sant Maral Foundation

図2-24　モンゴルの対日信頼度

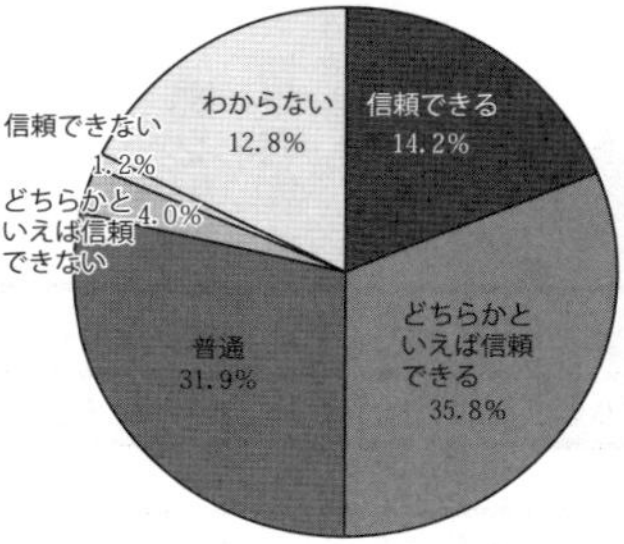

図2-25　モンゴルの対日親近感

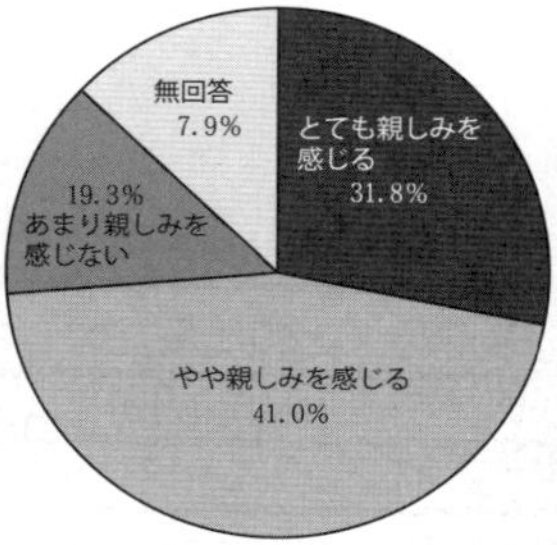

図2-24〜25の出典：「モンゴルにおける対日世論調査」2005年、外務省

ブルネイ　親日指数2　友好国

ASEAN諸国の中で、最も親日色が薄いのがブルネイである。図2―26を見ると、日本を「信頼できる」人の割合はわずか二パーセント。反日国もびっくりだが、それでも「どちらかといえば信頼できる」とする人が四三パーセントいるために、かろうじて親日指数が2となった。

ブルネイの反日感情は、先の大戦での被害記憶が元にあるようだ。一九七八年発行のブルネイの初級中学用歴史教科書には次のような記述がある。

「日本陸軍は占領後すぐ、(ブルネイの日本化の)新秩序を宣伝し始めたが、人々に歓迎されなかった。村人らは、日本の軍事規律を無視した者たちの大量処刑を目の前で見せられた」(『「総力戦」下の人材養成と日本語教育』松永典子著を要約)。「戦後日本の平和国家としての歩み」を評価する声は、ASEAN内で最も小さい(図2―28)。

面積	5765km²	三重県とほぼ同じ	人口	41.7万人	日本の約304分の1
GDP	114億ドル	日本の約433分の1	1人あたりGDP	2万6939ドル	日本の約0.69倍
輸出国	1)日本 2)韓国 3)インド 4)タイ 5)台湾			在留邦人数	185人
輸入国	1)マレーシア 2)シンガポール 3)中国 4)米国 5)韓国			在日ブルネイ人数	54人

図2-26　ブルネイの対日信頼度

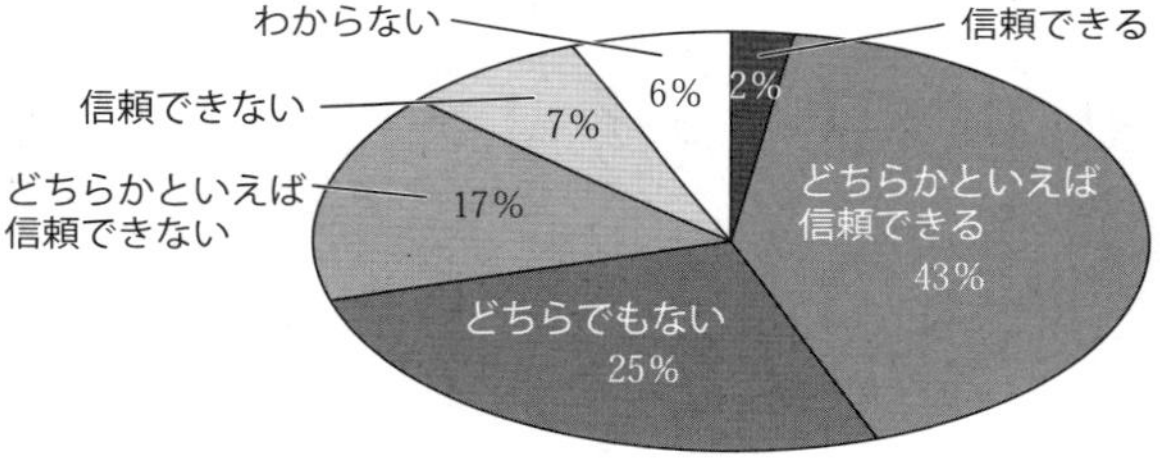

図2-27　ブルネイがG20で最も信頼する国

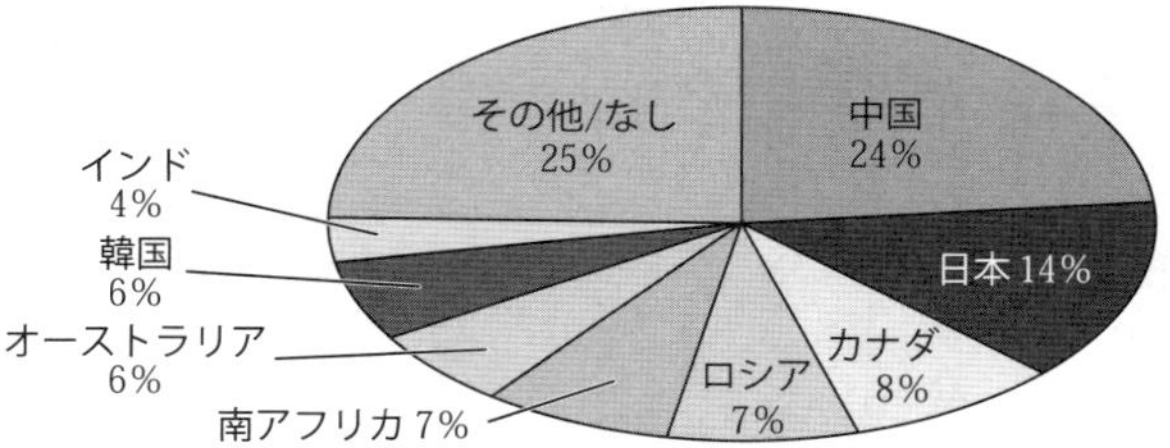

図2-28　ASEANの国別/日本の戦後70年間の平和国家としての歩みの評価

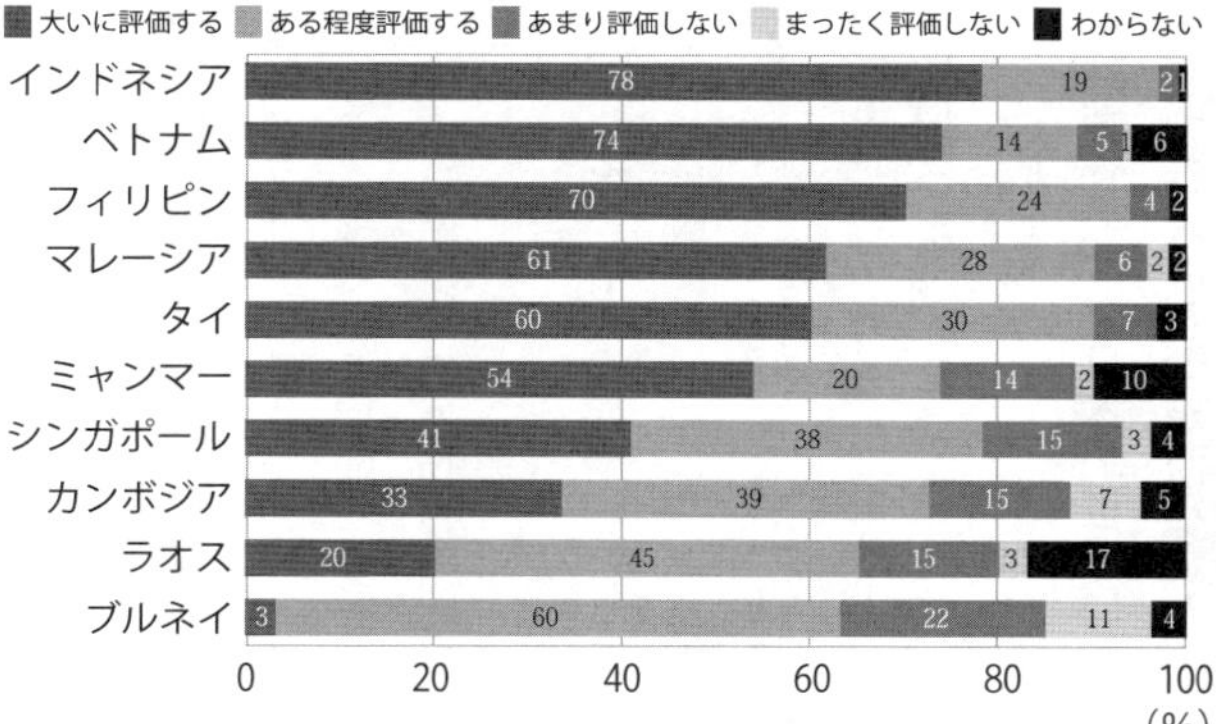

図2-26〜28の出典：「ASEANにおける対日世論調査」2016年、外務省

その他アジア諸国の親日度

外務省が区分する「アジア」には、すでに紹介した国々の他に六カ国（中国、韓国、北朝鮮を除く）あり、それらの親日度を簡単に述べる。国によってデータが古かったり、不十分だったり、あるいはまったくなかったりするので、親日度はあくまで参考程度と理解していただきたい。判断材料となる調査データが皆無の場合は、外交レポートや外務省の記事などを判断材料とした。

■バングラデシュ　かなりの親日国。一九七一年の独立後、日本が最大の援助国として支援してきたことが国民によく知られている。ジェトロ（日本貿易振興機構）が二〇一二年に首都ダッカ市内の大学生三四一人を対象に実施した意識調査によると、「好きな国」は米国に次いで日本が第二位、「重要な国」もインドに次いで第二位だった。ただ、これは大学生（バングラデシュの知識層）のみが対象のデータなので、親日指数を決定しなかった。

■スリランカ　かなりの親日国。同じ仏教国としての共感や同胞意識があり、また日本が最大の援助国でもある。少々古い二〇〇六年のＢＢＣの世論調査では、日本が世界に「好影響」を与えているとした人がほぼ半数を占め、「悪影響」とする人はわずか四パーセントしかいなかった。

■モルディブ　親日国。インド洋の真珠と謳《うた》われるモルディブは、日本から年間約四万人の観光客が訪れる。日本は最大の援助国であり、無償資金協力で造った防波堤が二〇〇四年のインド洋大津波からマレ島を守り、深刻な被害を免《まぬが》れた。これに感謝したモルディブ政府から日本国民に「グリーン・リーフ賞」が授与された。

■ネパール　親日国。一九五六年の国交樹立以来、伝統的に親日国である。二〇〇八年に王制が廃止されるまでは皇室との交流もあり、民主化後も両国関係は良好。日本は主要援助国の一つで、とくに二〇一五年のネパール大地震後は復興支援を続けている。

■ブータン　親日国。二〇一一年、国交樹立二五周年にあたり、現ワンチュク国王夫妻が東日本大震災後初の国賓として来日し、お見舞いの言葉とともに、日本への敬愛と長年の日本の経済援助に対する謝意を述べられたことは、記憶に新しい。

■東ティモール　友好国。先の大戦中、三年にわたり日本が占領していたこともあり、かつては反日感情も強かったと思われるが、現在は良好な関係を築いている。

コラム④　ブータン農業の父「西岡京治《にしおかけいじ》」

台湾で最も有名な日本人が八田与一なら、ブータンでは「西岡京治」(一九三三〜九二年)だろう。西岡は大阪府立大学で農学を学んだ後、高校教師になるが、六四年に海外技術協力事業団(現国際協力機構、JICA)の農業指導員としてブータンに赴任した。

国民の八割が農業に従事するブータン。そこで西岡は苗《なえ》をラインで植えることから米作りを指導した。そして多種の野菜、果実、穀物の試験栽培や品種改良を通じて農業知識の普及に努めた。と同時に、現地に適《てき》した品種を次々に作付けし、農業生産を拡大させた。現地の大根「ラフ」に比べて巨大な日本の大根に皆、驚いたという。西岡はまた、日本の無償資金協力を利用して農業機械を導入し、農業の近代化を推進。さらに、荒れ地の開墾《かいこん》や道路整備、架橋など地域開発にも尽力した。

当初二年の任期だったが、西岡はその後もブータンで活動を続け、一九八〇年にブータン政府から「ダショー」(最高に優れた人の意)という爵位《しやくい》を外国人で初めて授与された。そして滞在が二八年に及んだ一九九二年、西岡は帰国直前に病で死去。ブータンで国葬が執《と》りおこなわれた後、遺体は当地に埋葬された。

中央アジア・コーカサス各国の親日指数

※（　）内の数字は親日指数。
3は「親日国」
2は「友好国」を表わす
数字のない国についても本文で親日度を紹介している。

■中央アジア・コーカサス諸国は日本文化に関心があるも、友好国止まりが多い

カスピ海をはさんで東側の中央アジア五カ国と西側のコーカサス三カ国は、すべて旧ソ連の構成国。日本人には馴染《なじ》みが薄いものの、意外にも日本に親近感を持つ人が多い。

図2－30～**図2－32**は、外務省が二〇一五年一二月から一六年一月にかけて、中央アジアの（トルクメニスタンを除いた）四カ国において実施した対日観の世論調査結果である。日本を「信頼できる」とする人の割合が最も大きいのはタジキスタンだが、「どちらかといえば信頼できない」と「信頼できない」の合計が多いのもタジキスタンである（**図2－30**）。また、各国がG20で最も信頼する国ではロシアが圧倒的である（**図2－31**）。そして、日本はどの国でも二番目に挙げられている。近年は中国が「一帯一路《いったいいちろ》」なる現代版シルクロード構想といわれる政策のもと、中央アジア諸国と経済的結びつきを強めているが、二〇一六年一月時点ではまだ国民の信頼感にはつながっていないようだ。

図2－32は、日本の何に興味があるのかを表わしている。総じて日本の「文化」への関心度が高く、中でもタジキスタンはその傾向が強いようだ。キルギスは文化よりも「経済」に関心があり、カザフスタンは「科学・技術」にも強い関心を寄せている。

図2-30 中央アジア4カ国の国別/対日信頼度

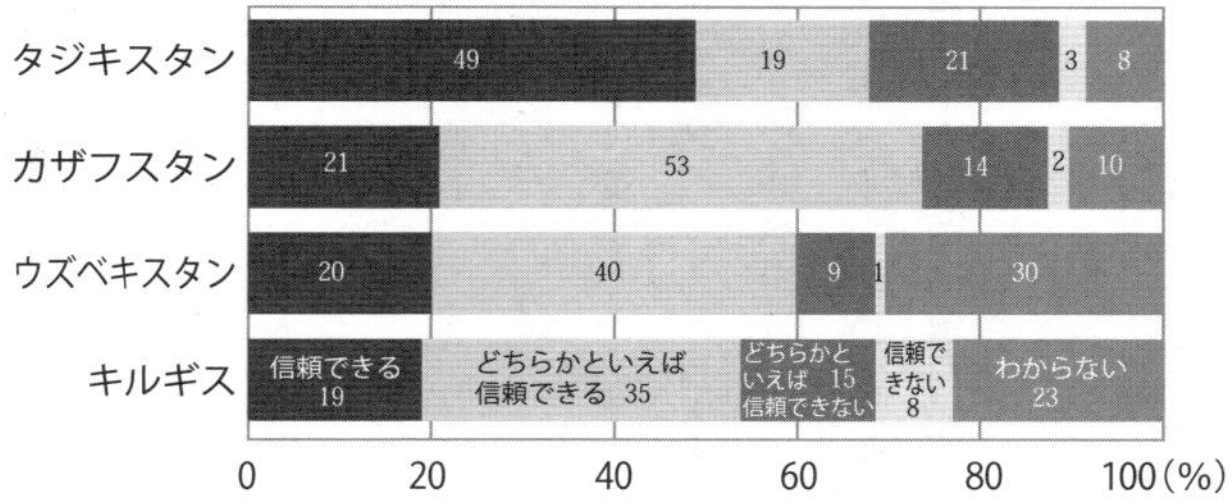

図2-31 中央アジア4カ国の国別/G20で最も信頼する国

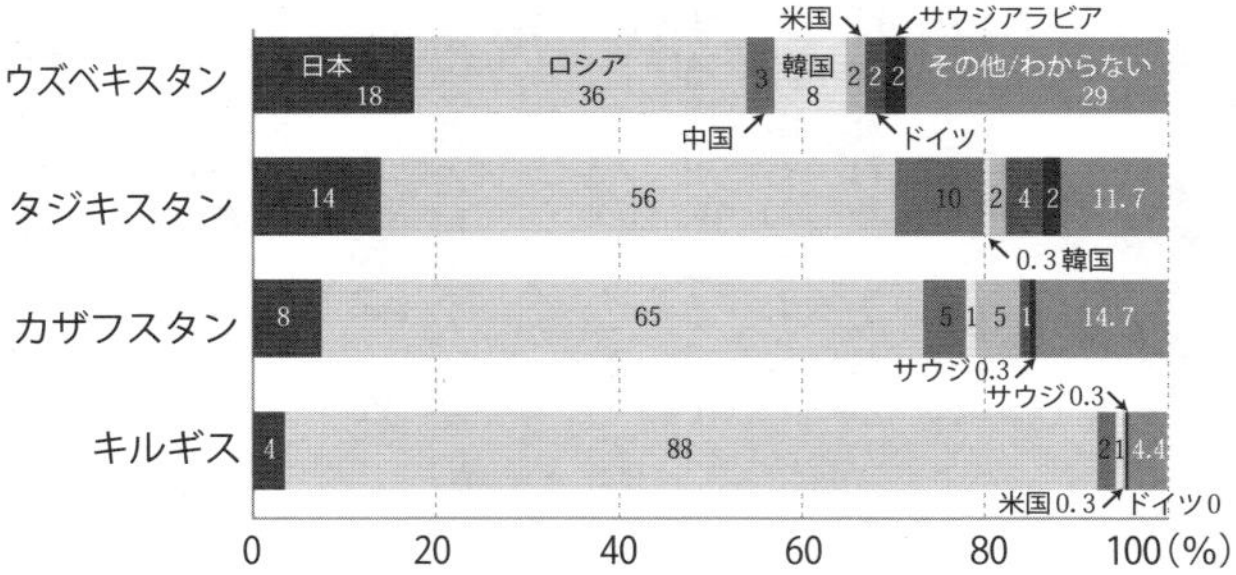

図2-32 中央アジア4カ国の国別/日本についてもっと知りたい分野

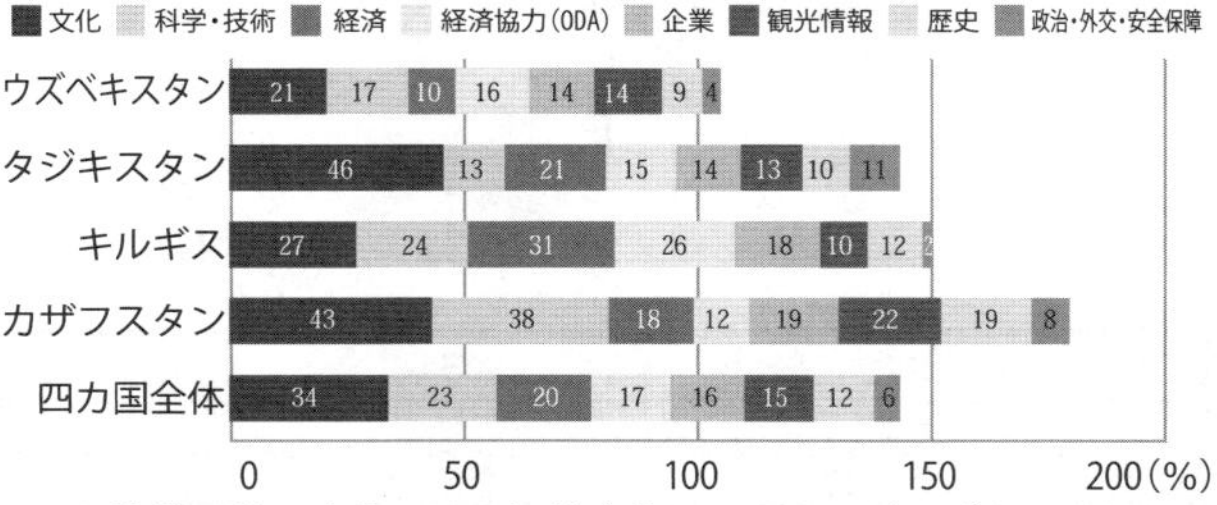

※複数回答。文化には、伝統文化、アニメ、ポップカルチャー、和食などが含まれる。

図2-30〜32の出典:「中央アジア地域における対日世論調査」2016年、外務省

ウズベキスタン　親日指数3　親日国

ロシア重視の中央アジアにあって、ウズベキスタン国民がG20でいちばん信頼する国に挙げたのは、無論ロシア（三六パーセント）だが、日本を選んだ人がその半分の一八パーセントもいる（図2－31）。

先の大戦後、ソ連によって抑留された日本人捕虜約七〇万人（一説には二〇〇万人とも）のうち、およそ二万五〇〇〇人がウズベキスタンに移送され、強制労働に従事した。このときの日本人の勤勉さや責任感の強さなどの精神性が、ウズベク人の日本人に対する肯定的なイメージを形成したとされる。

なお、ウズベキスタンの日本人抑留者のうち八一三人が当地で亡くなり、ウズベキスタン国内一〇カ所に埋葬された。それらの墓地は後年整備され、また日本人抑留者資料館も建設され、大事に守られている。

面積	44.7万km²	日本の約1.2倍	人口	3030万人	日本の約4分の1
GDP	672億ドル	日本の約73分の1	1人あたりGDP	2111ドル	日本の約18分の1
輸出国	1)ロシア 2)中国 3)カザフスタン 4)トルコ		在留邦人数	126人	
輸入国	1)ロシア 2)韓国 3)中国 4)カザフスタン 5)ドイツ		在日ウズベキスタン人数	1791人	
主要援助国	1)日本 2)米国 3)ドイツ 4)韓国 5)スイス				

コラム⑤　日本人を伝説化した「ナヴォイ劇場」

一九六六年四月、ウズベキスタンの首都タシケントを大きな揺れが襲った。マグニチュード五・〇の地震だったが、震源が浅く、余震が一〇〇〇回以上も続いたために、首都はほぼ壊滅状態となった。多数の建物がガレキと化した中に、威風堂々とした姿で建ち続けていた建物があった。オペラハウスの「ナヴォイ劇場」である。実は、この劇場は主に日本人抑留者たちが中心となって建設したもので、地震時には市民の避難場所となった。

ナヴォイ劇場はソ連の建築家が設計。だが、工事が始まったとたん第二次世界大戦が勃発《ぼっぱつ》し、初期段階で工事がストップしていた。それを日本人捕虜に造らせたのだった。日本人が建てた劇場は地震でびくともしなかった。噂は瞬《また》く間《ま》に広がり、優秀な「日本人伝説」が生まれた。そして、それは今も生きている。

日本人に対する信頼感は建設工事中にすでに市民の間に生まれていた。捕虜の立場で強制労働させられているというのに、日本人は手を抜くことなく一生懸命働いていたからだ。戦勝国の国民と敗戦国の捕虜という関係ではなく、人間同士の温かい交流がそこにはあったという。

カザフスタン　親日指数3　親日国

日本と中央アジアは総じて経済面でのつながりが弱い。カザフスタンは地域大国で、化石燃料やレアアースなどの地下資源に恵まれ、経済規模が大きい。日本にとっては魅力的な貿易相手国だが、両国の貿易額はロシアや中国はもとより、欧州よりもずっと小さい。

しかし、カザフスタンの日本への信頼は厚く、「信頼できる」と「どちらかといえば信頼できる」の合計割合は七四パーセントに達し（図2-30）、域内最高である。日本への関心もいちばん高く、興味がある分野は「文化」「科学・技術」「観光情報」の順となっている（図2-32）。観光に興味があるのは生活水準が高い証拠でもある。

二〇一五年、安倍首相は五〇の企業・団体を引き連れてカザフスタンを含め中央アジア五カ国を歴訪し、関係を強化する姿勢を見せている。

面積	272万km²	日本の約7倍	人口	1790万人	日本の約7分の1
GDP	1337億ドル	日本の約37分の1	1人あたりGDP	7510ドル	日本の約5分の1
輸出国	1)イタリア 2)中国 3)オランダ 4)ロシア 5)フランス		在留邦人数	165人	
輸入国	1)ロシア 2)中国 3)ドイツ 4)米国 5)ウクライナ		在日カザフスタン人数	343人	
主要援助国	1)米国 2)フランス 3)英国 4)ノルウェー 5)ポーランド				

キルギス　親日指数2　友好国

キルギスは（トルクメニスタンを含めた）中央アジア五カ国の中で、タジキスタンと並んで最貧国である。一人あたりのGDPはカザフスタンの約七分の一、日本の約三六分の一にすぎない。そのため、日本の経済援助への期待は大きく、日本についての興味・関心も「経済」と「経済協力」に向いている（**図2－32**）。

キルギスには、その昔キルギス人と日本人が兄弟であり、肉が好きな者はキルギス人になり、魚が好きな者は東に移って日本人になったという伝説があり、日本人に親近感を持つ人が少なくない。とはいえ、他の中央アジア諸国と同様、キルギスもロシア系を含む多民族国家であり、キルギス人は七割に止まる。そのため親日派ばかりでなく、日本に批判的な人の割合が国民全体のおよそ四分の一弱を占めている（**図2－30**）。

面積	19.9万km²	日本の約半倍	人口	600万人	日本の約21分の1
GDP	65.5億ドル	日本の約754分の1	1人あたりGDP	1077ドル	日本の約36分の1
輸出国	1)スイス 2)カザフスタン 3)UAE 4)ロシア		在留邦人数	132人	
輸入国	1)ロシア 2)中国 3)カザフスタン 4)日本 5)米国		在日キルギス人数	394人	
主要援助国	1)米国 2)ドイツ 3)スイス 4)日本 5)英国				

タジキスタン　親日指数2　友好国

キルギスと並ぶ中央アジアの最貧国の一つ、タジキスタン。日本は多額の経済支援をおこなっており、主要援助国の一角に名を連《つら》ねている。そのためもあってか、人口のほぼ半数が日本を「信頼できる」としている（**図2－30**）。しかしその一方で、日本を「信頼できない」「どちらかといえば信頼できない」と考える人も合計で二四パーセントもおり、およそ国民の四分の一が日本に批判的である。

かつてソ連の一員であり、今でも年間数十万から一〇〇万人もの出稼ぎ労働者がロシアに向かうなど、キルギスのロシア依存度は高い。また、近年は中国からの投資が増え、中国主導で設立されたＡＩＩＢ（アジアインフラ投資銀行）の最初の融資対象四事業にタジキスタンの道路改良事業が含まれるなど、中国の存在感も高まっている。

面積	14.3万km²	日本の約5分の2	人口	870万人	日本の約15分の1
GDP	69.5億ドル	日本の約711分の1	1人あたりGDP	796ドル	日本の約49分の1
輸出国	1)スイス 2)トルコ 3)カザフスタン 4)イラン		在留邦人数	36人	
輸入国	1)ロシア 2)中国 3)カザフスタン 4)スイス 5)イラン		在日タジキスタン人数	158人	
主要援助国	1)米国 2)スイス 3)ドイツ 4)日本 5)英国				

アゼルバイジャン　親日指数2　友好国

二〇一〇年にBBCがアゼルバイジャンで「世界各国が世界に与えている影響」についての世論調査を実施している。**図2−33**はそのうちの日本に対する評価である。日本が世界に好影響を与えているとする人は約四割で、悪影響を与えているとする人は、その半分の約二割。けっしてよいとはいえない結果だが、悪影響の割合はロシア（二七パーセント）、中国（三六パーセント）、米国（三八パーセント）よりずっと少ない。

アゼルバイジャン経済を牽引《けんいん》しているのは石油。日本企業も油田開発に参加している。

図2−33 日本が世界に与えている影響/アゼルバイジャンの評価

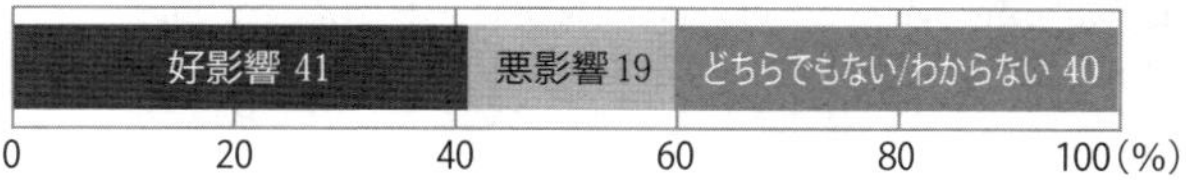

出典：BBC World Service global poll 2010

面積	8.7万km^2	日本の約4分の1	人口	990万人	日本の約13分の1
GDP	378億ドル	日本の約131分の1	1人あたりGDP	3877ドル	日本の約10分の1
輸出国	1)イタリア 2)ドイツ 3)フランス 4)イスラエル 5)チェコ		在留邦人数	51人	
輸入国	1)ロシア 2)トルコ 3)米国 4)ドイツ 5)イタリア		在日アゼルバイジャン人数	90人	
主要援助国	1)日本 2)米国 3)韓国 4)スイス 5)英国				

その他中央アジアとコーカサス諸国の親日度

中央アジア五カ国のうち残るトルクメニスタンと、コーカサスのアルメニア及びジョージアについて、ごく短く紹介する。対日観の調査データがないので、参考程度に止《とど》まる。

トルクメニスタン　友好国。地下資源に恵まれ、中央アジア地域内ではカザフスタンの次に豊かである。日本は米国、ドイツ、英国に次ぐ援助国だが、貿易額は少なく、駐日大使館も二〇一三年にようやく開設された。国連で承認された唯一の永世中立国である。

ジョージア　かつては「グルジア」と呼ばれていた親日国。日本は米国に次ぐ二番目の援助国である。旧ソ連の一員だったが、元々ロシアに批判的で、二〇〇八年にロシアと武力衝突。反露感情が強く、同じ立場のウクライナ・アゼルバイジャン・モルドバで「GUAM」機構を作っている。

アルメニア　友好国。経済的にも人的にも交流が少ない。しかし、コーカサスは地震頻発地域であり、一九八八年にアルメニアでマグニチュード六・九の地震が発生。甚大な被害を受けたことから、日本は積極的に地震防災関連の協力をおこなっている。

コラム⑥　日本で、祖国から逃れてきた難民を助けたアルメニア人女性

一九一五年にオスマン・トルコ帝国領内で起こったアルメニア人大虐殺。犠牲者数は一五〇万人ともいわれ、約七〇万人が国外に脱出した。うち数万人がロシア経由で日本に逃れてきた。その彼らを救済すべく奮闘したのがダイアナ・アプカー（一八五九～一九三七年）である。

ダイアナは英領ビルマ（現ミャンマー）で生まれ、アルメニア人男性と結婚後、日本に移住した。夫婦でホテルや貿易会社を経営する中、一九〇六年に夫が急逝。以後は一人で子育てと会社経営を担《にな》った。ダイアナの活躍は祖国に知られ、当時のアルメニア第一共和国政府は日本との国交樹立とアルメニア人保護を託《たく》して、彼女を駐日名誉領事に任命した。彼女は世界初の女性外交官とされる。

ダイアナは避難民の宿、食事、米国などへの渡航手続きの手配をし、同時にアルメニア人に起こっている悲劇を記事や著書で世界に発信した。彼女はできうる限りの難民支援を実行するために、世界の有力者や団体にアプローチし、ネットワーク作りに努めた。日本では渋沢栄一《しぶざわえいいち》が「アルメニア難民救済委員会」の委員長を務め、多くの日本人が彼女の活動を支援した。

太洋州各国の親日指数

※（　）内の数字は親日指数
4は「かなりの親日国」を表わす
数字のない国では日系大統領が誕生した

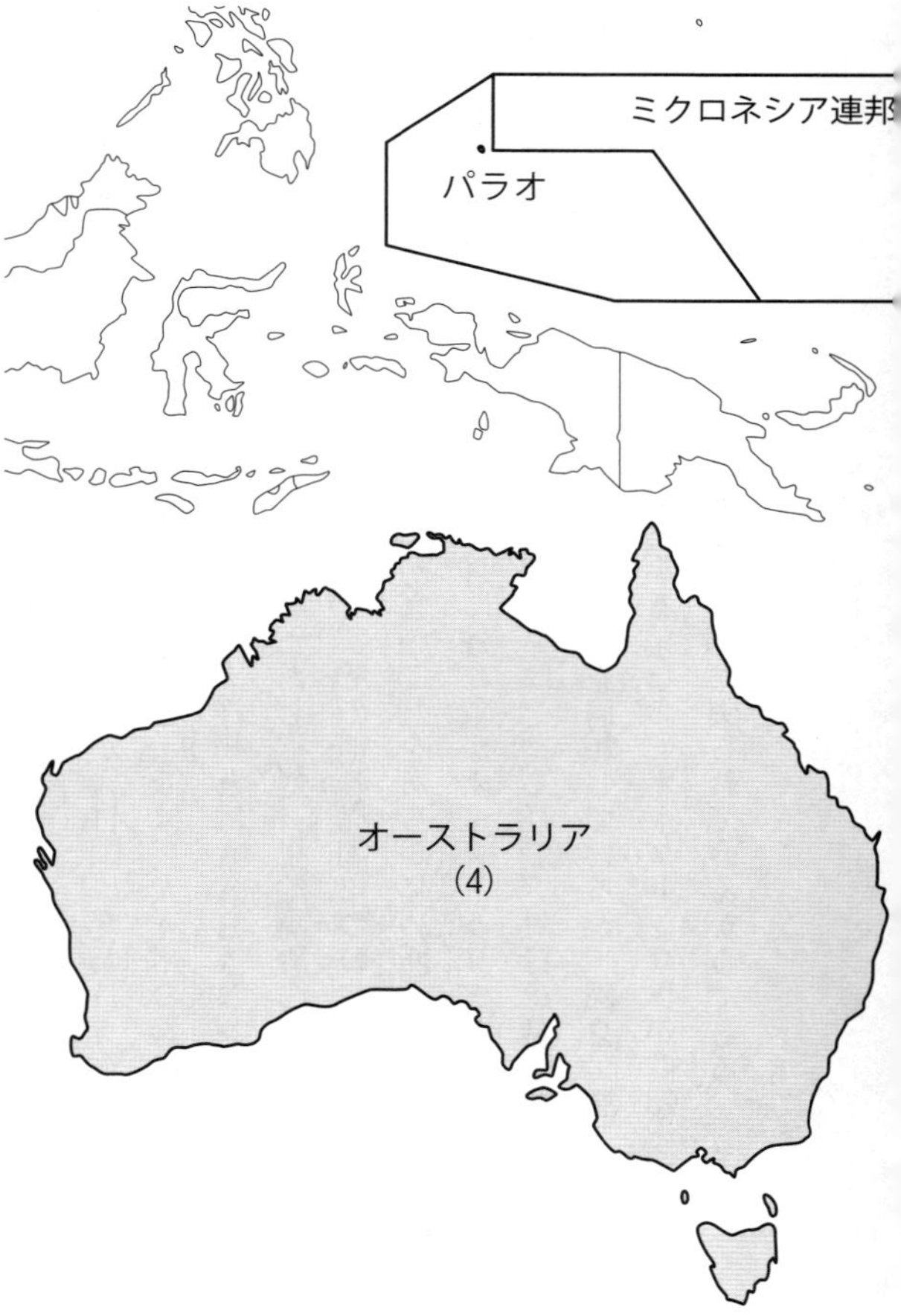

■オーストラリアとニュージーランドの対日評価は、瓜二つ

東南アジア諸国と同様、大洋州（オセアニア）の国々も、先の大戦で日本軍の侵略、統治を受けた。また、米国の日本軍に向けた砲火の巻き添えを食って犠牲になった者も多い。しかし、戦後七〇年以上が経ち、東南アジア諸国の大半が親日国に変わり、親日とまではいかない国も友好国として日本と良好な関係を築いている。では、大洋州の対日感情はどうか。本項ではそれを見ていきたい。なお、ここでいう大洋州とはASEANを除く太平洋島嶼《とうしょ》国とオーストラリア、ニュージーランドを指す。ただし、対日世論調査のデータがあるのは、オーストラリアとニュージーランドのみなので、その他の島国については外務省のレポートや記事を参考にした印象レベルの判断でしかないことをあらかじめ断わっておく。

図2－35～**図2－37**は、二〇一五年一二月に外務省がオーストラリアとニュージーランドで実施した世論調査の結果である。両国のグラフはそっくりで、対日意識が非常に似通っている。**図2－35**を見る限り、両国ともかなり日本を信頼しているが、**図2－36**と**図2－37**ではその信頼度も米英加の次であることがわかる。なお、オーストラリアが信頼する国にニュージーランドが入っていないのは、選択肢がG20に限られているからである。

図2-35 対日関係についてのオーストラリアとニュージーランドの評価

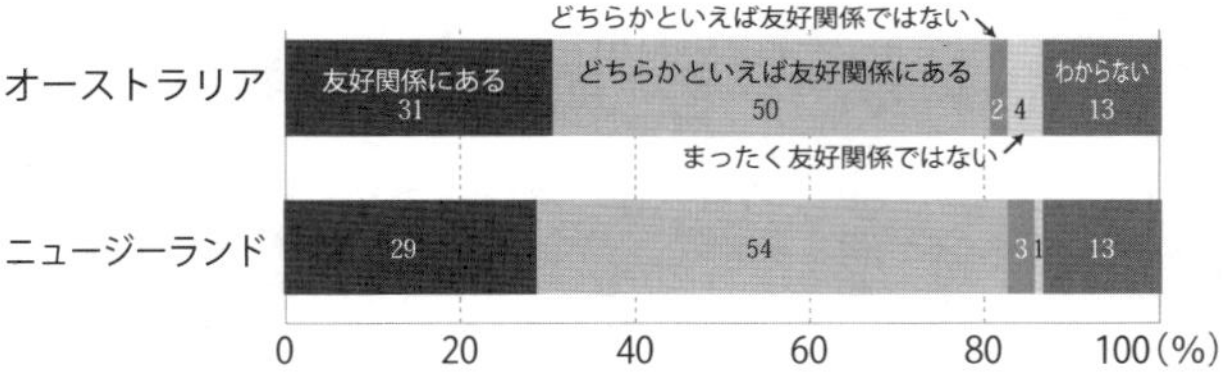

図2-36　オーストラリアがG20で最も信頼する国

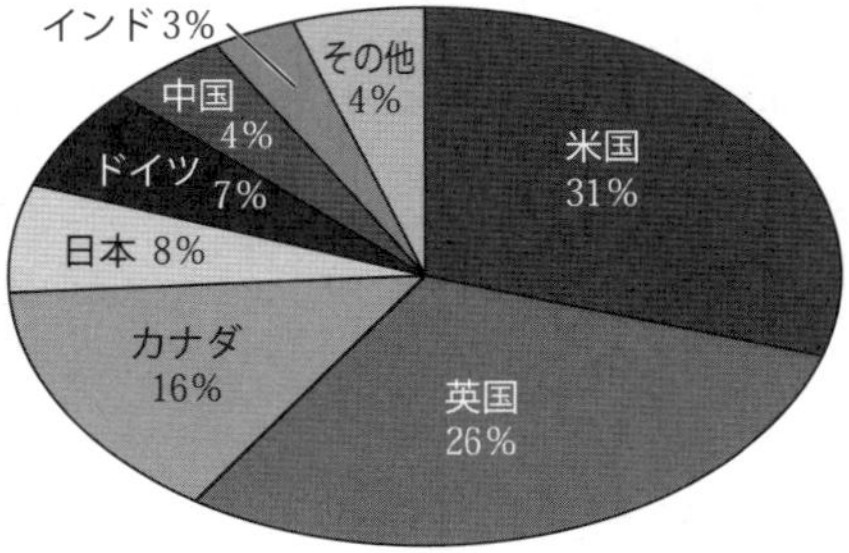

図2-37　ニュージーランドがG20で最も信頼する国

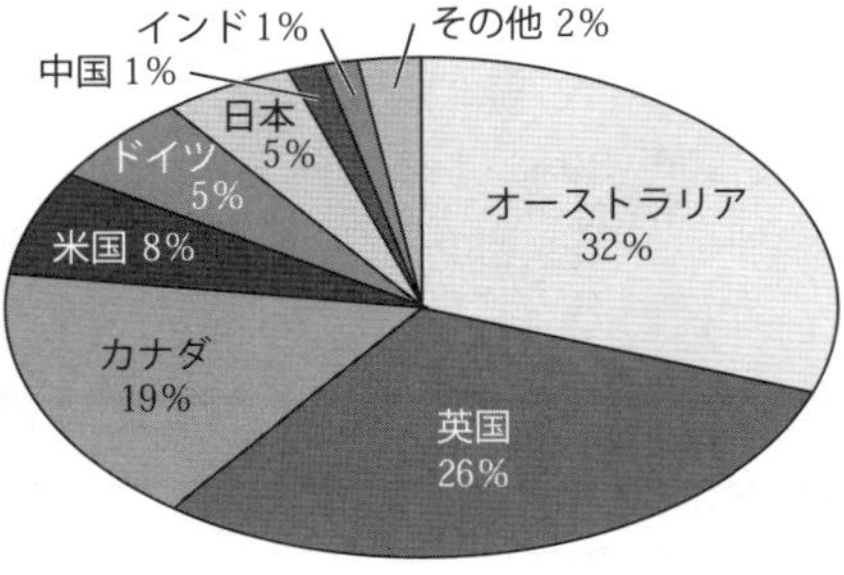

図2-35～37の出典:「豪州、ニュージーランドにおける対日世論調査」2016年、外務省

オーストラリア　親日指数4　かなりの親日国

オーストラリアは先の大戦において、連合国軍の一員として日本と直接戦火を交《まじ》えた。日本軍の攻撃で多大な被害を受け、また捕虜となった兵士が劣悪な処遇のために多数死亡した。犠牲者はおよそ二万四〇〇〇人（一説には約一万七五〇〇人）に上った。そのため戦後長らく対日感情は最悪だった。

図2-38にオーストラリアのローウィ政策研究所による対外好感度の世論調査結果（二〇一七年）を示した。数字は対象国を好きな度合を表わし、五〇が「好きでも嫌いでもない」、それより数字が大きいほど「好き」を示す。日本はドイツ、フランスと同程度の好感度である。また、**図2-39**はBBCの世界への影響調査（二〇一七年）である。絶対的親日国のインドネシアと比較したが、インドネシアより評価が高い。

面積	769万km²	日本の約20倍	人口	2413万人	日本の約5分の1
GDP	1兆2046億ドル	日本の約4分の1	1人あたりGDP	4万9928ドル	日本の約1.3倍
輸出国	1)中国 2)日本 3)米国		在留邦人数		8万9133人
輸入国	1)中国 2)米国 3)日本		在日オーストラリア人数		9674人

図2-38　オーストラリアの対外好感度

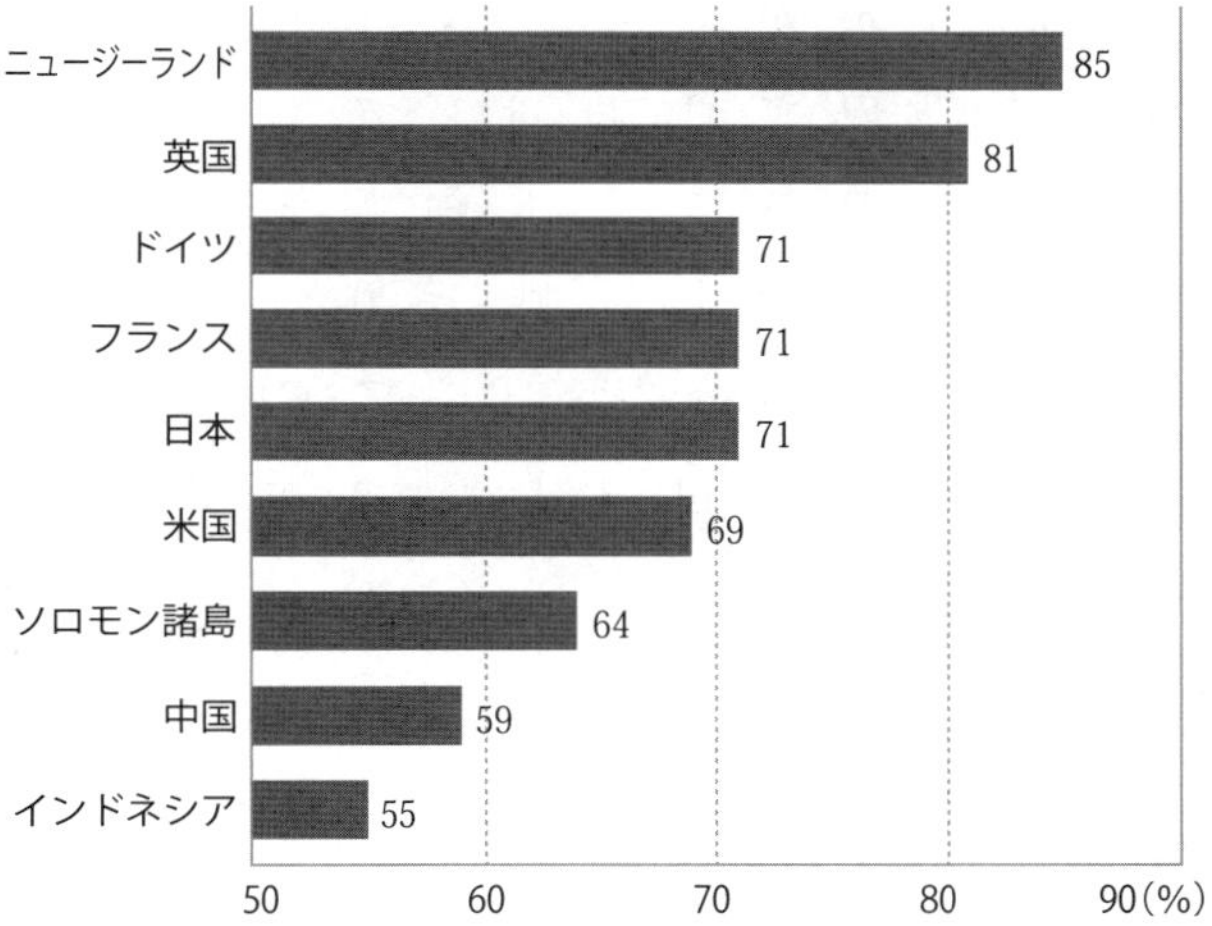

出典：2017 Lowy Institute Poll　Lowy Institute

図2-39　日本が世界に与えている影響/オーストラリアとインドネシアの評価

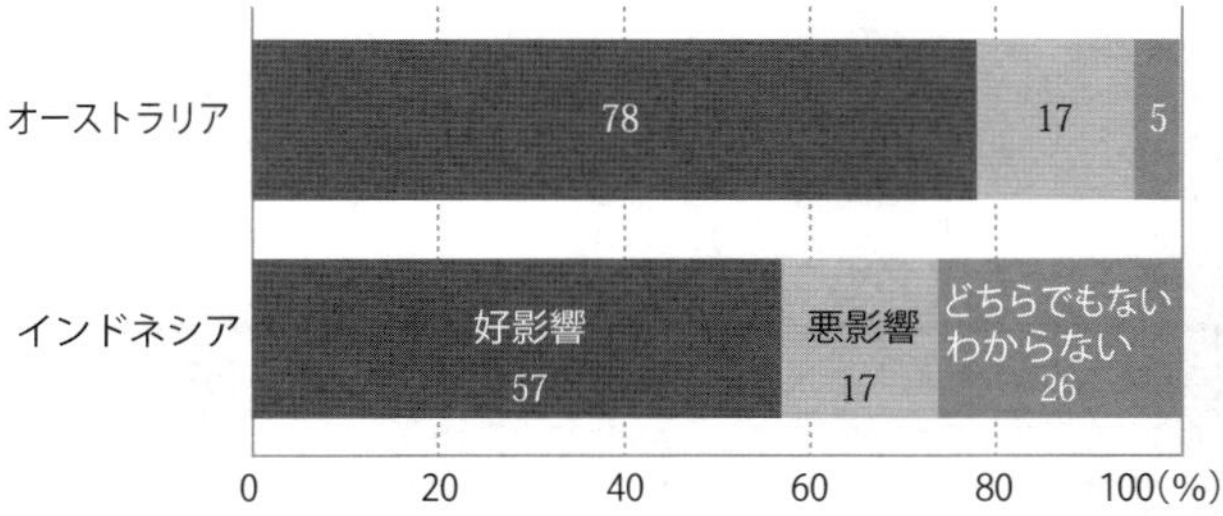

出典：BBC World Service global poll 2017

ニュージーランド　親日指数4　かなりの親日国

ニュージーランドの対日観はオーストラリアと酷似しており、対日感情は非常に良好である。先の大戦では、ニュージーランドはオーストラリアのように本土を爆撃されることはなかったとはいえ、太平洋上のあちこちで日本軍と交戦し、約一万二〇〇〇人の戦死者を出した。

しかし、日本は戦後一貫して平和外交に徹《てっ》してきた。図2－40より、その歩みをオーストラリアとニュージーランドの国民の八割近くが評価している（「大いに評価する」と「ある程度評価する」の合計）。それが日本への好感度につながっていると考えられる。

しかし現実の選択として、信頼感より、パートナーに求めるのは経済力なのだろう。オーストラリアもニュージーランドも現在最も重要なパートナーとみなしているのは、日米英より中国である（図2－41）。

面積	27.5万km²	日本の約4分の3	人口	469万人	日本の約27分の1
GDP	1850億ドル	日本の約27分の1強	1人あたりGDP	3万9427ドル	日本と同程度
輸出国	1)中国 2)オーストラリア 3)米国 4)日本			在留邦人数	1万8706人
輸入国	1)中国 2)オーストラリア 3)米国 4)日本			在日ニュージーランド人数	3095人

図2-40　日本の戦後70年の平和国家として歩み/オーストラリアとニュージーランドの評価

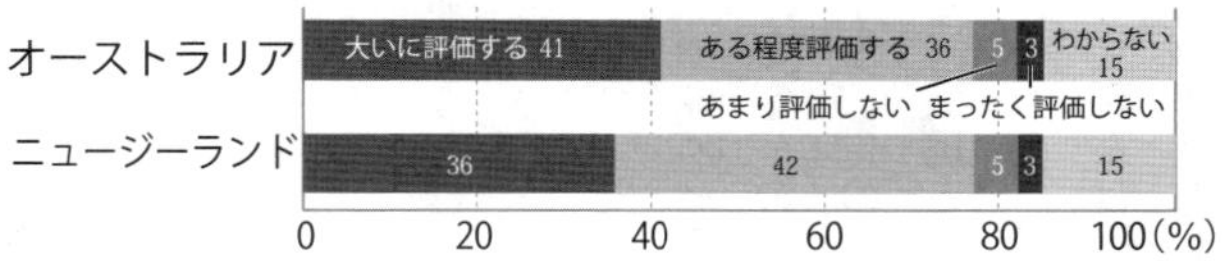

図2-41　オーストラリアとニュージーランドが現在重要なパートナーと考える国

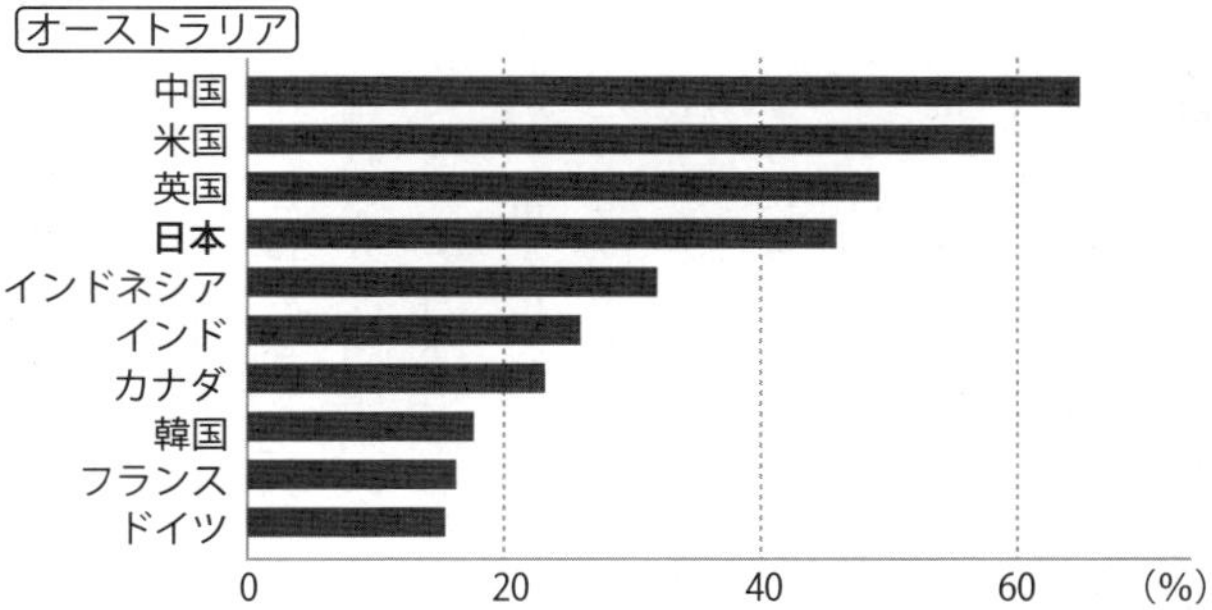

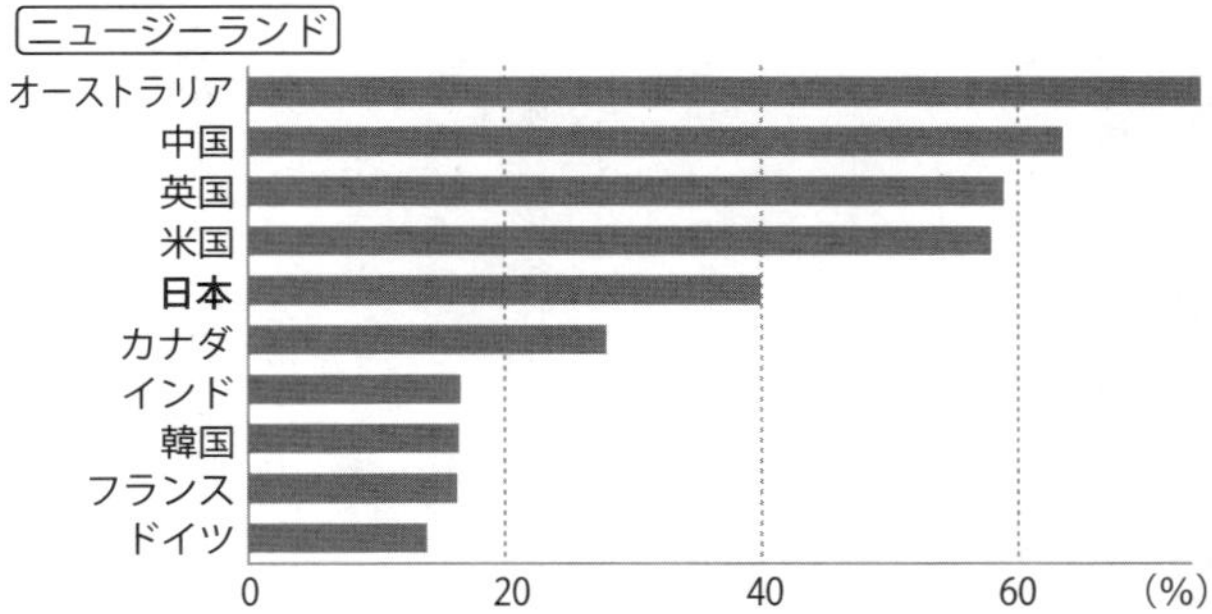

※外務省のグラフをスキャンして作成。数値の記述はなし。

図2-40&41の出典:「豪州、ニュージーランドにおける対日世論調査」2016年、外務省

その他、大洋州諸国の親日度

大洋州にはオーストラリアとニュージーランドの他、大小さまざまな島嶼国があり、最大の国はパプアニューギニアで、人口はおよそ七六二万人を数える。逆に最小の国はニウエ。人口は約一五〇〇人である。これら大洋州諸国のうち、パラオやマーシャル諸島、ミクロネシア連邦などは、第一次世界大戦後に国際連盟から日本の委任統治が認められ、国によって事情はバラバラではあるものの、軍人以外にも多くの政府関係者や民間人が日本から渡った。そして、それまで宗主国だった欧州諸国がほとんど手を付けなかった島々の近代化に着手し、道路を整備し、学校や病院を建て、産業創出に努めた。そして、それを知る現地の人々の多くが親日感情を持つようになった。

しかし、先の大戦が勃発し、大洋州の多くの国々が戦禍《せんか》に巻き込まれ、日本軍と戦った国もある。戦闘とは無縁だった島々もあるとはいえ、いずれにしろ先の大戦は大洋州全体を混乱に陥《おとしい》れた。このときの被害記憶が強い人は反日派になっただろう。

そして現在はどうかといえば、世論調査データがないので確かなことはいえないが、大洋州にはっきりとした反日国家は存在しないと思われる。それどころか、「かなりの親日国」

図2-42　日本から大洋州への国別累計援助額

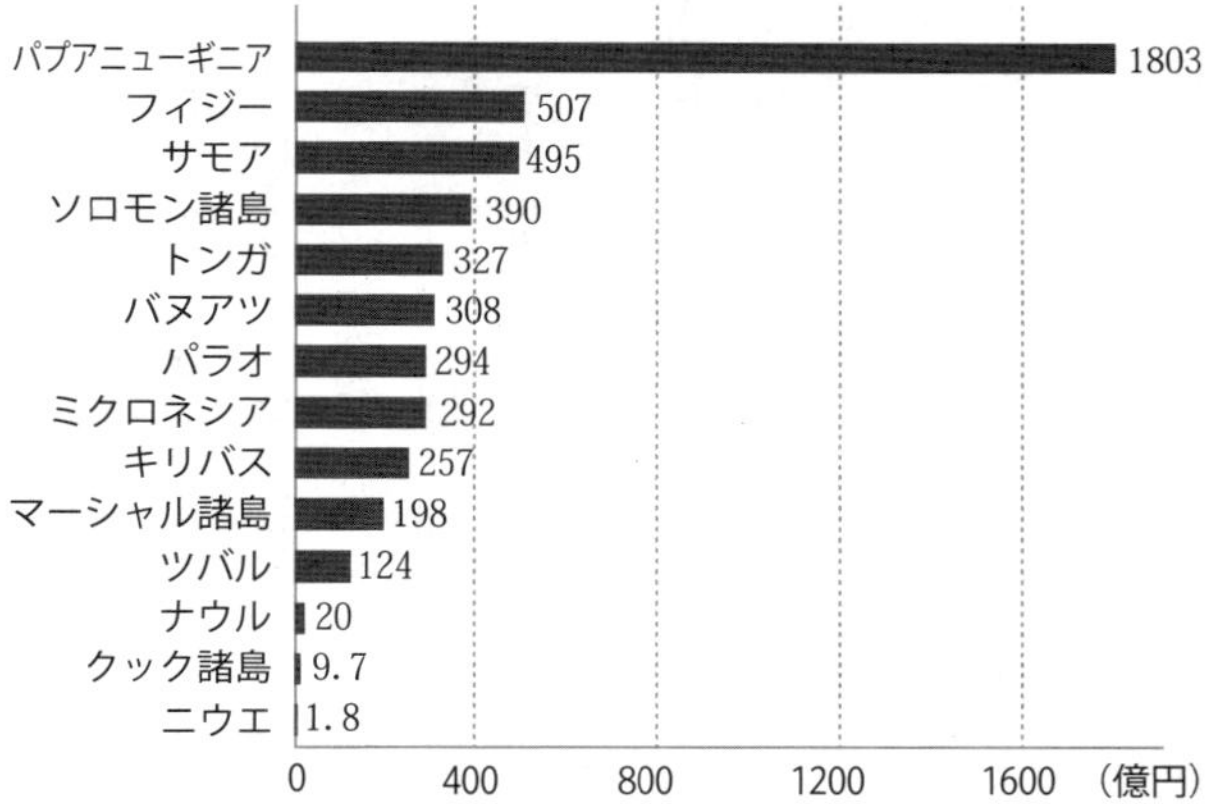

図2-43　日本から大洋州への国別1人あたりの累計援助額

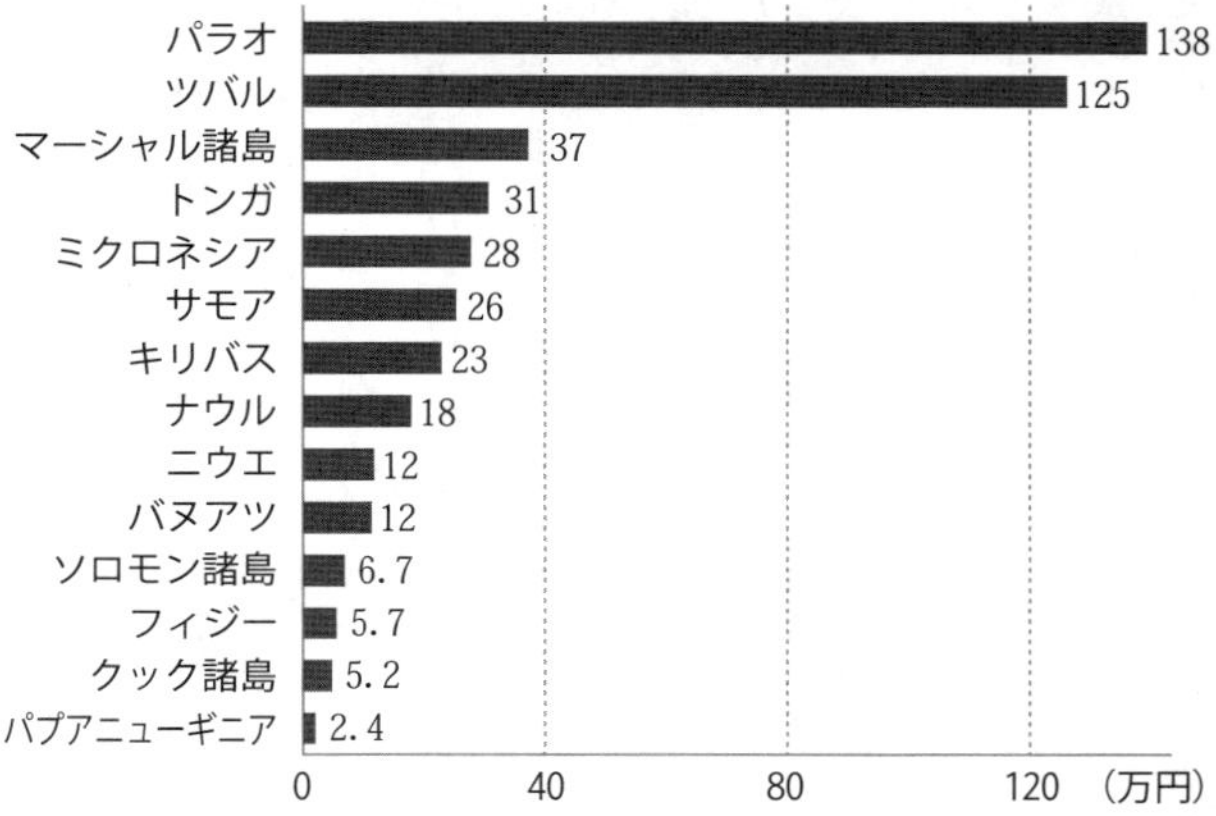

※1人あたりの日本の援助額は、累計援助額を直近の人口データで割って筆者が算出。

図2-42&43の出典：外務省の国別情報

が多く、そうでなくとも親日指数3に匹敵する国ばかりである。

先の大戦で戦禍を被《こうむ》った国でも親日国に変貌した理由の一つが、日本からの援助であることは間違いないだろう。前頁に、大洋州諸国に対して日本がこれまで実施してきた経済援助額についてグラフにまとめた。累計援助額（**図2－42**）は、二〇一五年度（一部の国は二〇一四年度）までに実施された有償資金協力、無償資金協力、技術協力の総額である。一人あたりの累計援助額（**図2－43**）は、累計援助額を当該国における直近の人口で割った金額である。累計援助額が最も多いのはパプアニューギニアで約一八〇三億円だが、人口一人あたりではパラオの一三八万一〇〇〇円が最多である。

大洋州諸国の親日感情には、現地の日系住民の存在も関係していると思われる。前述したように日本が委任統治した島々では、大勢の日本人が移民し、その子孫には政治家や官僚をはじめ、各界で活躍している人も多い。これらの日系人への現地の尊敬や親愛の情が、ひいては日本及び日本人全体への好感度につながっている面がある。

図2－44に、大洋州諸国で大統領に就任した日系人の一覧を示した。日系の大統領といえば、真っ先にペルーのアルベルト・フジモリ氏の名前が思い浮かぶが、フジモリ氏が大統領に就任した一九九〇年より一〇年以上前の七九年に、ミクロネシア連邦とマーシャル諸島で

図2-44 大洋州諸国における日系大統領

国名	人名	肩書き	生年-没年	任期
ミクロネシア連邦	トシオ・ナカヤマ	初代大統領	1931-2007	1979-1987
ミクロネシア連邦	マニー・モリ	第7代大統領	1948-	2007-2015
マーシャル諸島	アマタ・カブア	初代大統領	1928-1996	1979-1996
マーシャル諸島	クニオ・レマリ	大統領代行	1942-2008	1996-97
マーシャル諸島	ケーサイ・ノート	第3代大統領	1950-	2000-2008
パラオ	ハルオ・レメリク	初代大統領	1933-1985	1981-1985
パラオ	クニオ・ナカムラ	第5代大統領	1943-	1993-2001

※筆者調べによる

二人の日系人大統領が誕生していたのである。

二〇一六年四月八～九日、天皇皇后両陛下がパラオを訪問し、ペリリュー島で戦没者を慰霊した。このとき現地がいかに訪問を歓迎したかは、州政府が四月九日を「両陛下ご訪問の日」として、今後ともペリリュー州の祝日にすると決めたことでもわかる。

中東・アラブ各国の親日指数

※（　）内の数字は親日指数
3は「親日国」を表わす
数字のない国についても本文で親日度を紹介している

■アラブとイスラエルの両方と友好関係にある日本

中東・アラブ地域の一部の国と日本は、原油で強くつながっている。もちろん、経済的なつながりが必ず好感度をアップさせるとは限らないが、総じてこの地域は親日的である。

この地域の国々（または民族）と日本との間で起こった歴史的エピソードを題材に取り上げた邦画が、近年三本も公開されて話題を呼んだ。一八九〇年にトルコの軍艦エルトゥール ル号が和歌山沖で座礁し、乗組員らを大島村（当時）の村民が総出で助けた話（コラム⑦、映画の題名は『海難1890』。二〇一五年公開）、リトアニアに逃れてきたユダヤ人に本省の許諾を得ずに独断で日本通過ビザを発給し、約六〇〇〇人もの命を救った外交官・杉原《すぎはら》千畝《ちうね》の話（コラム⑫、映画『杉原千畝 スギハラチウネ』。二〇一五年公開）、一九五三年に英国が封鎖したペルシャ湾を突破して、イランの石油を買い付けて無事帰国した出光《いでみつ》興産の「日章丸」の話（映画『海賊とよばれた男』。二〇一六年公開）の三本である。巷《ちまた》では、こうした日本人の人道的行為が対象国を親日国にしたとされるが、実のところ国民がどのような親日感情を持っているのかはデータを検証してみなければわからない。なお、ここでいう「中東・アラブ地域」には、地中海沿岸のアフリカ諸国を含める。

コラム⑦　トルコの軍艦「エルトゥールル号」座礁事件

一八八九年七月、オスマン・トルコ帝国の木造軍艦「エルトゥールル号」が日本に向けて出港した。明治天皇から皇帝に届けられた親書に対する返礼と、航海訓練を兼ねた訪日だった。一一カ月もの長期航海を経て横浜港に到着すると、予定のスケジュールをこなし、帰途《きと》についた。しかし、三カ月も滞在したことで九月になってしまい、日本側は台風シーズンが過ぎるのを待ったほうがよいと進言したものの、一行はそれを振り切って船出した。

ところが案の定、紀伊半島沖にさしかかったところで大型台風が直撃。エルトゥールル号は和歌山県の大島村（現在の串本町《くしもと》）沖で座礁、沈没してしまった。総員六〇〇名のうち大半は死亡したものの、大島村民が総出で乗組員の救助にあたり、六九名を助けて手厚く看護した。そして、乗組員は神戸の病院に移送され治療を受けて療養した後、日本海軍の軍艦二隻でトルコに送り届けられた。

以上の出来事はトルコの小学校の教科書に載《の》っており、それがトルコ国民の親日感情につながっている……ということなのだが、二〇一二年の外務省の世論調査では、この話を知っている人は約三〇パーセントだった。

トルコ　親日指数3　親日国

トルコは親日国といわれている。そして、その理由として必ず挙げられるのが前述の「エルトゥールル号事件」。難破したトルコ船を日本人が助けた話である（コラム⑦）。他に、トルコが対立するロシアを日本が日露戦争で破ったことが親日感情につながった、ともされる。しかし、二〇一七年のBBCの世論調査結果では、トルコの対日評価はそう高くない。主要国の中で二番目によいとはいえ、国民の約三分の一が日本が「世界に悪影響を与えている」と考えている（**図2-46**）。

一方、二〇一二年の外務省の調査では、日本を「信頼できる」とする人が圧倒的多数である（**図2-47**）。ただ同調査で、国民の約三分の一が日本に関心を持っていない（「まったく関心がない」と「どちらかというと関心がない」の合計）（**図2-48**）と回答している。対日感情が振るわないのは、トルコから寄贈された初代大統領アタチュルク像が野ざらし状態で放置されていた事実が発覚（二〇〇九年）した一件が影響していると憶測する向きもあるが、詳しいことはわからない。

面積	78.1万km^2	日本の約2.1倍	人口	7981万人	日本の約0.6倍
GDP	8577億ドル	日本の約6分の1	1人あたりGDP	1万788ドル	日本の約0.28倍
輸出国	1)中国 2)ドイツ 3)ロシア			在留邦人数	2208人
輸入国	1)ドイツ 2)英国 3)イラク			在日オーストラリア人数	5352人
主要援助国	1)日本 2)EU 3)フランス 4)スペイン 5)オーストリア				

図2-46　各国が世界に与えている影響/トルコの評価

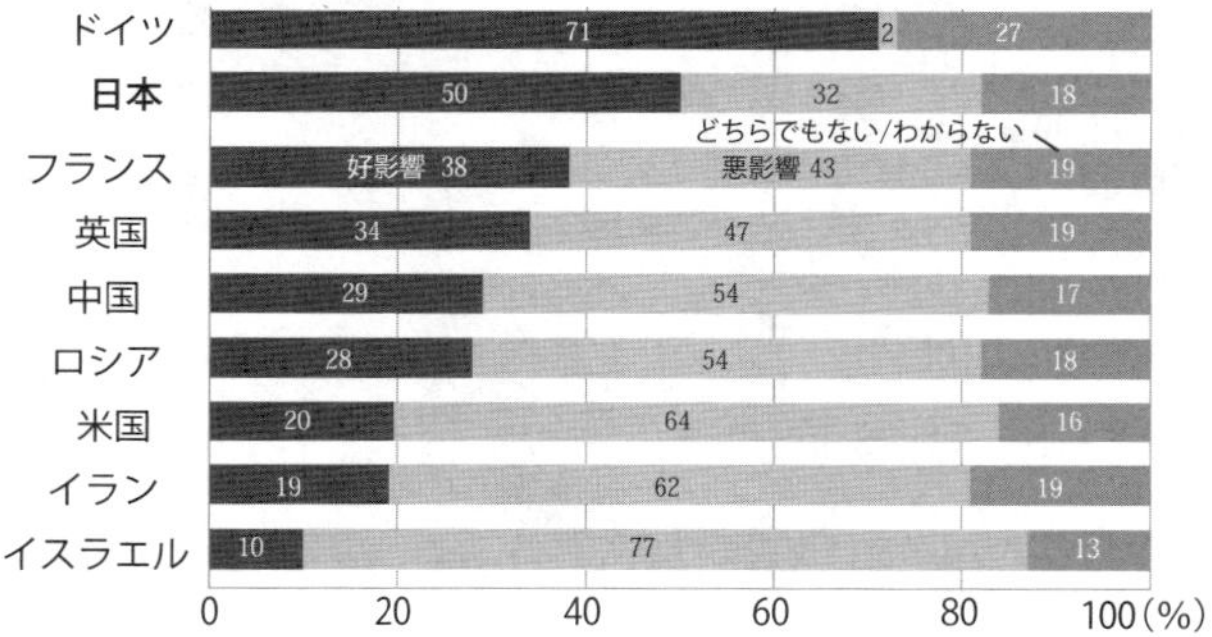

出典:BBC World Service global poll 2017

図2-47　トルコの対日信頼度

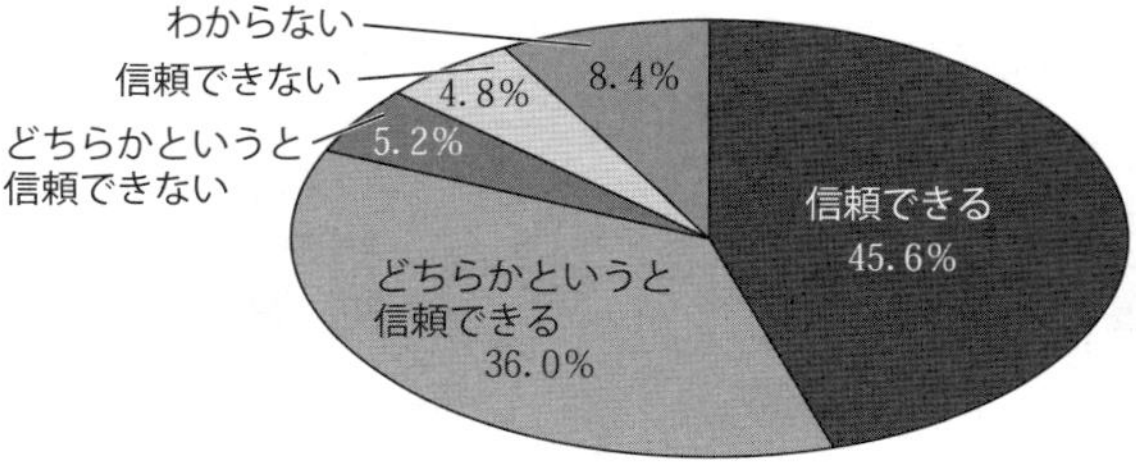

図2-48　トルコの日本に対する関心度

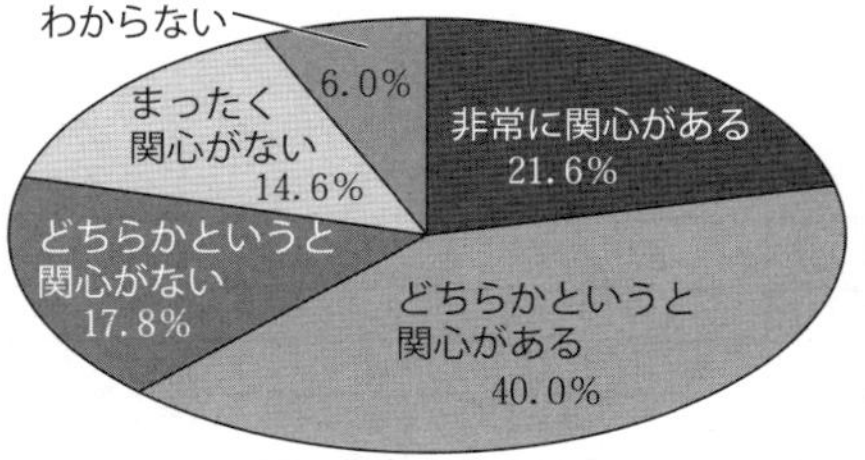

図2-47&48の出典:「トルコにおける対日世論調査」2012年、外務省

エジプト　親日指数3　親日国

アラブの盟主といえば、現在はエジプトかサウジアラビア。日本は中東・アフリカにおけるエジプトの重要性を鑑《かんが》み、重点援助対象国に位置付けており、エジプトにとって主要援助国の一つとなっている。そうした理由からも、両国は長年良好な関係を維持している。

二〇一六年の外務省の調査では、日本はG20で三番目に信頼されており（図2-49）、将来の重要なパートナーとしてもやはりG20で三番目である（図2-50）。しかし、二〇一三年のBBCの世論調査では、日本は主要国の中で中国に次ぎ二番目の評価を得ているものの、けっして高いとはいえない（図2-51）。

なお、エジプトはイスラム教の中でもスンニ派が約九割を占め、サウジアラビアもほぼ同じ。それに対してイランは九割がシーア派である。

面積	100万km²	日本の約2.7倍	人口	9338万人	日本の約4分の3
GDP	3363億ドル	日本の約15分の1	1人あたりGDP	3514ドル	日本の約11分の1
輸出国	1)ドイツ 2)英国 3)イラク 4)イタリア 5)米国			在留邦人数	963人
輸入国	1)中国 2)ドイツ 3)ロシア 4)米国 5)イタリア			在日エジプト人数	1896人
主要援助国	1)ドイツ 2)フランス 3)日本 4)米国				

図2-49　エジプトがG20で最も信頼する国

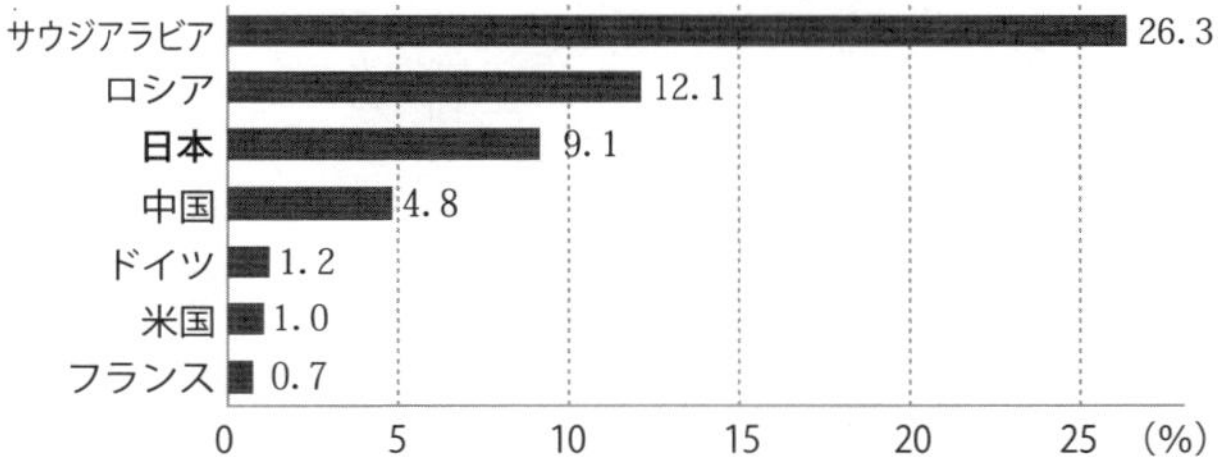

図2-50　エジプトがG20で将来重要なパートナーになると思う国

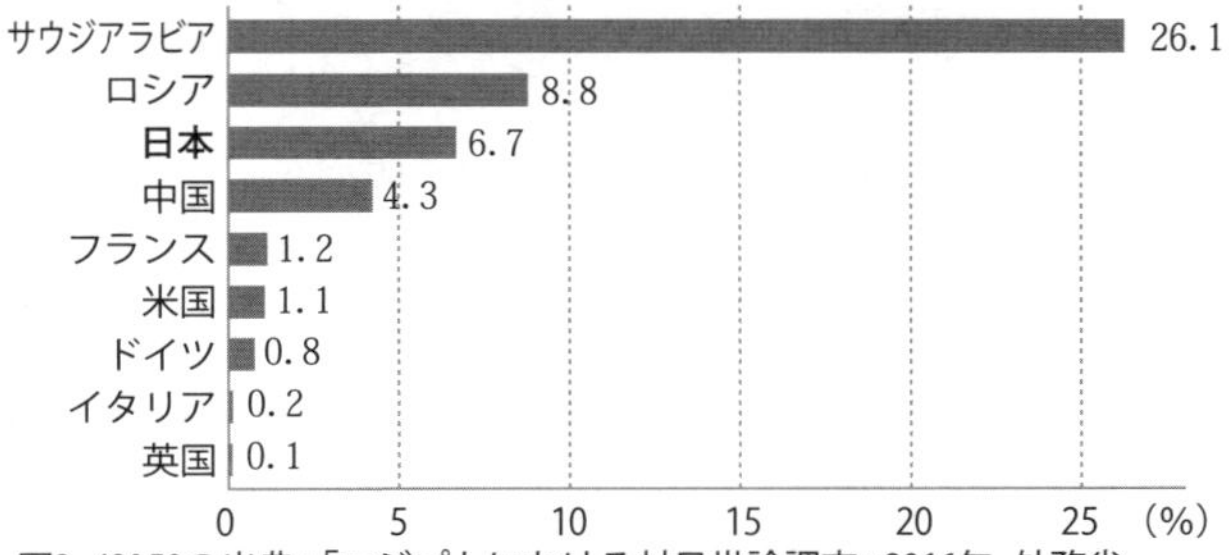

図2-49&50の出典：「エジプトにおける対日世論調査」2016年、外務省

図2-51　各国が世界に与えている影響/エジプトの評価

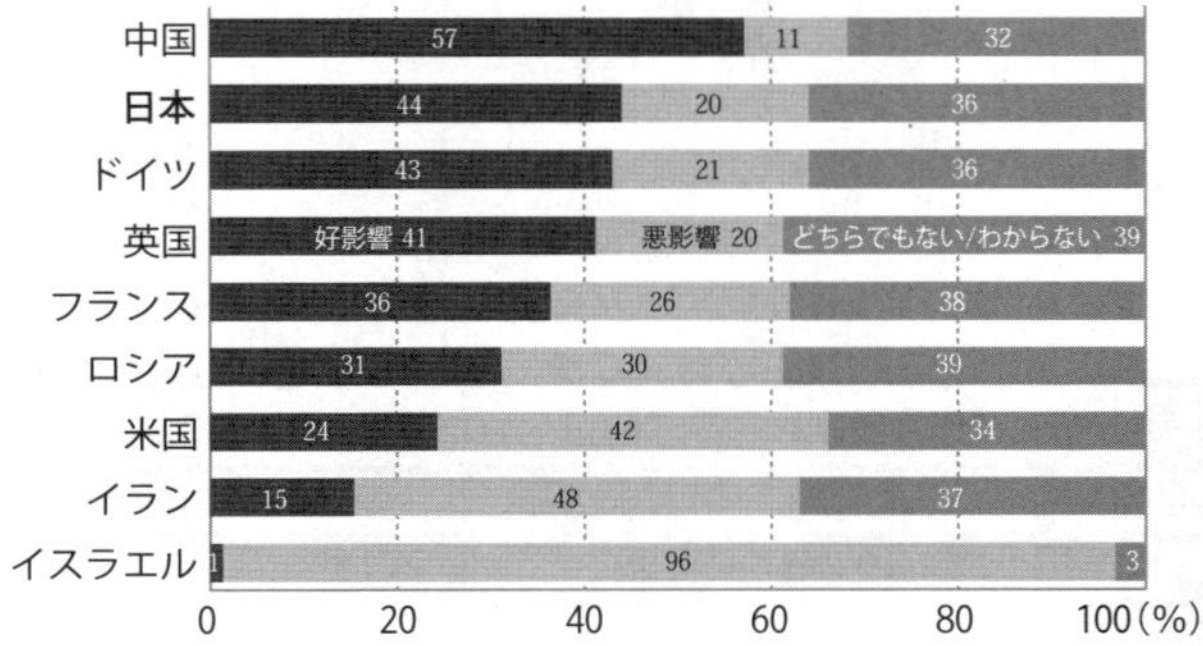

出典：BBC World Service global poll 2013

イスラエル　親日指数3　親日国

第二次世界大戦でユダヤ人を虐殺したドイツと同盟を結んでいた日本は、本来イスラエルにとって好ましくない国。さらに一九七二年には、日本赤軍がテルアビブ空港で当時としては前代未聞の無差別テロ事件を起こして、日本の評判をおとしめた。その一方、戦時中リトアニア領事代理・杉原千畝氏が独断で日本通過ビザを発給して多くのユダヤ人の命を救い（144ページ、コラム⑫）、イスラエル政府は戦後同氏にヤド・バシェム賞（諸国民の中の正義の人賞の意）」を贈っている。左様に、両国関係は複雑だが、現在イスラエルの対日感情は良好といえる。二〇一四年のBBCの世論調査では、対日評価は主要国の中で三番目に高い（**図2－52**）。ただ、別の世論調査結果によれば、日本が中東の安定に貢献していると考えるイスラエル人は非常に少ない（**図2－53**）。

面積	2.2万km²	四国と同程度	人口	868万人	日本の約15分の1
GDP	3187億ドル	日本の約15分の1	1人あたりGDP	3万7293ドル	日本と同程度弱
輸出国	1)米国 2)中国 3)英国 4)ベルギー 5)インド			在留邦人数	1011人
輸入国	1)米国 2)中国 3)ドイツ 4)ベルギー 5)英国			在日イスラエル人数	520人

図2-52　各国が世界に与えている影響/イスラエルの評価

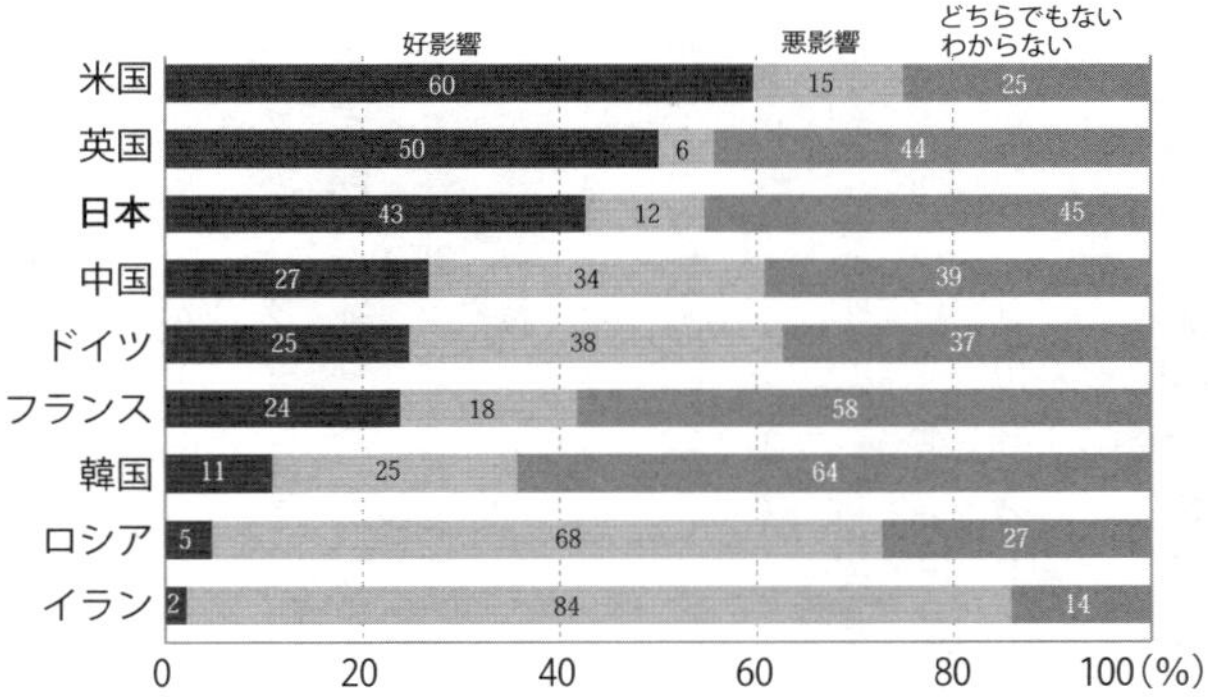

出典：BBC World Service global poll 2014

図2-53 各国の中東地域の安定への貢献/イスラエルの評価

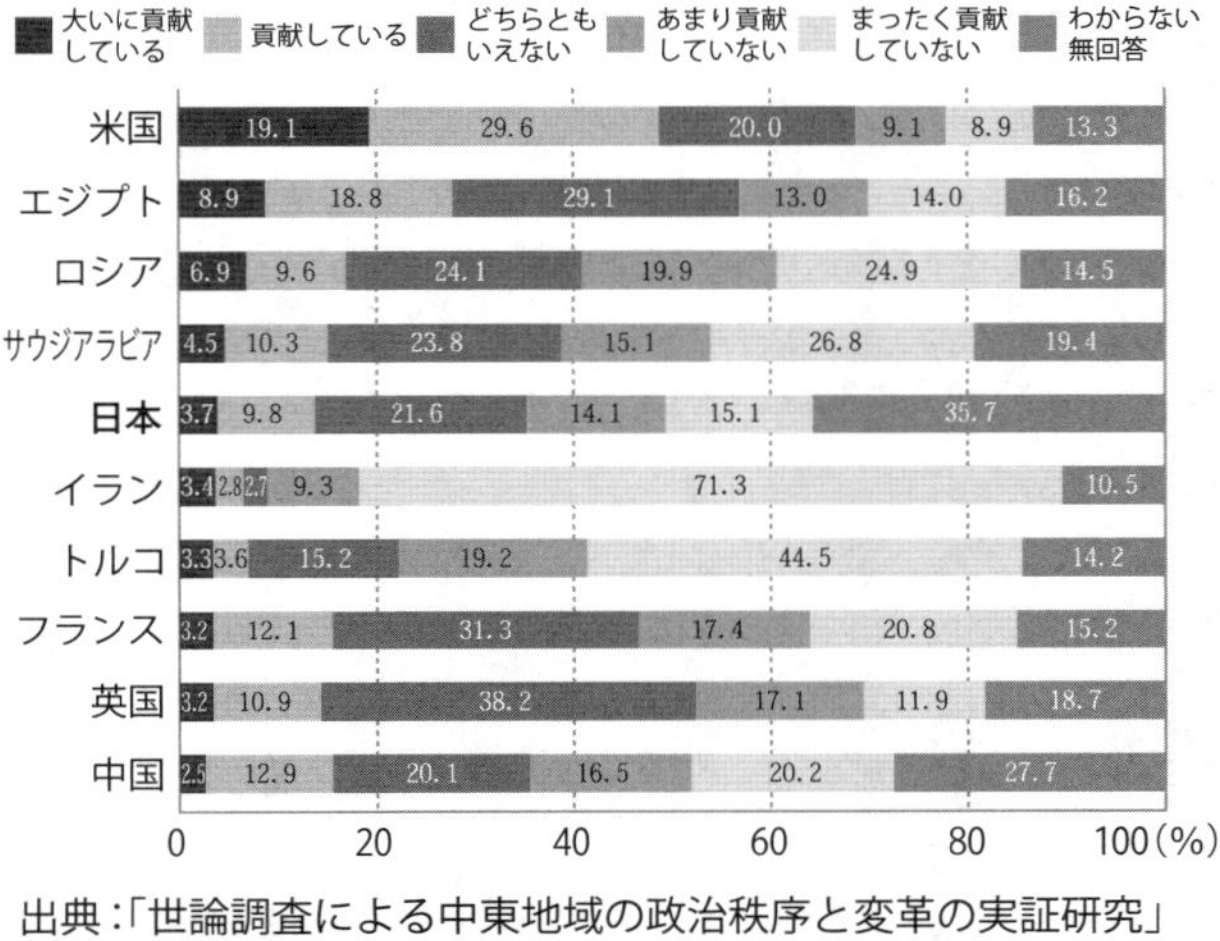

出典：「世論調査による中東地域の政治秩序と変革の実証研究」（平成27年度科学研究費助成事業 基盤研究B）2016年、浜中新吾他

その他中東・アラブ諸国の親日度

外務省は二〇一六年中東・アラブ五カ国で対日世論調査を実施したが、残念なことに五カ国の結果をひとまとめにしたデータしか発表していない。そのためここでは、地域としての親日度合を簡単に述べる。もっとも、五カ国のうちエジプトについてはすでに単独で紹介しており（p96～97）、UAE（アラブ首長国連邦）とサウジアラビアには少々古いがBBCの調査結果が発表されているので、これを参考にして個別に述べる。また、同じく古いBBCのデータがある他の国についても、簡単に紹介する。

■中東・アラブ五カ国（エジプト、ヨルダン、チュニジア、UAE、サウジアラビア） 親日地域。日本は産油国が多い中東・アラブ地域と良好な関係を維持してきた。日本はG20の中で「最も信頼できる国」の三番目に名前が挙がっており（**図2－54**）、「将来最も重要なパートナーになる国」としては第一位（**図2－55**）だった。その一方でイスラエルとも関係がよい日本は、もっと中東和平に貢献できるはずだと、従来から指摘されている。

■サウジアラビア 親日国。二〇〇六年の世論調査では、日本に対する評価は主要国の中では中国に次いで高かった（**図2－56**）。二〇一六年度の日本の原油輸入量を金額ベースで国

図2-54　中東・アラブ5カ国がG20で最も信頼する国

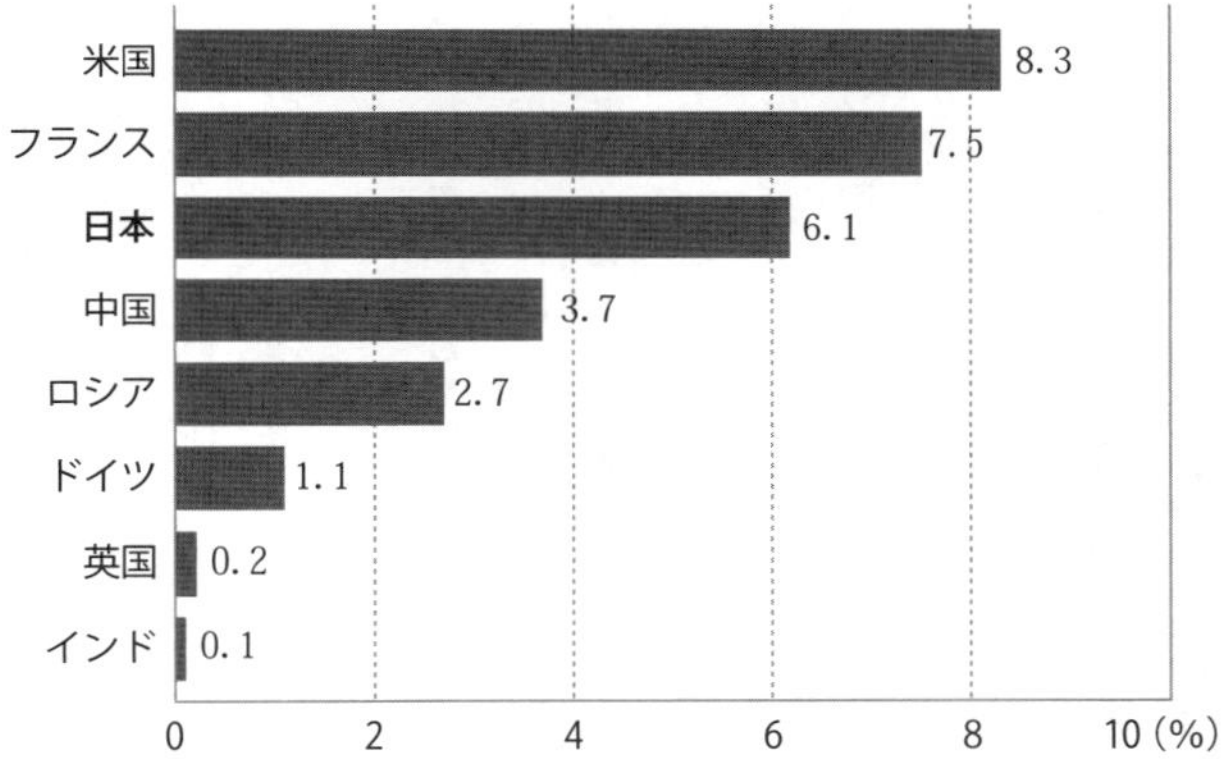

図2-55　中東・アラブ5カ国がG20で将来最も重要なパートナーになると思う国

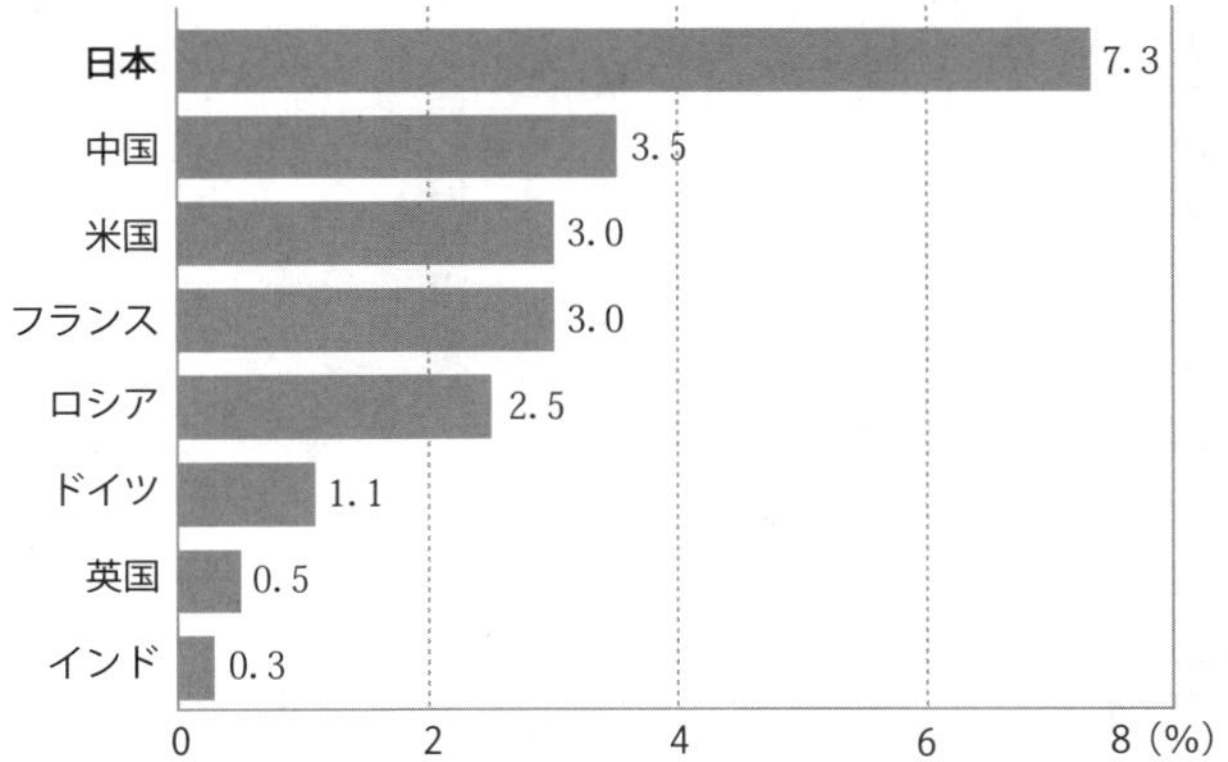

※エジプト、ヨルダン、チュニジア、UAE、サウジアラビアの5カ国。
図2-54&55の出典：「中東5カ国における対日世論調査」2016年、外務省

別に見ると、日本にとってサウジアラビアは原油の最大供給国であり、輸入額は二兆三〇一七億円。原油総輸入額の実に三七・二パーセントを占める（**図2－58**）。また、サウジアラビアにとっても日本は米国に次ぐ世界第二位の輸出相手国であり、このような強い経済的結びつきを背景に、日本とサウジアラビアは人的交流の他、皇室外交も活発におこなわれている。

■UAE　親日国。日本にとってサウジアラビアに次ぐ原油供給国で、二〇一六年度は原油総輸入額の二四・四パーセントを占める（**図2－58**）。また、UAEは日本から中東、中央アジア、アフリカへの再輸出拠点となっており、輸送機器や機械製品の重要な輸出先である。こうしたつながりの深い日本に対する評価は高いものの、サウジアラビアを含め多くの中東諸国と同様、日本より中国のほうが肯定的に受けとめられている（**図2－57**）。

■レバノン　親日国。産油国ではないが、一九七五年から始まった内戦以前は、小国ながら中東のビジネス・金融センターとして繁栄し、日本との経済交流も活発だった、しかし内戦終了後も続く政治的混乱で、現在日本との関係は薄い。ただ二〇〇六年の調査では、レバノンの対日評価は高い（**図2－59**）。内戦勃発以降、多くの人材が海外に流出。ルノー・日産・三菱自動車の会長を兼ねるカルロス・ゴーン氏の両親もレバノン出身である。

図2-56　各国が世界に与えている影響/サウジアラビアの評価

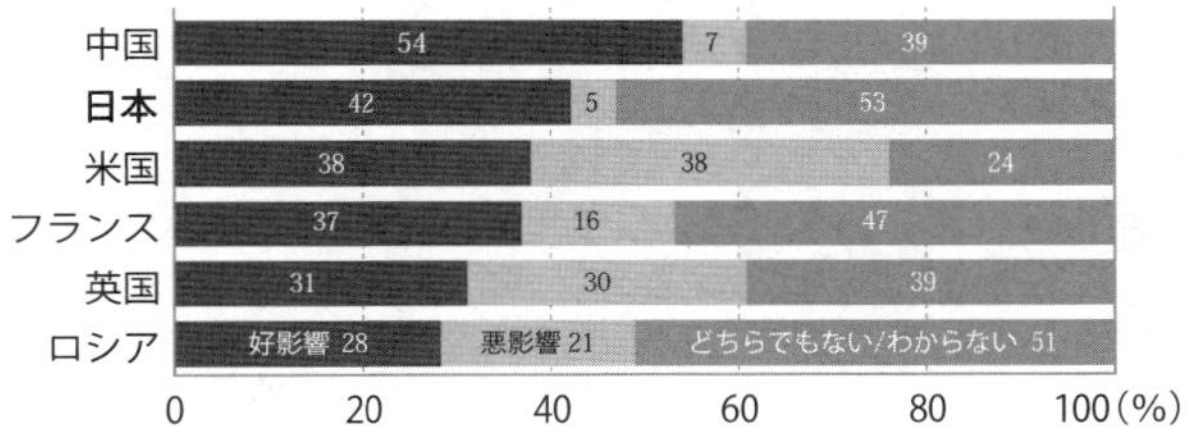

出典:BBC World Service global poll 2006

図2-57　各国が世界に与えている影響/UAEの評価

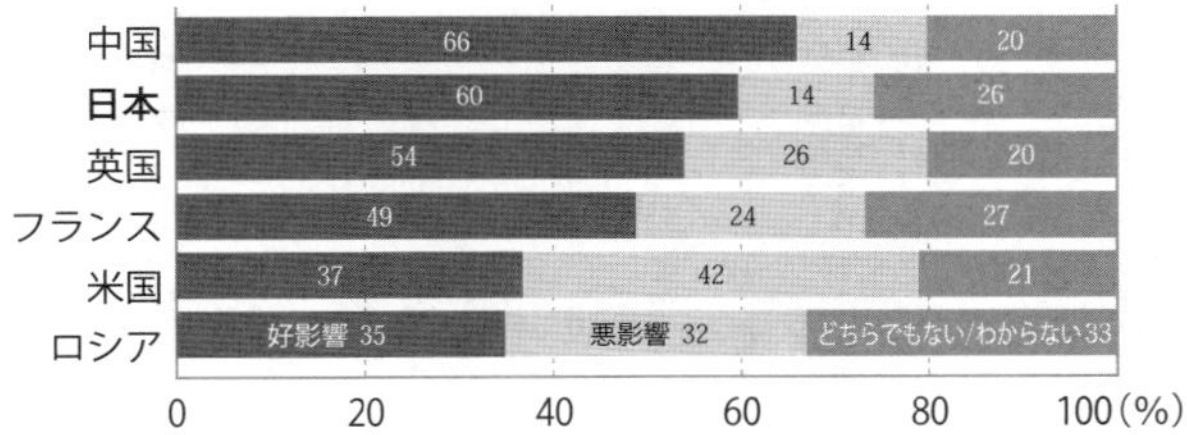

出典:BBC World Service global poll 2008

図2-58　日本の原油輸入相手国

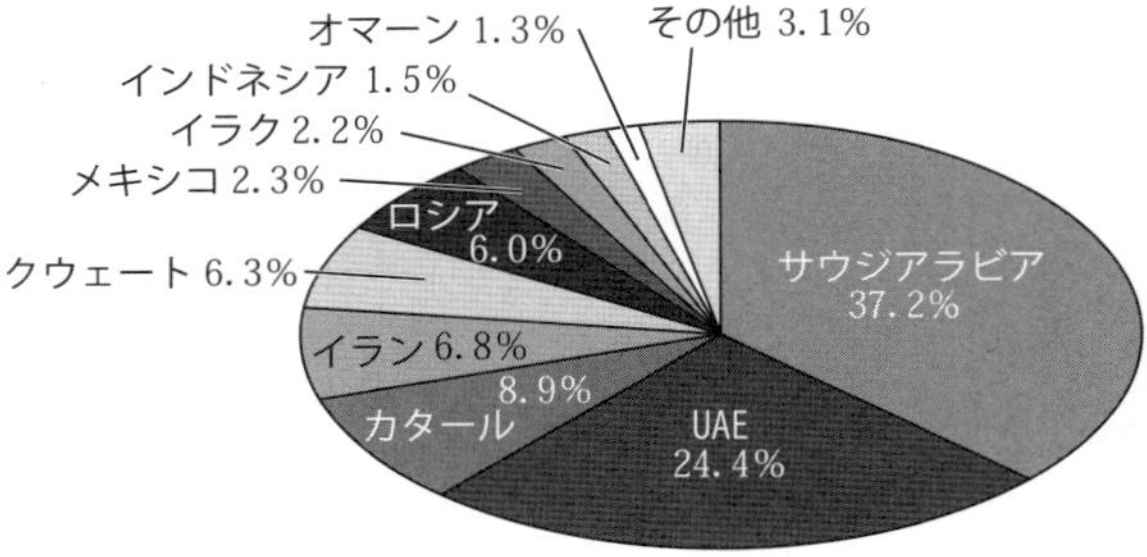

出典：財務省貿易統計（2016年度）

■**イラン**　友好国。日本にとって、世界第四位（二〇一六年度）の原油供給国である（**図2-58**）。かねてより対日感情は良好だが、日本に批判的な国民の割合も少なくない（**図2-60**）のは、日本がつねに米国追従の外交姿勢をとっているせいだろう。核開発で長く続いてきた国際社会による制裁は二〇一六年に解除されたが、トランプ政権はイランに懐疑的である。

■**イラク**　親日国。一九九〇年イラク軍がクウェートに侵攻し、日本は事実上イラクと国交を断絶。その後米軍のイラク攻撃を経て、サダム・フセイン政権が崩壊すると、日本は戦後復興を支援した。**図2-61**はイラクと国交を回復した（二〇〇四年）後におこなわれた世論調査結果で、中国と日本がほぼ並んで、主要国の中ではトップの評価を得ている。

■**アフガニスタン**　親日国。日本に対する評価は米国に次いで高い（**図2-62**）。タリバン政権が崩壊した二〇〇一年以降、二度とテロの温床とならないために、日本は六二億ドル以上の巨額支援を実施。一七～二〇年の四年間でさらに一六億ドルを支援する予定。

図2-59　各国が世界に与えている影響/レバノンの評価

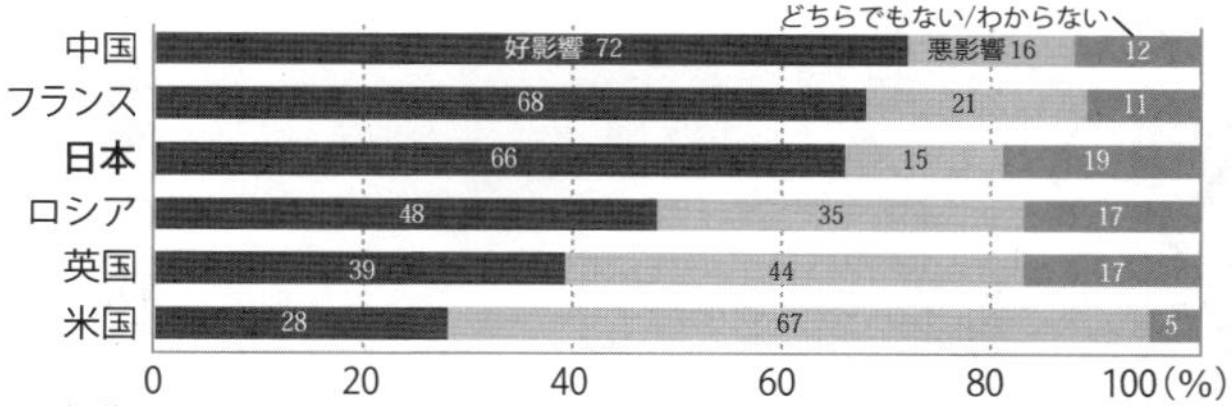

出典：BBC World Service global poll 2008

図2-60　各国が世界に与えている影響/イランの評価

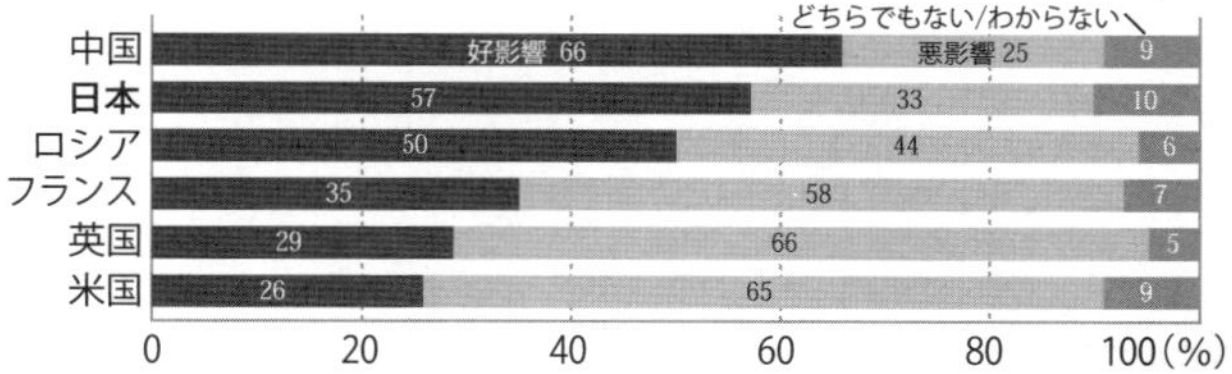

図2-61　各国が世界に与えている影響/イラクの評価

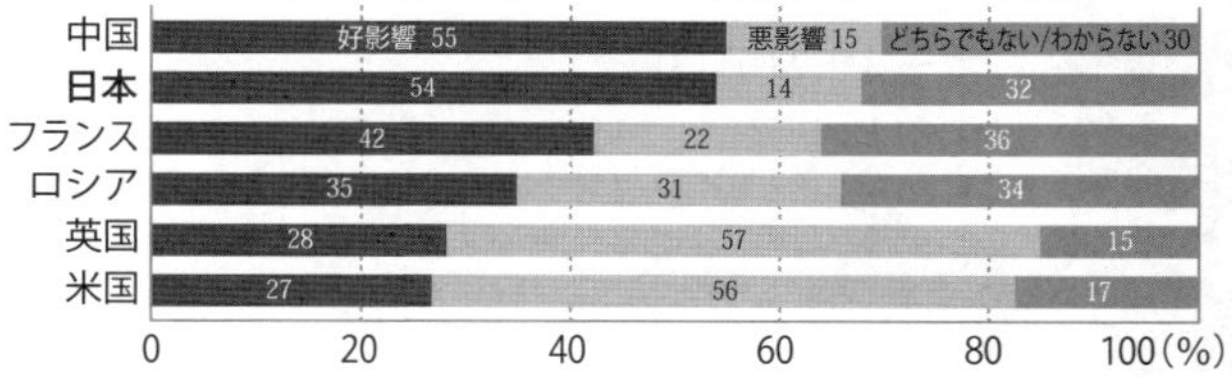

図2-62　各国が世界に与えている影響/アフガニスタンの評価

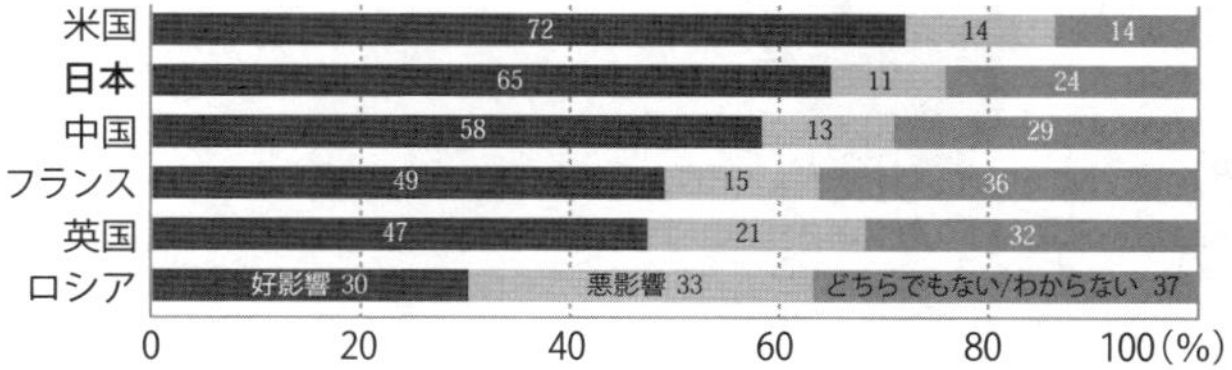

図2-60～62の出典：BBC World Service global poll 2006

欧州各国の親日指数

スウェーデン
(1)
フィンランド
ポーランド
(3)
オーストリア(3)
スロバキア
ハンガリー
ェコ
ルーマニア
スロベニア
ブルガリア
タリア
(3)
ギリシャ
(3)

※（　）内数字は親日指数
4は「かなりの親日国」
3は「親日国」
1は「中立的友好国」を表わす
数字のない国についても本文で親日度を紹介している。

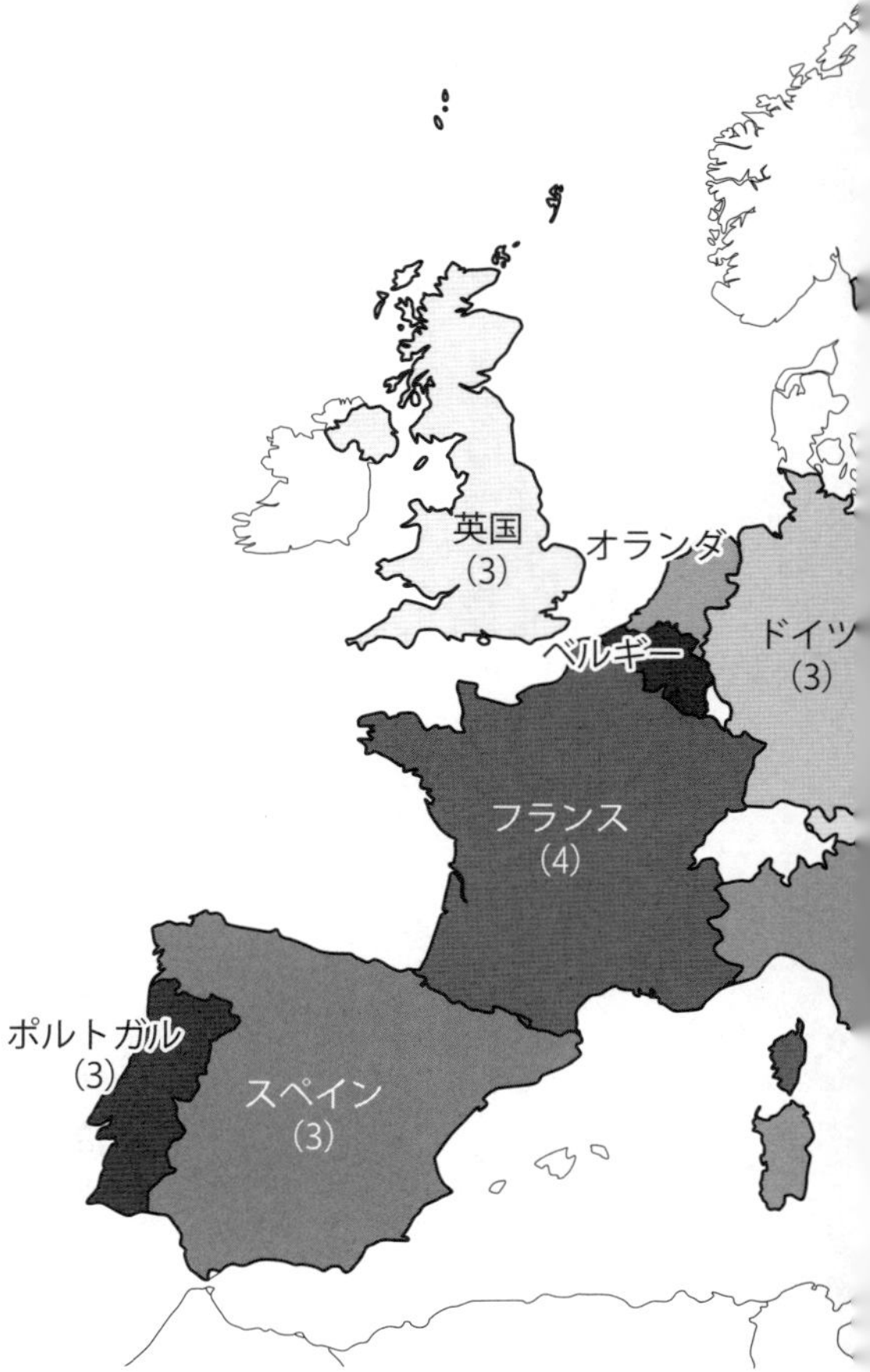

■価値観を共有する欧州には、隠れた親日国が多い

欧州人の対日観は、歴史、経済、地球規模問題の解決に向けた協調など、さまざまな視点から形成されている。歴史的には、日露戦争での日本の勝利がロシアの圧力に苦しめられていた国々で親日派を生み、先の大戦ではアジアで植民地経営をしていた国々を反日派にし、またナチス・ドイツの同盟国として敵視する国も多かった。しかし、戦後の日本は欧州西側諸国と協調し、信頼関係を築いてきた。現在、欧州に明確な反日国は見当たらない。

図2-64は、米国の国際コンサルタント会社レピュテーション・インスティチュート社が毎年実施している国別評価の二〇一七年の調査結果である。具体的には、GDPの大きな五五カ国を対象に、G8（主要国首脳会議）を構成する八カ国の三万九〇〇〇人以上が経済、環境、政府に関するおよそ一八の観点から評価し、そのトータルスコアをランキングしたものである。G8は日本を除くと白人主体の国家ばかりなので、評価の高い国々に白人国家が並ぶのは当然だが、その中でも日本が第一二位に食い込んでいることには価値がある。なお、トランプ政権に替わった二〇一七年から、ほとんどの世論調査で米国の評価が急落している。

では、国別に対日観を見ていこう。

図2-64　G8の評判がよい国ランキング

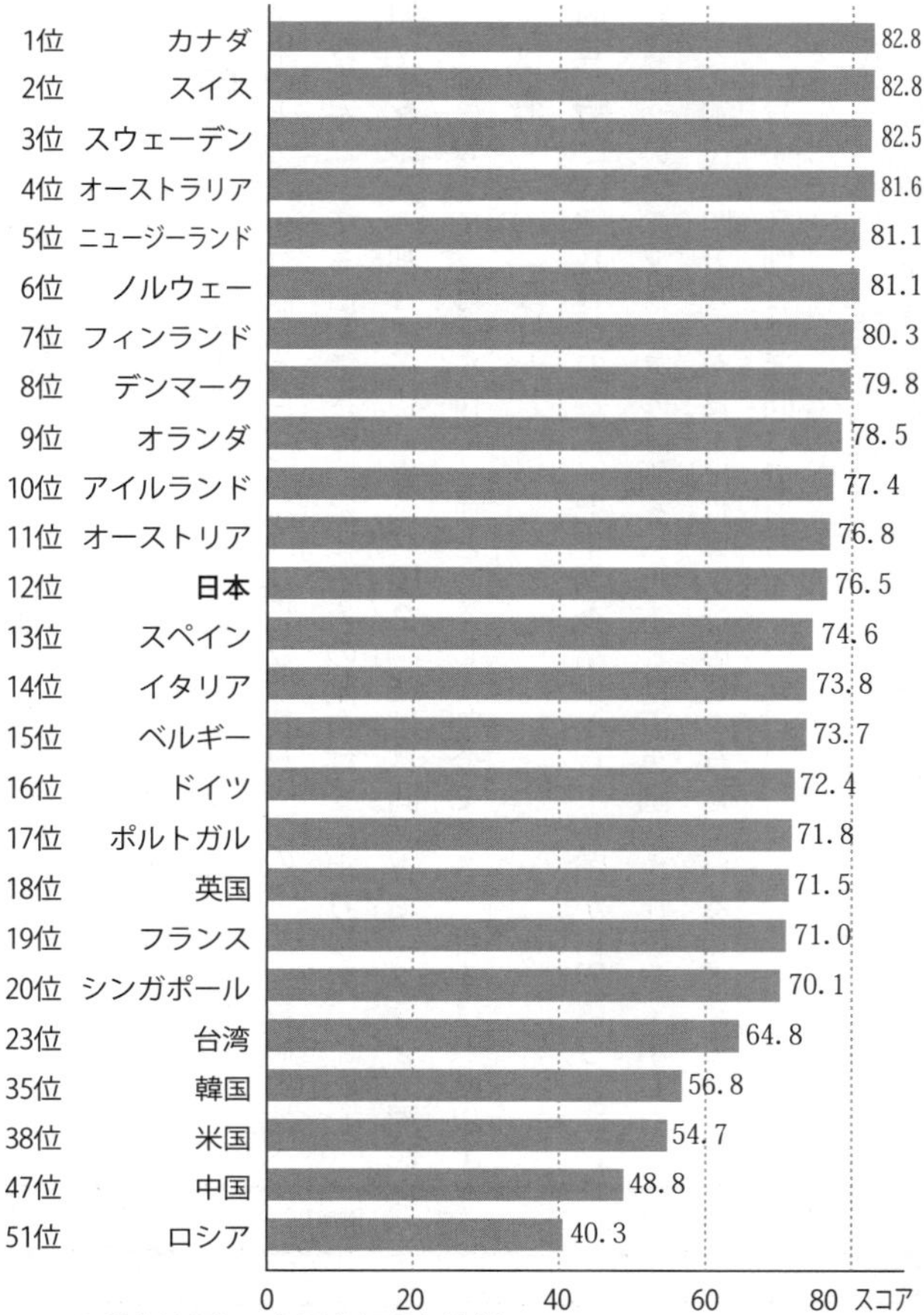

※G8とはG7にロシアを加えた枠組。
※評価が高い国トップ20とそれ以下の主立った国の順位。
出典：「2017 Country RepTrak」Reputation Institute

フランス　親日指数4　かなりの親日国

最近の世論調査結果を見ると、フランスは「かなりの親日国」のようだ。

図2-65は、二〇一七年の新聞通信調査会によるフランスの対外信頼度の調査結果である。対日信頼度について「絶対的親日国」のタイの数値と比べた。日本を「とても信頼できる」とする人の割合はタイより多い。ただし、信頼できない人の割合も多い。また、**図2-66**は、同調査で、フランス国民が六カ国に対して「好感を持てる」と回答した割合である。日本は八割以上の支持を得、英国より好かれている。

図2-67には、BBCの二〇一七年調査結果から、各国が世界に与えている影響についてのフランスの評価を、日本と他五カ国とを比較して示した。フランス国民の四分の三が日本は世界に好影響を与えていると考えており、ドイツに対する評価とほぼ同じである。

面積	54.4万km²	日本の約1.4倍	人口	6699万人	日本の約0.53倍
GDP	2兆4655億ドル	日本の約半分	1人あたりGDP	3万6855ドル	日本の約0.95倍
輸出国	1)ドイツ 2)スペイン 3)米国 4)イタリア 5)英国		在留邦人数	4万1641人	
輸入国	1)ドイツ 2)中国(香港含む) 3)イタリア 4)米国 5)ベルギー		在日フランス人数	1万1640人	

図2-65 フランスとタイの対日信頼度

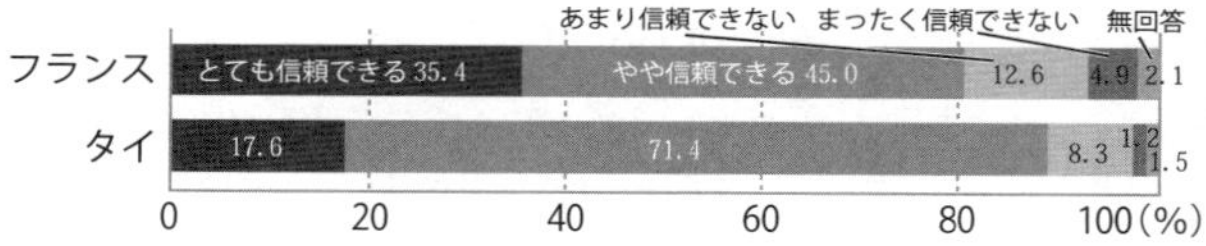

図2-66 フランスの対外好感度

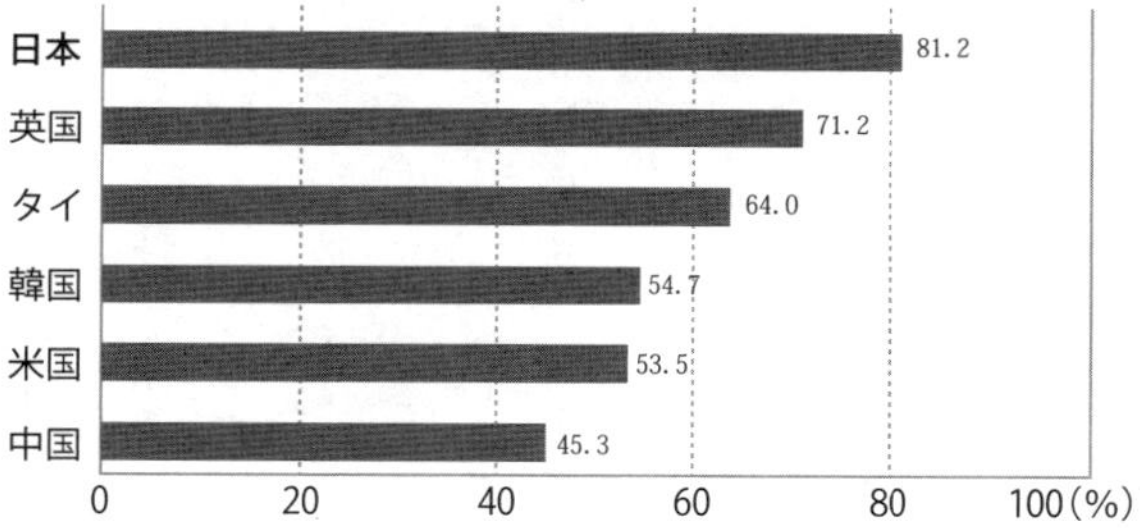

図2-65&66の出典：「第3回 諸外国における対日メディア世論調査2017」新聞通信調査会

図2-67 各国が世界に与えている影響/フランスの評価

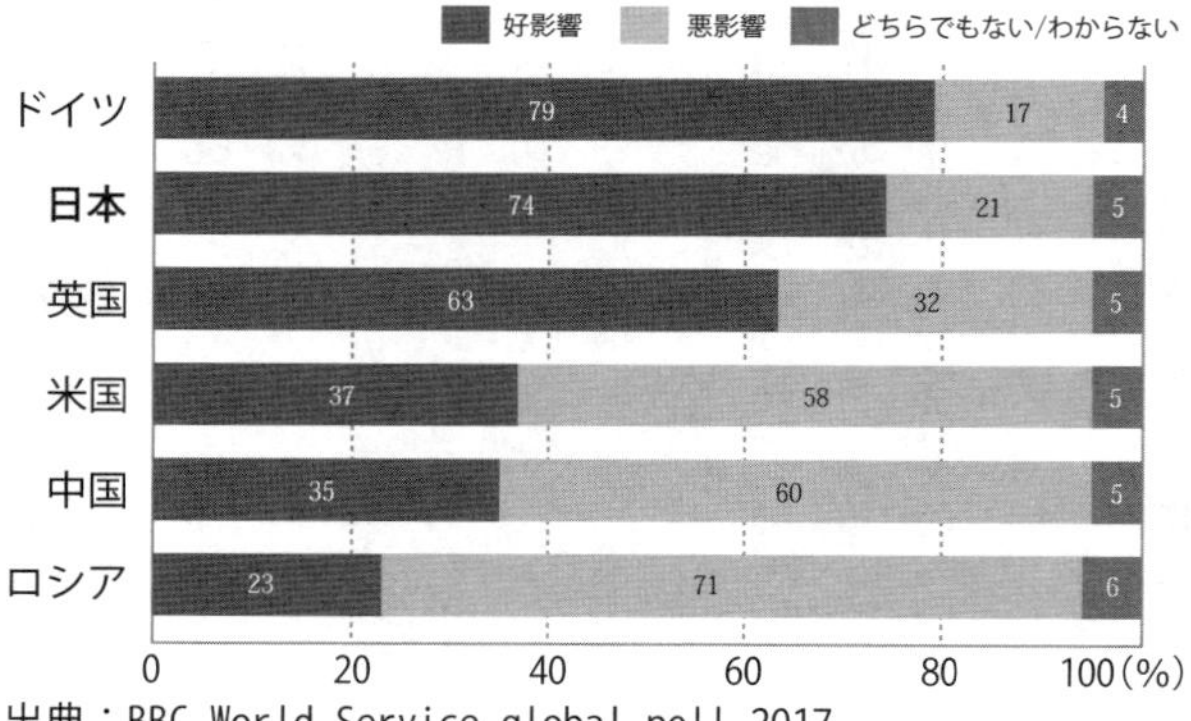

出典：BBC World Service global poll 2017

コラム⑧　武道の普及が親日家を増やす

日本文化への興味関心から、外国人が親日家になる例は多い。日本のアニメやゲームが世界中で若者を惹《ひ》きつけているが、総数としては伝統文化に魅了される人のほうが多い。茶道や華道に加え、柔道や空手、合気道などの武道の競技人口は世界中で増えており、それを通して日本に親近感を持つようになる。

中でも一九六四年の東京五輪で初めて採用され、七二年のミュンヘン五輪から継続的に実施されている（男子）柔道は競技人口も多い。現在、女子柔道を含めて、世界柔道連盟に加盟する国と地域は二〇二を数え、柔道人口は約三六〇〇万人（各国柔道連盟登録者）に達する。**図2－68**は、スポーツ用品メーカーで、全国柔道連盟のオフィシャルスポンサーであるミズノが調べた世界の柔道人口である。フランスの親日感情が柔道人口の多さと無関係とは言い切れない。

礼節を重んじる武道では、一般に師弟関係が強固である。それは日本人師匠と外国人弟子の場合も同じであり、こうした師弟のつながりから親日派が広がる場合もある。

アフリカ・エリトリアの駐日大使館のHPに、二〇一二年二月二四日「日本人空手家千《ち》葉《ば》晴信《はるのぶ》氏三二年ぶりにエリトリアを訪問」というお知らせがアップされた。なぜ一介の空

図2-68　世界のおもな国の柔道人口

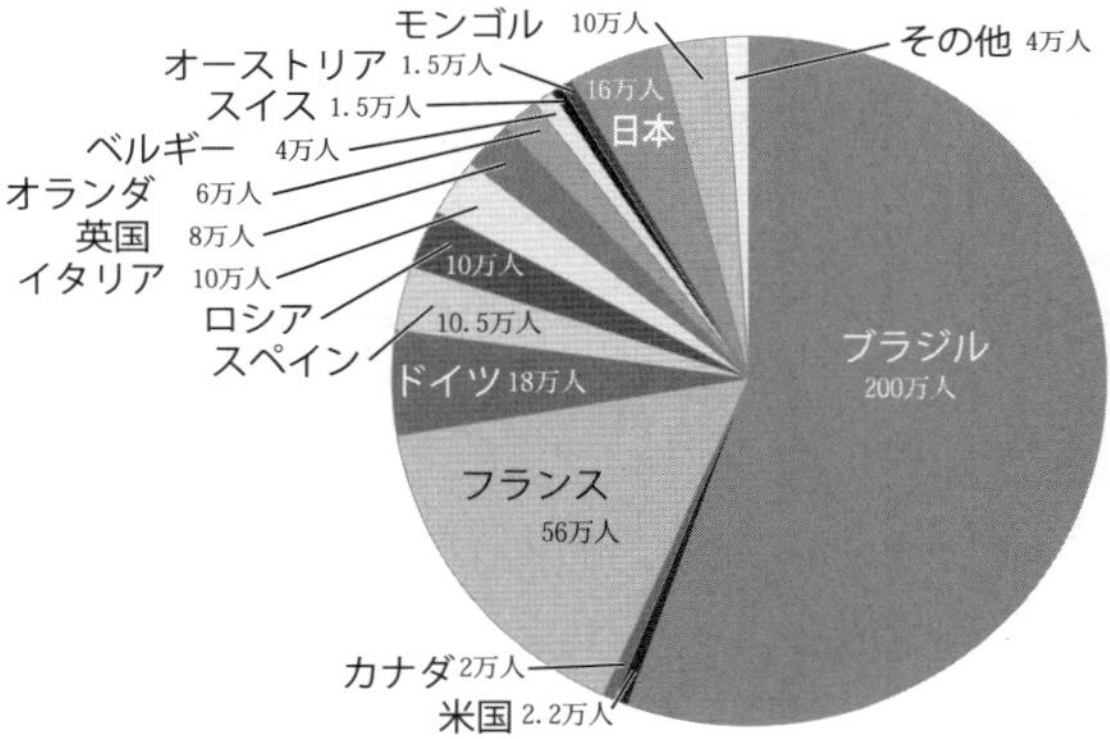

出典：ミズノ調べによる（2016年3月現在）

手家の来訪が大使館のＨＰに掲載されたのか。千葉氏はエリトリア独立戦争のさなかの一九七八年に同国に入り、祖国独立のために戦う若者に空手を指導。以来三二年間、音信が途《と》絶《だ》えていたが、千葉氏がジンバブエで空手道場を主宰していることがわかり、エリトリア政府が戦勝記念式典に千葉氏を招待したのだった。

　私事で恐縮だが、筆者がときどき稽古で汗を流している空手・新極真会では、緑《みどり》健《けん》児《じ》代表や小井《こい》泰三《やすかず》師範らが年に何度も世界中の国に赴《おもむ》き、直接指導をおこなっている。こうして築かれる師範と外国人弟子のきずなは、親日家を世界に増やすことにもつながっている。

ポーランド　親日指数3　親日国

ロシア、ドイツという強国にはさまれたポーランドは、チェコ、スロバキア、ハンガリーとヴィシェグラード・グループ（略称はV4）という協力機構を作っており、これら三カ国とつながりが深い。日本はポーランドの民主化（一九八九年）から二〇〇八年まで、経済・技術援助をおこない、民主主義と市場経済への円滑な移行を支えた。

図2－69は、ポーランドの世論調査機関CBOSが二〇一七年に実施した「外国人に対する好感度調査（国ではなく、国民が対象）の結果の一部である。日本人を好ましく思う割合は四六パーセントと、欧州諸国に交じって第一二位だった。一方、外務省の二〇一五年の調査ではもっと親日的な結果が出ており（**図2－70**と**図2－71**）、G20の中でポーランド国民が最も信頼できる国の第二位が日本だった。

面積	31.2万km²	日本の約5分の4	人口	3844万人	日本の約0.3倍
GDP	4695億ドル	日本の約11分の1	1人あたりGDP	1万2372ドル	日本の約0.3倍
輸出国	1)ドイツ 2)英国 3)チェコ 4)フランス			在留邦人数	1493人
輸入国	1)ドイツ 2)ロシア 3)中国 4)イタリア			在日ポーランド人数	1653人

図2-69　ポーランドの外国人に対する好感度

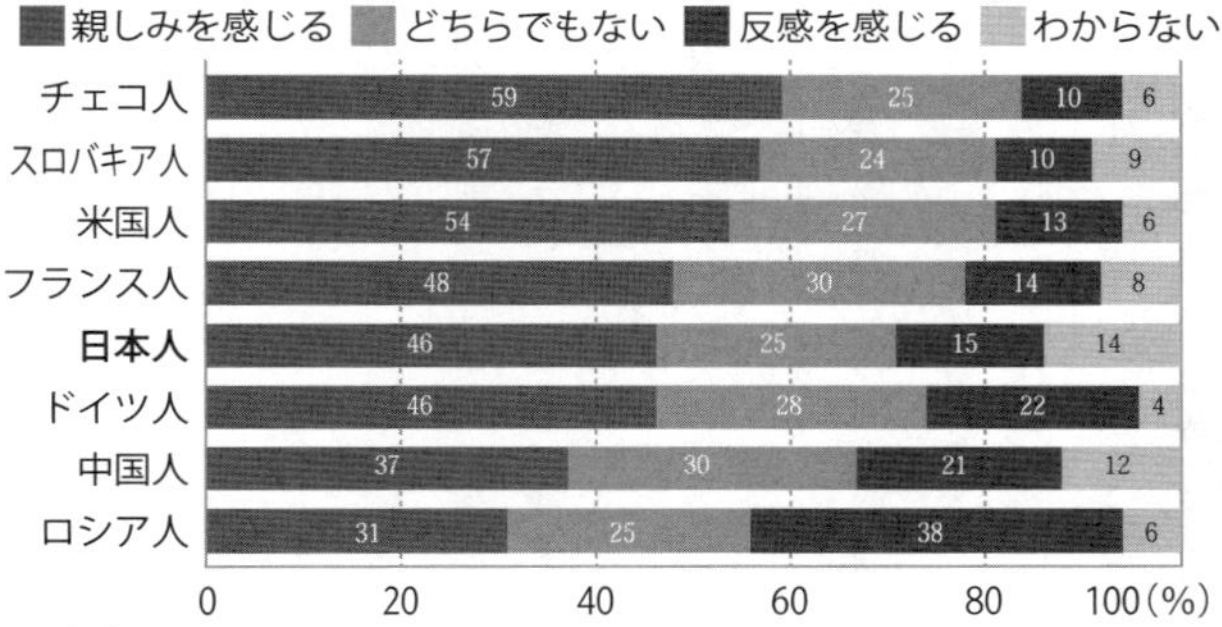

出典：Attitude to other nationalities Public Opinion Research Center(CBOS), 2017

図2-70 ポーランドの対日信頼度

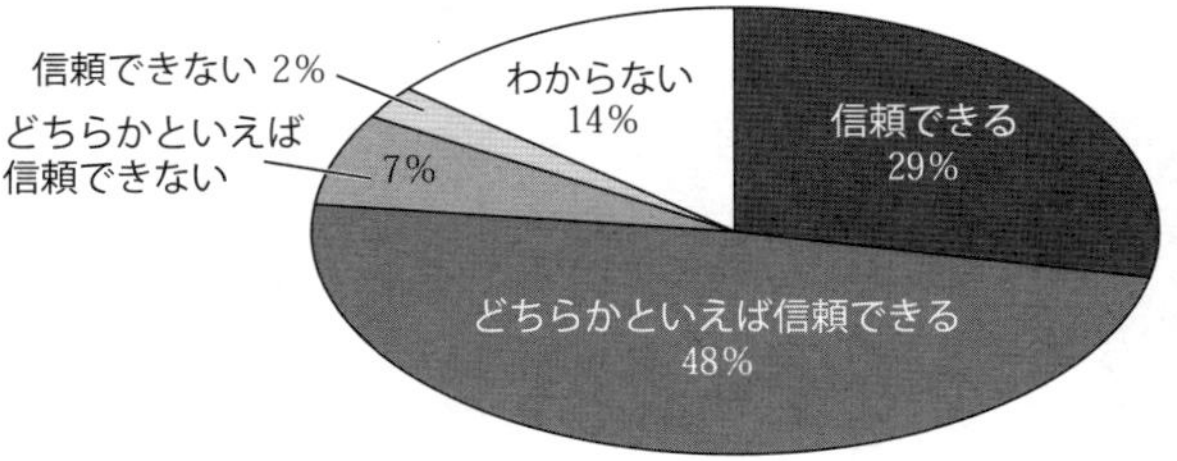

図2-71 ポーランドがG20で最も信頼する国

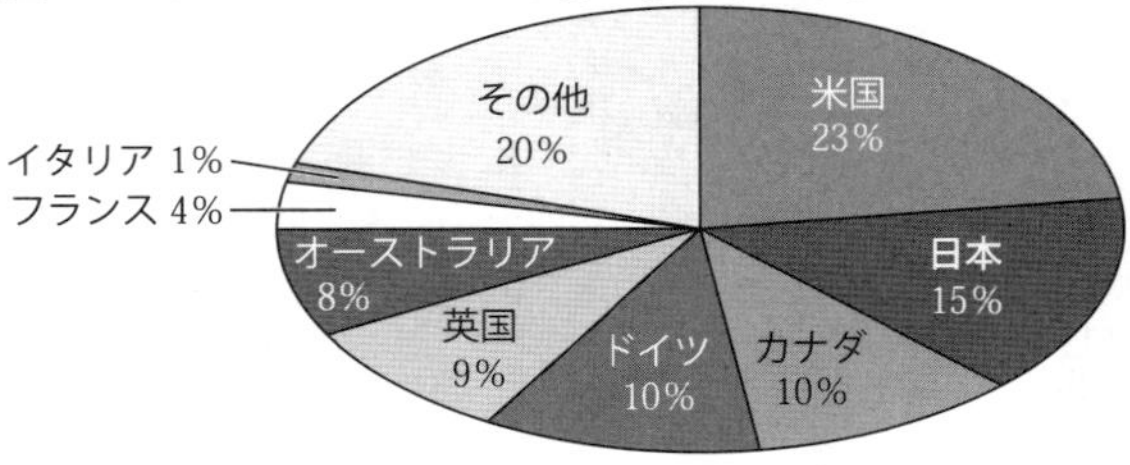

図2-70&71の出典：「欧州5カ国における対日世論調査」2016年、外務省

コラム⑨ ロシア革命でシベリアに取り残されたポーランド孤児の救出

歴史上、ロシアやドイツなどに何度も領土を分割、支配されてきたポーランド。第一次世界大戦後の一九一八年に独立を回復するまで、独立運動の志士やその家族の多くがシベリアに流刑《るけい》された。さらに戦争中に難民になった者たちも加わり、一時シベリアのポーランド人は一五万〜二〇万人にも膨《ふく》れ上がった。そこに起こったのがロシア革命（一九一七年）である。混乱の中でシベリアでは多くのポーランド人が困窮で倒れたため、市中に孤児があふれた。それを知ったウラジオストックのポーランド人がせめて孤児だけでも救おうと、「ポーランド救済委員会」を立ち上げた。

当時シベリアには日本、米国、英国、フランス、イタリアが出兵していた。救済委員会は孤児救出を懇願《こんがん》したが、応じたのは唯一外交関係もなかった日本だけだった。そして日本赤十字社が中心となり一九二〇年に三七五人、二二年に三九〇人の孤児が日本へ移送、保護された。そして、元気を回復した孤児たちは全員無事祖国に送り届けられた。

孤児たちは成長後「極東青年会」という団体を組織し、ポーランドで日本の素晴らしさを伝える活動などをおこなったという。世界的映画監督アンジェイ・ワイダの親日的活動も有名である。

英国　親日指数3　親日国

欧州の先進国は、とかく環境問題や人権問題に敏感である。二〇一七年に欧州の米国に対する信頼度や好感度が急落したが、それはトランプ政権が地球温暖化防止のパリ協定から脱退し、また過度な反移民政策を標榜《ひょうぼう》していることなどからである。一方、日本は地球温暖化対策では欧州と足並みを揃えているものの、欧州には日本に対して不満もある。ロシアのウクライナへの介入に欧州は制裁を科《か》しており、とくに英国は対露強硬派である。しかしそれに対して、日本は北方領土問題の解決を優先し、逆にロシアとの経済協力を進めているからである。

また、英国はキャメロン前首相が経済的利益から中国への接近を強めたため、日本離れが進むと懸念する向きもあった。その後メイ首相に交代し、軌道修正が図られている（二〇一七年八月現在）ようだが、先行きはわからない。もっとも、こうした政府の思惑《おもわく》と国民の対外国感情が必ずしも一致するわけではない。

面積	24.3万km²	日本の約3分の2	人口	6511万人	日本の約半分強
GDP	2兆6189億ドル	日本の約0.53倍	1人あたりGDP	3万9899ドル	日本と同程度強
輸出国	1)米国 2)ドイツ 3)フランス 4)オランダ 5)アイルランド			在留邦人数	6万7998人
輸入国	1)ドイツ 2)中国 3)米国 4)オランダ 5)フランス			在日イギリス人数	1万5652人

図2-72　英仏の対日信頼度

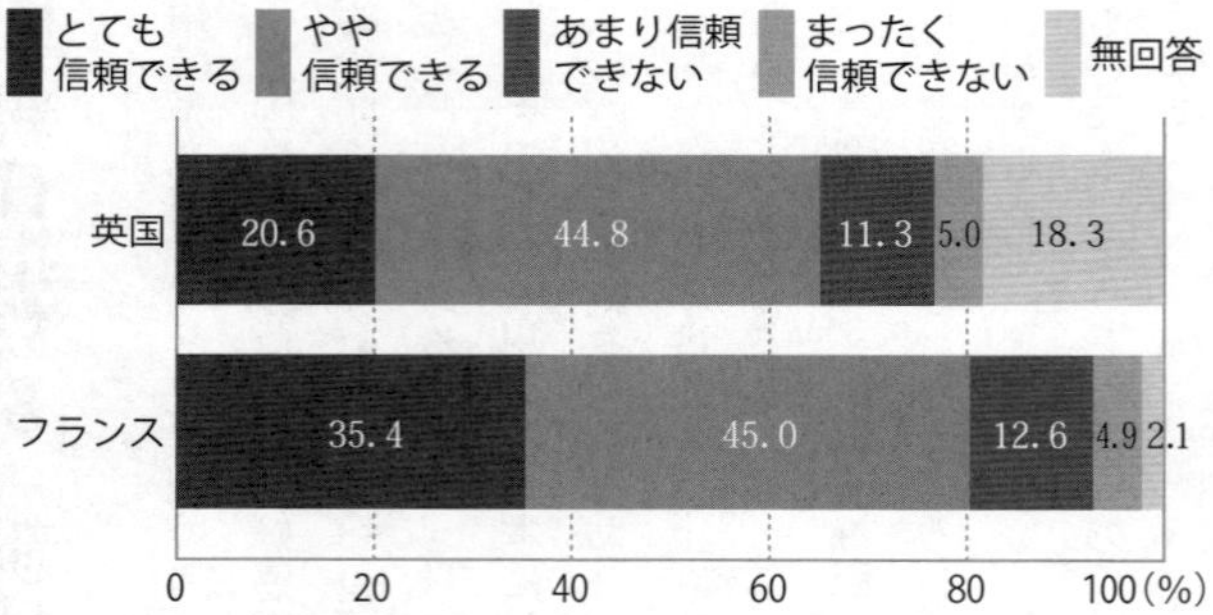

出典：「第3回　諸外国における対日メディア世論調査2017」
新聞通信調査会

図2-72に、新聞通信調査会が二〇一七年に実施した世論調査の結果を、フランスと比較して示した。フランスほどではないものの、英国民の三人に二人が日本を信頼している（「とても信頼できる」と「やや信頼できる」の合計）。また、日本に対して七割近い国民が好感を持っている（**図2-73**）。

BBCの二〇一七年調査（**図2-74**）でも、日本が世界に好影響を与えているとする英国民の割合はフランスと同程度（六五パーセント）で、中国をはるかに上回っている。

図2-73 英国の対外好感度

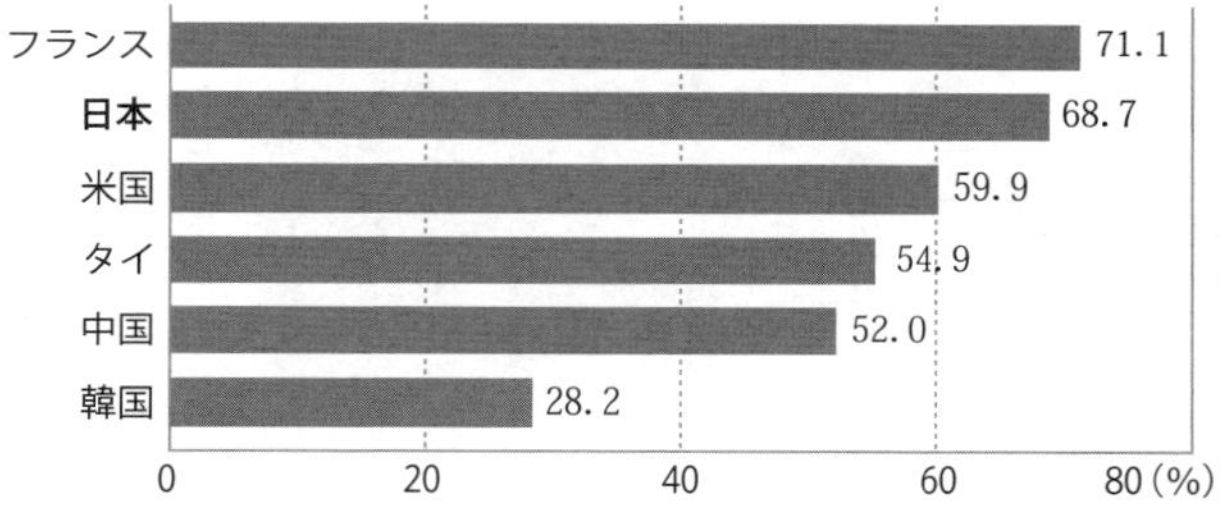

出典：「第3回 諸外国における対日メディア世論調査2017」新聞通信調査会

図2-74 各国が世界に与えている影響/英国の評価

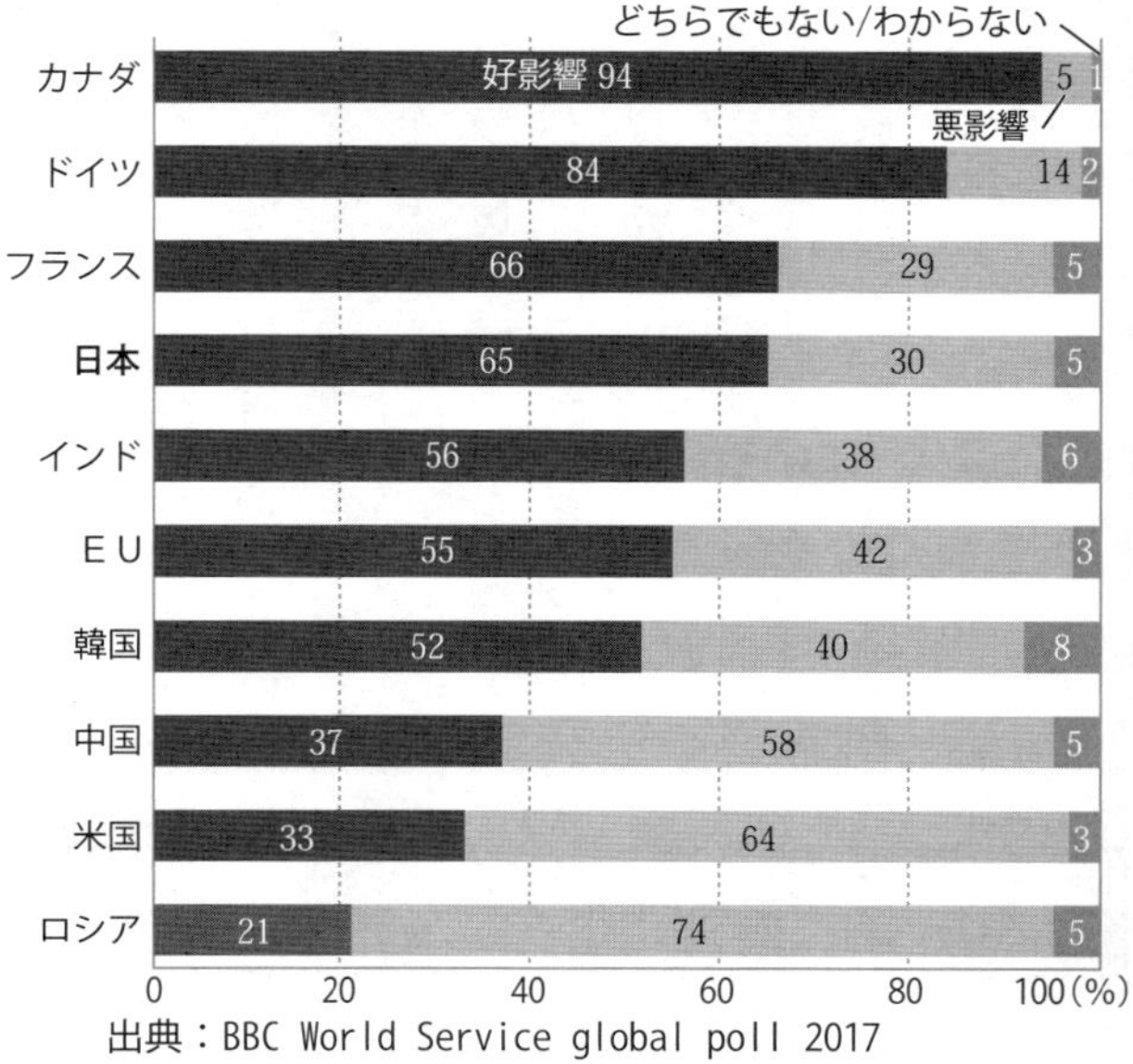

出典：BBC World Service global poll 2017

スペイン　親日指数3　親日国

ザビエルの来日など、スペインは日本が歴史上最初に出会った欧州の国の一つ。以来、長い交流の歴史の中で両国間には際立《きわだ》った衝突もなく、先の大戦の一時期を除き、友好関係を維持している。

二〇一五年の外務省の世論調査では、日本を信頼できるとした人の割合が欧州五カ国の中で最も高かったのはスペイン（**図2-75**）。またスペインには日本の文化、歴史、旅行、科学技術など多方面で日本に興味を持っている人が多く、関心度合は他を圧倒している（**図2-76**）。

以上からすると、スペインが親日指数4の「かなりの親日国」ともいえそうだが、最新のBBCの調査結果（**図2-77**）では、日本に対する否定派が増え、肯定派と否定派が拮抗している。ただ、両国の間に今も特段の懸案事項はなく、理由は不明である。

面積	50.6万km²	日本の約1.3倍	人口	4646万人	日本の約0.37倍
GDP	1兆2321億ドル	日本の約4分の1	1人あたりGDP	2万6528ドル	日本の約0.7倍
輸出国	1)フランス 2)ドイツ 3)イタリア 4)英国 5)ポルトガル			在留邦人数	7956人
輸入国	1)ドイツ 2)フランス 3)中国 4)イタリア 5)米国			在日スペイン人数	2655人

図2-75 欧州5カ国の対日信頼度

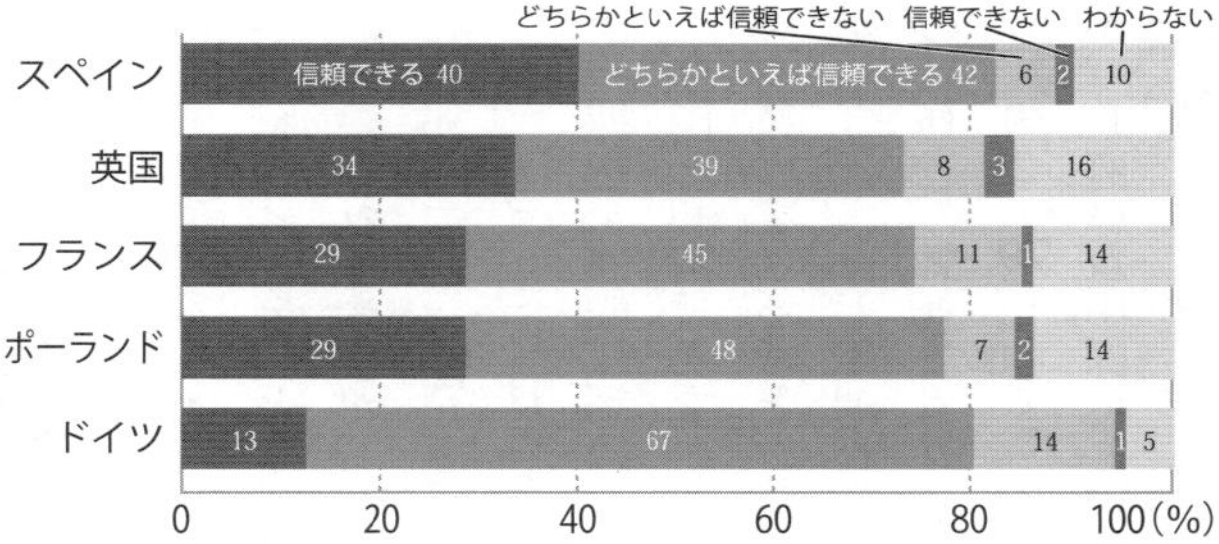

図2-76 欧州の国別/日本に対して興味がある分野

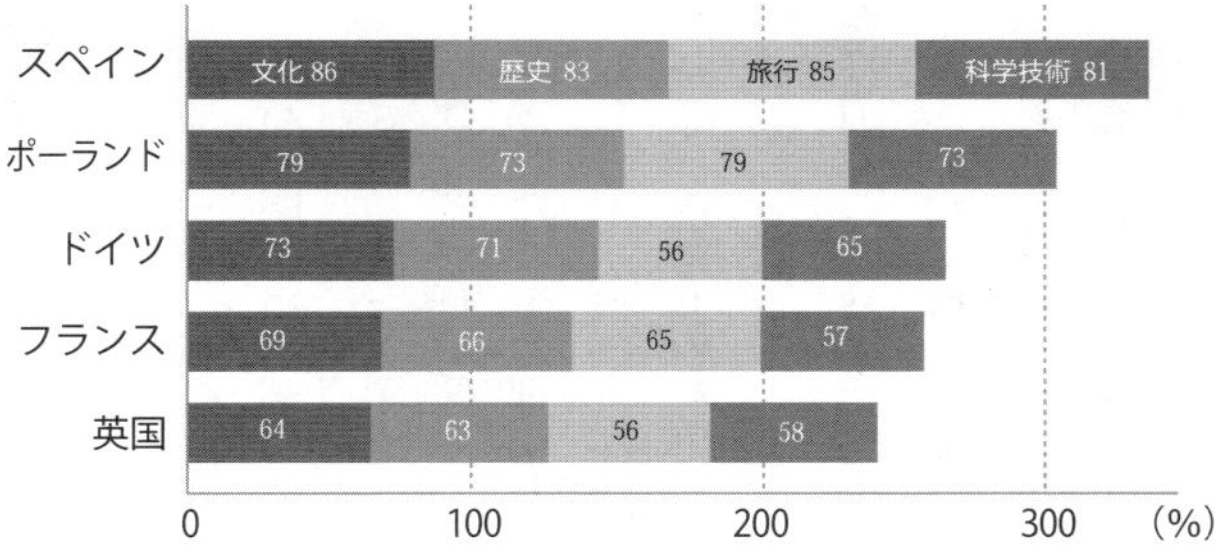

※文化・歴史・旅行・科学技術の各項目に関心がある人（複数回答）の割合を合計した。

図2-75&76の出典：「欧州5カ国における対日世論調査」2016年、外務省

図2-77　日本が世界に与えている影響/スペインの評価

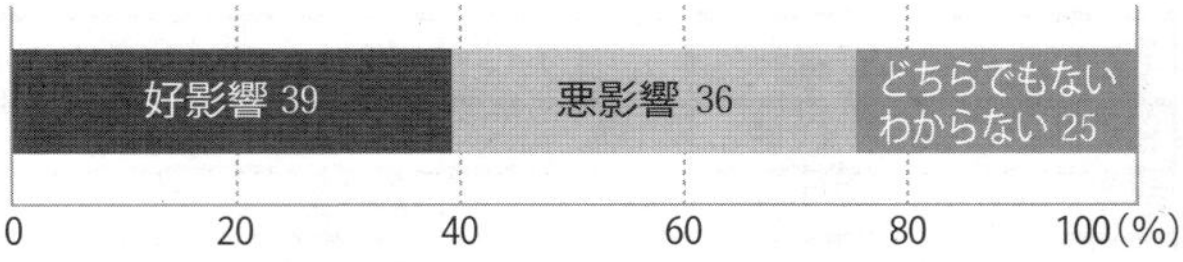

出典：BBC World Service global poll 2017

ドイツ　親日指数3　親日国

先の大戦では日本、イタリアと三国同盟を結び、枢軸国として戦ったドイツだが、戦後は工業国として日本とライバル関係にある。そのため、日本に批判的といわれてきたが、友好関係は維持してきた。

ところが、二〇一三年と一四年のBBC世論調査で対日感情が突如悪化（図2-78）。ついに反日になったかと騒がれた。その理由としては、ナチスの戦争犯罪を全面的に認めたドイツに対し日本が戦争責任問題でいつまでも韓国・中国と和解できないことや、福島第一原発事故を起こしたことなどに不信感を持っているなどと憶測された。

しかし、二〇一七年調査では再び親日国並みの結果に回復した。また、一五年の外務省の調査でも、ドイツの日本への信頼度はG20の中で四番目と高かった（図2-79）。なお、ドイツはアジアの中では伝統的に親中派だとされるが、政府は親中国でも国民はそうでもないようである。

面積	35.7万km²	日本の約0.94倍	人口	8218万人	日本の約3分の2弱
GDP	3兆4668億ドル	日本の約0.7倍	1人あたりGDP	4万1936ドル	日本の約1.1倍
輸出国	1)米国 2)フランス 3)英国 4)オランダ 5)中国			在留邦人数	4万2205人
輸入国	1)中国 2)オランダ 3)フランス 4)米国 5)イタリア			在日ドイツ人数	6773人

図2-78 日本が世界に与えている影響/ドイツの評価の推移

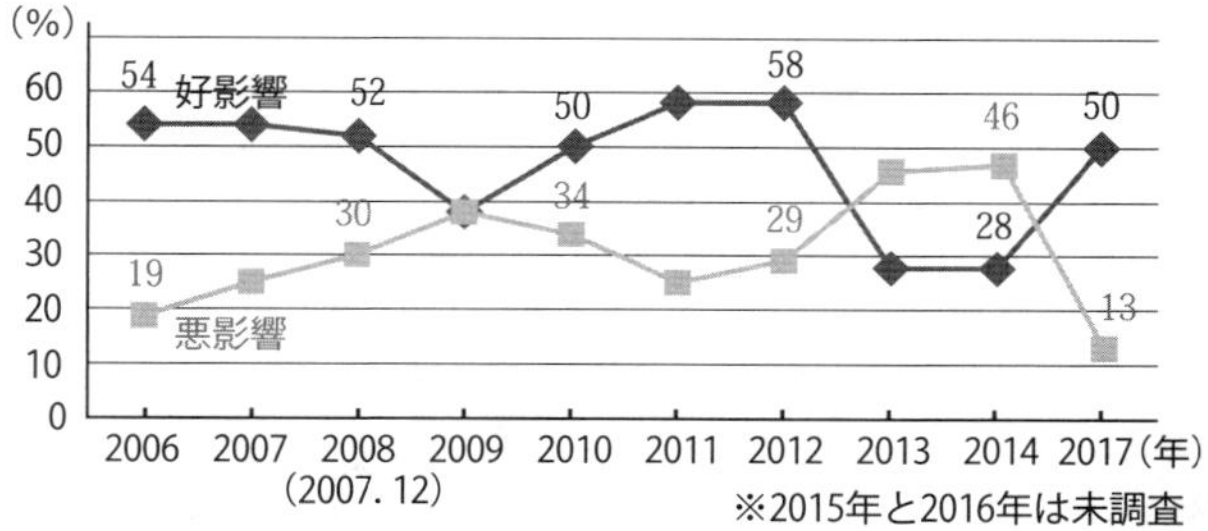

※2015年と2016年は未調査

出典：BBC World Service global poll 各年版

図2-79 ドイツの対G20信頼度/トップ10

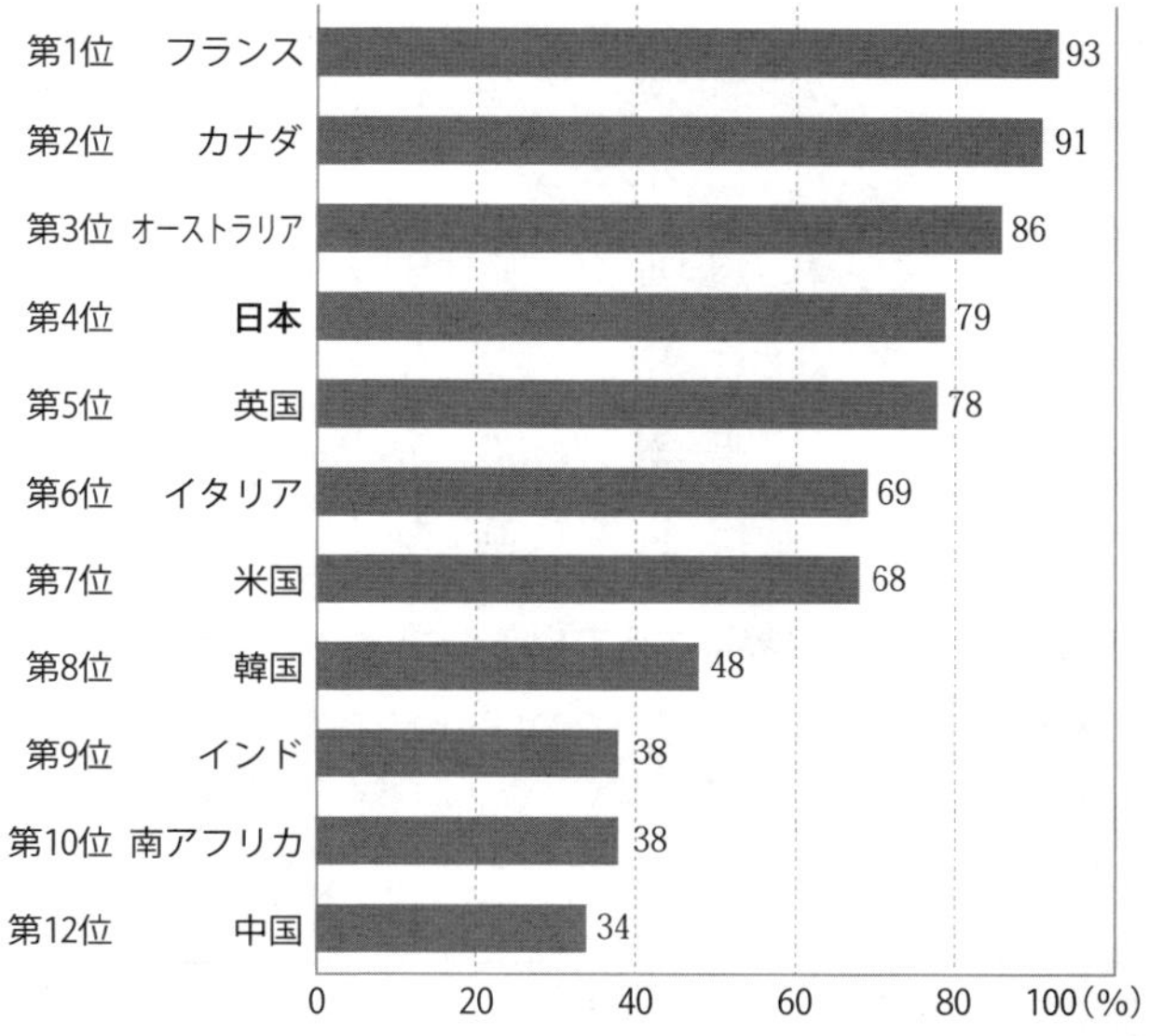

出典：「欧州5カ国における対日世論調査」2016年、外務省

ギリシャ　親日指数3　親日国

日本とギリシャは、貿易額も少なく、他の欧州諸国と比べて交流も乏しい。財政危機が表面化した二〇〇八〜〇九年頃からはギリシャを訪れる日本人観光客も激減している。しかし、両国は伝統的に友好関係を維持しており、二〇一七年のBBCの世論調査でも、日本を好意的に見る人が過半数を超え、否定的な人は一割に満たない（**図2-80**）。

周知のとおり、ギリシャの経済危機に乗じて、近年中国が港湾施設などへの投資を活発化させており、急速に欧州向け輸出の拠点化を進めている。ただし、国民の四分の一はそれを快《こころよ》く思っていないようである。

図2-80　日本が世界に与えている影響/ギリシャの評価

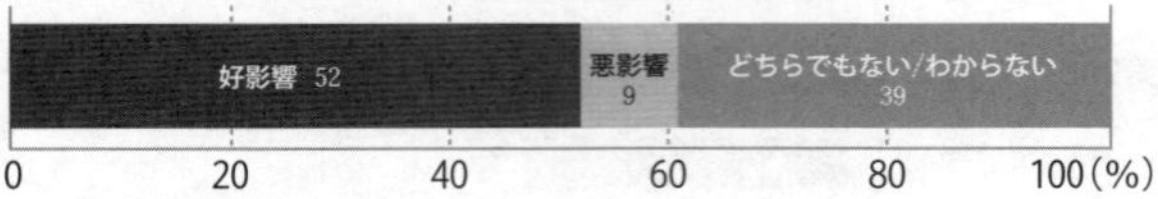

出典：BBC World Service global poll 2017

面積	13.2万km²	日本の約3分の1	人口	1081万人	日本の約12分の1
GDP	1946億ドル	日本の約25分の1	1人あたりGDP	1万8104ドル	日本の約2分の1
輸出国	1)イタリア 2)ドイツ 3)トルコ 4)キプロス 5)ブルガリア		在留邦人数	707人	
輸入国	1)ドイツ 2)ロシア 3)イタリア 4)イラク 5)中国		在日ギリシャ人数	274人	

イタリア　親日指数3　親日国

イタリアと日本は戦後一貫して友好関係を維持しており、特段の懸案事項はない。貿易や人的交流も活発であり、G7内でも協調している。

図2―81は、二〇一一年「東日本大震災前」の調査結果で、少々古いがこれを基にすると、日本が世界に好影響を与えているとする国民が三分の二を占めており、イタリアが親日であることは間違いない。ただ、悪影響を与えているとする人も二割弱いて無視できない。

なお、イタリアは国連安全保障理事会の常任理事国の拡大を目指すG4（日本、ドイツ、インド、ブラジル）の動きを阻止する国際的活動を主導している。

図2-81　日本が世界に与えている影響/イタリアの評価

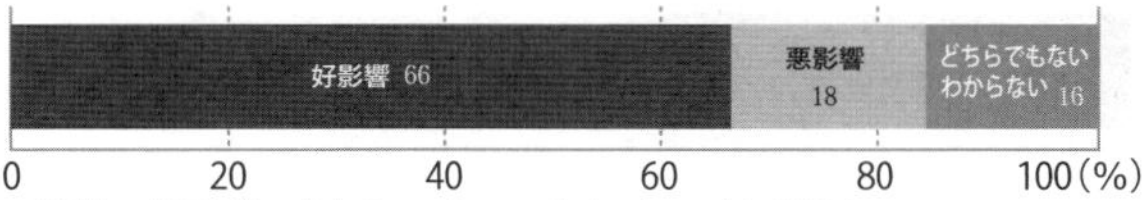

出典：BBC World Service global poll 2011

面積	30.1万km²	日本の約5分の4	人口	6070万人	日本の約半分
GDP	1兆8500億ドル	日本の約0.37倍	1人あたりGDP	3万527ドル	日本の0.78倍
輸出国	1)ドイツ 2)フランス 3)米国 4)英国 5)スペイン			在留邦人数	1万3808人
輸入国	1)ドイツ 2)フランス 3)中国 4)オランダ 5)スペイン			在日イタリア人数	4209人

ポルトガル　親日指数3　親日国

歴史上スペインと並び、欧州の国としていち早く日本と接触したポルトガル。しかし、現在の両国の関係は貿易にしても人的交流にしても乏《とぼ》しい。

図2―82では、日本に肯定的な評価をする国民が四割強だが、否定的な人がスペインに比べると少ないことから、親日指数を3とした。ただ「どちらでもない／わからない」とする人が四四パーセントもいるのは、日本に対する興味／関心が薄いのかもしれない。

なお、ここではデータを示していないが、ポルトガルが世界で最も肯定的な評価を与えているのは、旧植民地のブラジルだった。

図2-82 日本が世界に与えている影響/ポルトガルの評価

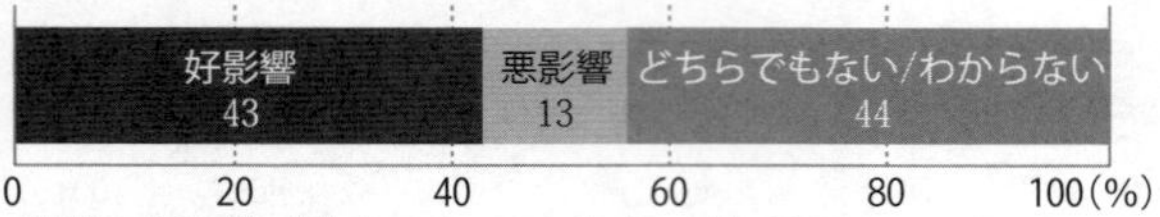

出典：BBC World Service global poll 2011

面積	9.2万km²	日本の約4分の1	人口	1037万人	日本の約12分の1
GDP	2046億ドル	日本の約24分の1	1人あたりGDP	1万9813ドル	日本の約半分
輸出国	1)スペイン 2)フランス 3)ドイツ 4)英国 5)米国		在留邦人数	594人	
輸入国	1)スペイン 2)ドイツ 3)フランス 4)イタリア 5)オランダ		在日ポルトガル人数	880人	

オーストリア　親日指数3　親日国

図2－83のデータは、外務省が二〇一一年（東日本大震災前）にオーストリア国内で実施した世論調査結果である。日本を信頼できるとした人は七〇パーセントで、信頼できないとした人は九パーセント。「かなりの親日国」といってもよいほどである。しかし、ここには示していないが、そもそも日本に興味がない（「あまりない」と「まったくない」の合計）国民が四三パーセントもいて、オーストリアと日本のつながりは薄い。もっとも、近年オーストリアで日本文化のブームが起こっているとも伝えられており、親日派と無関心派の二極化が起こっているようだ。

図2-83　オーストリアの対日信頼度

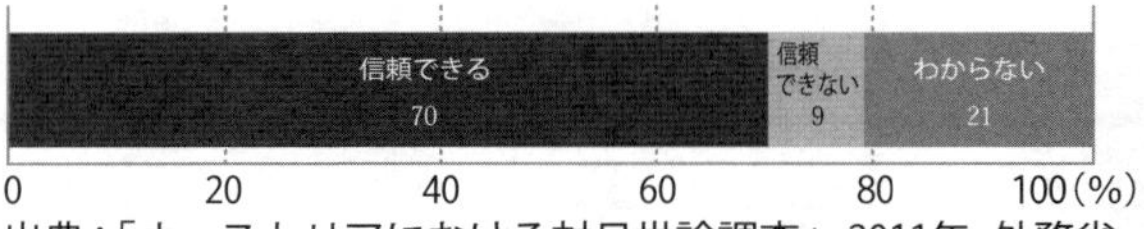

出典：「オーストリアにおける対日世論調査」2011年、外務省

面積	8.4万km^2	北海道と同程度	人口	860万人	日本の約15分の1
GDP	3864億ドル	日本の約13分の1	1人あたりGDP	4万4177ドル	日本の約1.1倍
輸出国	1)ドイツ 2)米国 3)イタリア 4)スイス 5)フランス		在留邦人数	3078人	
輸入国	1)ドイツ 2)イタリア 3)中国 4)スイス 5)チェコ		在日オーストリア人数	約590人	

スウェーデン　親日指数1　中立的友好国

図2-84は、二〇一一年（東日本大震災前）に在スウェーデン日本大使館が現地で実施した世論調査結果である。スウェーデンと日本は貿易も活発で、対日観は良好……と思っていた人には、この調査結果は衝撃だ。約七割のスウェーデン人が日本に親しみを感じていないのだ（「親しみを感じない」と「どちらかというと親しみを感じない」の合計）。ほとんど「反日国」といえる水準である。ただ、両国関係が良好だと認識している人が約六割を占め、「良好だと思わない」人が〇パーセントだった（**図2-85**）ため、親日指数1の「中立的友好国」とした。

もっとも、親しみを感じないのは日本のことをよく知らないからだとも考えられ、近年日本政府は日本の魅力発信に力を入れているので、今改めて「親しみ」を調査すれば改善されている可能性がある。

面積	45万km²	日本の約1.2倍	人口	1000万人	日本の約13分の1
GDP	5110億ドル	日本の約10分の1	1人あたりGDP	5万1600ドル	日本の約1.3倍
輸出国	1)ノルウェー 2)ドイツ 3)米国 4)英国 5)デンマーク		在留邦人数	3804人	
輸入国	1)ドイツ 2)オランダ 3)ノルウェー 4)デンマーク 5)中国		在日スウェーデン人数	1832人	

図2-84 スウェーデンの対日親近感

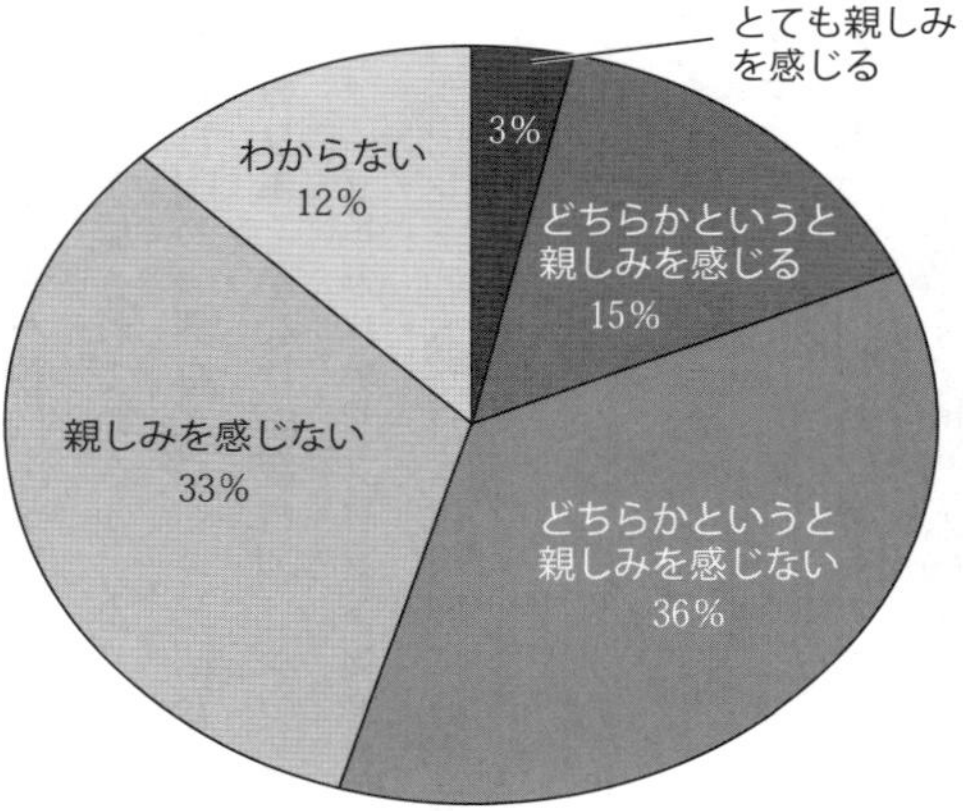

図2-85 対日関係について/スウェーデンの認識

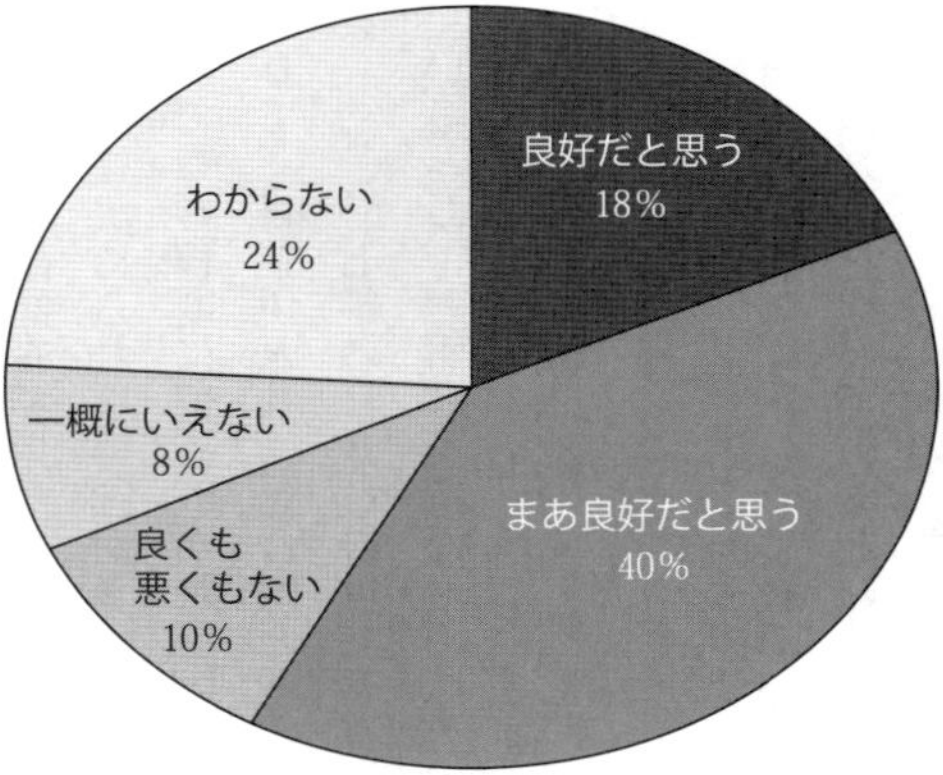

図2-84&85の出典：「スウェーデンにおける対日観に関する分析」
2011年3月、在スウェーデン大使館

その他欧州諸国の親日度

欧州にはまだまだ親日国が数多くある。ただ、対日観の世論調査結果が古かったり、調査そのものが実施されていなかったりで、親日指数を的確に決められない国が多い。ここではそんな親日国の一部をざっくりと紹介するが、あくまで参考程度に留め置かれたい。

■ハンガリー　かなりの親日国。かつては枢軸国として、日独伊と共に連合国と戦った。ルーマニア、ブルガリア、フィンランドも同様である。二〇〇七年のBBCの世論調査では、四七パーセントの人が日本は世界に好影響を与えているとし、悪影響を選んだのはわずか九パーセントだった。また、二〇〇三年一一月〜二〇〇四年一月の外務省による世論調査（以下二〇〇三年度調査）でも、日本に好意を持つ人が約八〇パーセント、日本を信頼できると答えた人も約六割だった。

■ルーマニア　かなりの親日国。二〇〇四年まで、日本は主要援助国として経済協力を続けた。外務省の二〇〇三年度調査では、九割の人が日本に好意を抱いているという結果が出ている。日本に在留する欧州人の中で、英国、フランス、ロシア、ドイツ、イタリア、スペインの次にルーマニア人が多い（二〇一六年一二月現在、二四八一人）。

■ブルガリア　かなりの親日国。社会主義時代から日本への尊敬の念が強く、日本を手本にした民主化・市場経済化を進めている。毎年、有力政治家などが多数来日している。日本も二〇一〇年まで最大の援助国として積極的に協力を続けた。ルーマニアと同様、外務省の二〇〇三年度調査で九割の人が日本に好意を持つと回答している。

■チェコ　かなりの親日国。一九八九年の民主革命後、日本との関係が急拡大した。伝統文化やポップカルチャーを含め、日本文化への興味が強く、文化交流も盛んである。ルーマニアやブルガリア同様、外務省の二〇〇三年度調査で九割の人が日本に好意を持つと回答している。

■スロバキア　かなりの親日国。日本は、前述したポーランド、チェコ、ハンガリー、スロバキアの協力機構「ヴィシェグラード・グループ」に対して積極的に支援、「V４＋日本」の枠組で協力を進めている。外務省の二〇〇三年度調査で、ルーマニアやブルガリア、チェコと同様、九割の人が日本に好意を持つと回答している。

■オランダ　親日国。かつては欧州随一の反日国であり、一九七一年に昭和天皇が訪問された際には、群衆から生卵や魔法瓶を投げつけられるという事件も発生した（コラム⑩）。しかし、二〇〇二年の外務省の世論調査では、日本を「信頼できる」人が三七パーセント、

「どちらかというと信頼できる」人が四〇パーセントに達し、合計で七七パーセントもの人が日本を信頼できると回答した。それに対して、「信頼できない」人は二パーセント、「どちらかというと信頼できない」人は九パーセントしかいなかった。

■フィンランド　親日国。かつてロシアの支配下にあったため、日露戦争での日本の勝利に国中が沸いたという。また、スウェーデンと領有権を争っていたオーランド諸島の帰属問題を、当時国際連盟の事務次長だった新渡戸稲造《にとべいなぞう》が大幅な自治権を確約させた上でフィンランドに帰属させるという「新渡戸裁定」で解決し、この裁定もフィンランド国民の対日観を良好にしたといわれる。二〇〇六年のBBCの世論調査では、日本が世界に好影響を与えているとする人が五七パーセントだったのに対して、悪影響を与えていると回答した人は二〇パーセントだった。

■ベルギー　親日国。国民から敬愛されている王室と日本の皇室はかなり親密に交流している。日本からの投資も活発で、両国関係は良好である。一九九九年の「海外労働事情調査」では、日本を「非常に好き」な人は一〇パーセント、「どちらかといえば好き」が二九・一パーセント。それに対して「非常に嫌い」が一・二パーセント、「どちらかといえば嫌い」は五・四パーセントだった。これは同調査での米国人の対日好感度とほぼ同じ結果だった。

コラム⑩　皇室外交がオランダ国民の対日感情を劇的に変えた

　オランダは先の大戦において日本との戦闘で多くの犠牲者を出し、結果的に植民地のインドネシアを失った。加えて、日本軍の捕虜となった者への虐待問題や、オランダ人女性の慰安婦問題などがあり、日本に対するオランダの恨みは欧州で最も厳しかった。そして、その反日感情はなかなか消えなかった。

　一九七一年十月八日、昭和天皇が戦後初めて欧州を訪問された折、デンマーク、英国、ドイツでも抗議行動が巻き起こったが、中でもひどかったのはオランダで、天皇の乗る車に生卵や鉄製魔法瓶が投げつけられた。幸い防弾ガラスだったため、外側に亀裂が入っただけで大事には至らなかった。さらに、日本大使公邸にレンガが投げ込まれる事件も起こった。

　このようなオランダの激しい反日感情を「劇的に改善」（当時の駐蘭大使の弁）させたのは、二〇〇〇年の今上天皇・皇后両陛下のご訪問だった。オランダ国民の心を打ったのは、養護施設を訪れた皇后と幼児たちとの交流の場面。皇后が身分の隔《へだ》たりなく幼児を抱きしめられた様子がニュースで流れると、大きな感動を呼んだのだ。皇室外交には時として国民感情を変化させるほどの影響力があるのだ。

■スロベニア　親日国。旧ユーゴスラビアの一員で、人口約二〇七万人の小国。一九九一年に独立したばかりで、日本との交流はまだ少ないが、近年日本文化への興味が高まっている。二〇〇七年に、フランス、イタリア、スロベニアの大学生を対象にしたアンケート結果があり、それによると、日本に対して「とてもよい」イメージと「よい」イメージを持つスロベニア人学生は合計で七七・一パーセントだった。なお、同じアンケートでフランス人学生は九〇・四パーセント、イタリア人学生は九六・八パーセント（「とてもよい」と「よい」の合計）が日本によいイメージを持つと回答した。

その他、欧州にはバルト三国（リトアニア、ラトビア、エストニア）やセルビア、クロアチアなど親日と伝えられる国は多い。具体的なデータがないために客観的な判断を下すことはできないが、外交関係の記事などを読む限り親日的といってよさそうである。

コラム⑪　フィンランド「東郷ビール」の都市伝説

日露戦争での日本の勝利は、欧米の植民地支配を受けていたアジア諸国に「アジア人も欧州人に劣っていない」という自信と勇気を与え、ロシアの圧力に苦しめられていた東欧諸国にも希望の光を見せることとなった。

ロシアと隣接するフィンランドは一世紀にわたってロシアの支配を受けていたが、ロシアの敗北が伝えられ、独立の気運が盛り上がった。そしてその後ロシア革命を経て、フィンランドは独立を果たした。こうした経緯から、フィンランドは東郷平八郎《とうごうへいはちろう》提督に敬意と感謝を表し、東郷の名を冠《かん》した「トーゴービール」を製造し売り出した……と、一部では信じられている。現に今もこのような説明付きで「東郷ビール」を販売しているサイトもある。

しかし、これは都市伝説にすぎない。確かにかつて東郷がラベルになったビールがフィンランドで販売されていた。ただしこれは世界の有名な提督二四人をラベルにした「アミラーリ（提督の意）ビール」の商品ラインナップの一つ。しかも一九七一～九二年に発売されたもので、日露戦争とは直接関係がない。なお、現在販売されているのは復刻したラベルをオランダ製ビールに貼った商品である。

コラム⑫ ユダヤ人を救った杉原《すぎはら》千畝《ちうね》の「命のビザ」

杉原千畝という外交官については、テレビドラマや映画化されたことで、多くの日本人が知るところとなった。

杉原は、第二次世界大戦直前の一九三九年八月、まだ日本の公館がなかったリトアニアに赴任し、領事館を開設した。彼の最大の任務はリトアニアでソ連情勢を探ることだった。

ところが、リトアニアに着任してわずか四日後、ドイツが突如ポーランドに侵攻し、先の大戦（第二次世界大戦）が始まった。リトアニアには隣国ポーランドから多数のユダヤ人が避難してきたが、彼らが生き続けられる唯一の道は日本の通過ビザを得て、安全な第三国に渡ることだった。ソ連がリトアニアを占領し、日本領事館の閉鎖が告げられた杉原は、外務省の指示を無視し、ビザの発給を決断した。彼が休む間も惜《お》しんで書いたビザで助かったユダヤ人は六〇〇〇人に上る。

戦後、外務省はビザの無断発給を責めて杉原を解雇。それに対して逆にイスラエル政府は一九八五年「ヤド・バシェム」賞（諸国民の中の正義の人）を贈った。杉原は翌年八六歳で逝去したが、外務省が杉原への無礼を詫《わ》び、名誉を回復したのは二〇〇〇年のことだった。

※（　）内の数字は親日指数
3は「親日国」を表わす
数字のない国についても本文で親日度を紹介している

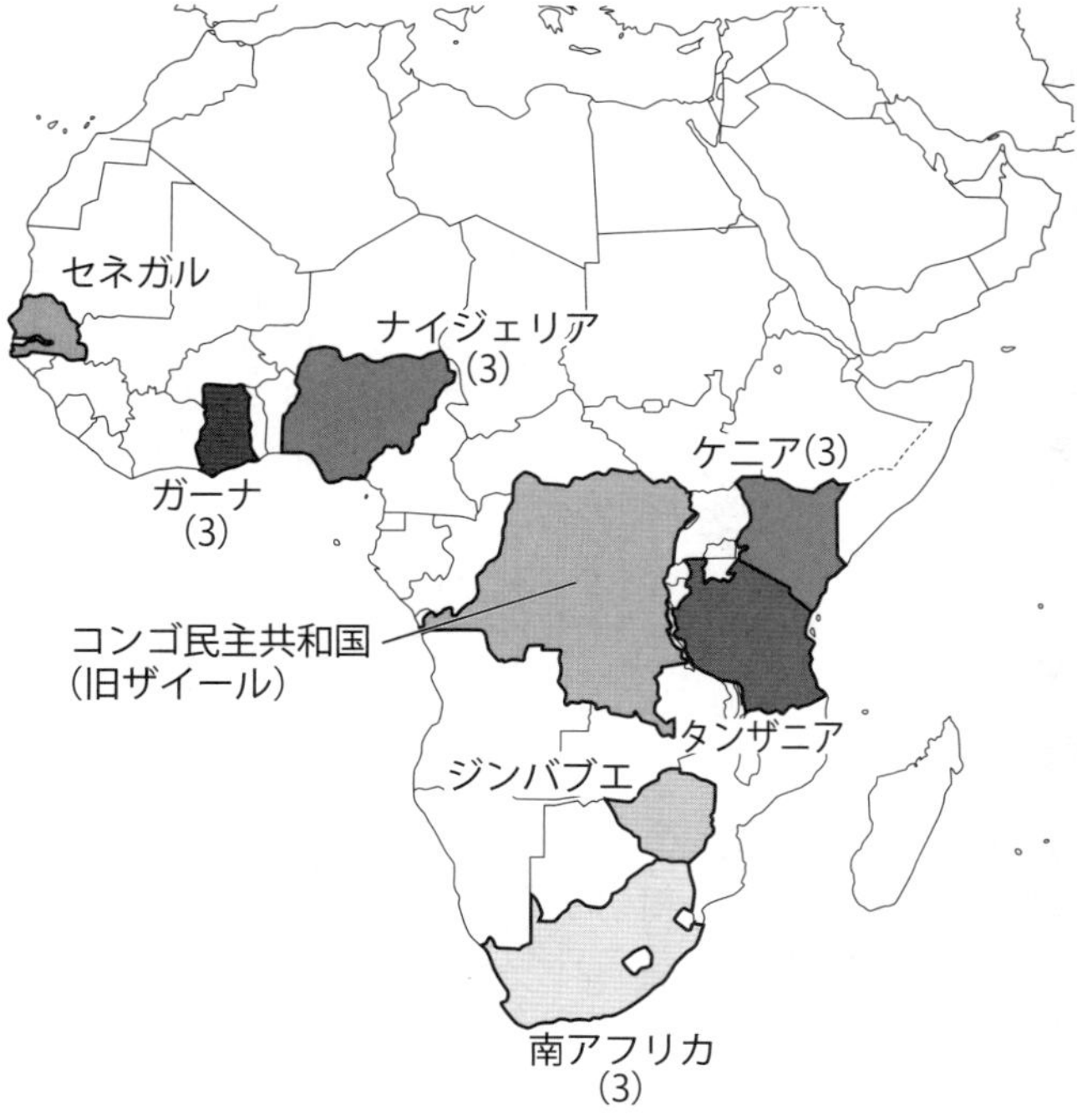

■アフリカで評価が下がる日本、勢いを増す中国

アフリカに最も強い影響力を持ち、経済的なつながりも強いのは、かつてアフリカを植民地支配していた旧宗主国の欧州諸国である。しかし、その常識は国によっては過去のものとなりつつあり、代わって台頭してきたのは中国である。中国のアフリカ投資は他を圧倒しており、経済関係を深めている。実は中国は開発途上国だった時代からいわゆる「南南援助」をおこなっており、近年援助額は何倍にも拡大している。もっとも、だからといって中国の進出を肯定的に受け入れている国民ばかりではないことも事実である。

翻《ひるがえ》って、日本はかつては世界一の海外援助国で、アフリカにおけるプレゼンスも大きかった。もちろん一部の国にとっては今も主要援助国であることには変わりない。また、自動車や機械製品など日本製に対するアフリカ人の信頼も厚い。しかし、最近は相対的に存在感が薄れてきており、それが対日観にも影響している。**図2－87**～**図2－89**はナイジェリアとケニアの対日観に関する世論調査結果だが、詳しくは次頁で紹介する。なお、この項で紹介するのはサハラ砂漠以南のアフリカ（サブサハラという）。サブサハラで日本に関する世論調査が実施された例は少なく、数値データが乏《とぼ》しいことを断わっておく。

図2-87 各国が世界に与えている影響/ナイジェリアの評価

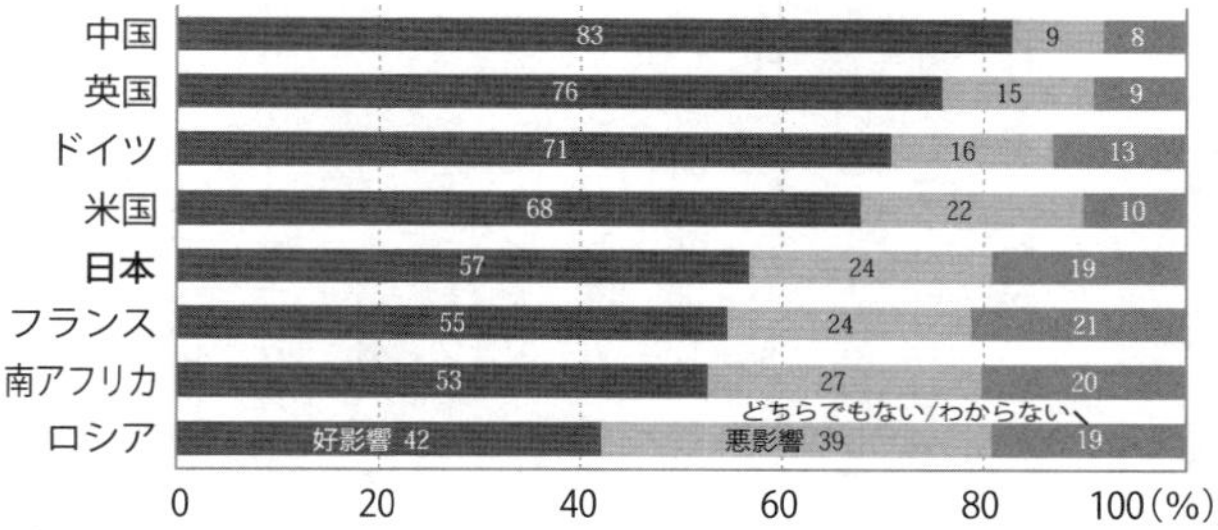

図2-88 各国が世界に与えている影響/ケニアの評価

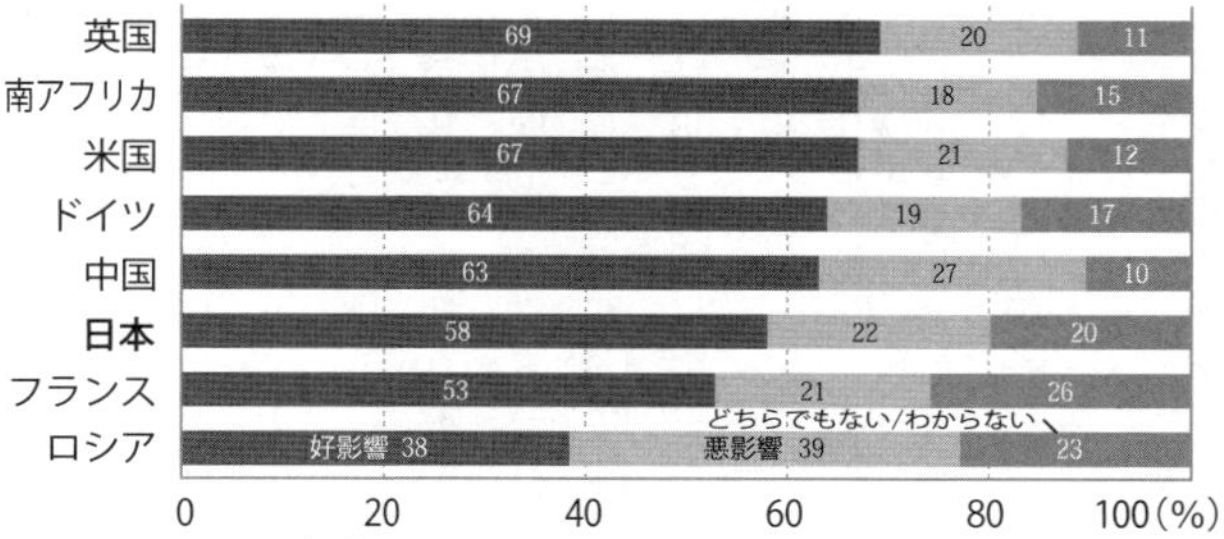

図2-87&88の出典：BBC World Service global poll 2017

図2-89 日本が世界に好影響を与えていると評価する人の割合/ナイジェリアとケニアの推移

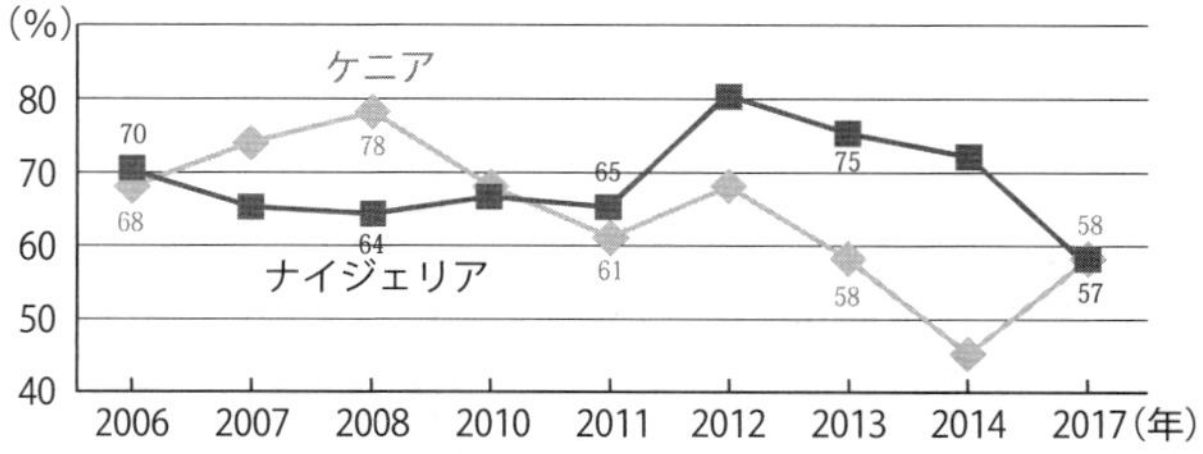

※2009, 2015, 2016年は調査データなし。
出典：BBC World Service global poll 各年版

ナイジェリア　親日指数3　親日国

ナイジェリアが親日国だと聞くと、意外に思う人が少なくない。しかも日本に在留するアフリカ出身者の中で最も多いのがナイジェリア人（二〇一六年一二月現在、二七九七人）と知ると、さらに驚く。

ナイジェリアは人口及びＧＤＰが共にアフリカ第一の地域大国。原油産出量がアフリカ最大で、日本とはその原油や天然ガスとの取引で重要な関係にある。しかし一時期の原油価格の暴落に加え、国内武装勢力による治安悪化などで経済が低迷し、日本との貿易額も激減した。

ＢＢＣの二〇一七年の世論調査では、ナイジェリア国民が世界に好影響を与えていると最も評価しているのは中国であり、日本よりはるかに評価が高い（**図2-87**）。二〇一二年から一四年までは七割以上の国民が日本に高評価を与えていたが、一七年に急落している（**図2-89**）。

面積	92.4万km²	日本の約2.4倍	人口	1億8200万人	日本の約1.4倍
GDP	4051億ドル	日本の約12分の1	1人あたりGDP	2178ドル	日本の約18分の1
輸出国	1)インド 2)オランダ 3)スペイン 4)ブラジル			在留邦人数	162人
輸入国	1)中国 2)米国 3)オランダ 4)インド			在日ナイジェリア人数	2797人
主要援助国	1)米国 2)英国 3)フランス 4)ドイツ 5)日本				

ケニア　親日指数3　親日国

ケニアはサブサハラ諸国の中でも、伝統的に日本との結びつきが強く、日本の東アフリカ進出の窓口的立場にある。首都ナイロビにはアフリカ最大級の日本人コミュニティがあり、日本企業や政府機関の地域本部が集まっている。日本からの経済援助もサブサハラ諸国で最大である。また、民間交流も活発で、スポーツの分野でも陸上競技を中心に日本で活動する外国人選手の中で、ケニア人が最も多い。

このように、日本と密接な関係にあるケニアは、以前はかなりの親日国だった。しかし、近年は日本への親近感は下落傾向にある（**図2－89**）。ナイジェリアもそうだが、二〇一七年の評価を見ると、ケニアの親日指数はぎりぎり3といったところだろう。ただ、過去の高評価からして、今後再び対日観が向上する可能性もある。

面積	58.3万km²	日本の約1.5倍	人口	4725万人	日本の約0.37倍
GDP	705億ドル	日本の約70分の1	1人あたりGDP	1455ドル	日本の約27分の1
輸出国	1)ウガンダ 2)英国 3)オランダ 4)タンザニア			在留邦人数	804人
輸入国	1)UAE 2)中国 3)インド 4)サウジアラビア			在日ケニア人数	517人
主要援助国		1)米国 2)日本 3)英国 4)フランス 5)ドイツ			

ガーナ　親日指数3　親日国

ガーナと日本のつながりはチョコレートの原料であるカカオ豆だけではない。ガーナはかの野口英世《のぐちひでよ》が黄熱病《おうねつびょう》研究のために訪れ、その黄熱病のために死去した国である。その縁で、ガーナの求めに応じて、日本の援助で「ガーナ大学医学部附属野口記念医学研究所」(通称、野口研)が設立された。野口研は現在、基礎医学研究において西アフリカの中心的研究機関であり、エイズやエボラ出血熱の対策拠点になっている。

こうした事情からすると、ガーナがかなりの親日国だとしてもおかしくないが、二〇一四年のBBCの世論調査結果はさほどでもない。ここ一〇年、日本が世界に好影響を与えていると評価するガーナ国民の割合は概《おおむ》ね五〇〜六〇パーセントで推移しており、二〇一三年と一四年は悪影響とする割合がほぼ二割。ケニア同様、親日指数はぎりぎり3だ。

面積	23.9万km²	日本の約3分の2	人口	2741万人	日本の約5分の1強
GDP	427億ドル	日本の約116分の1	1人あたりGDP	1513ドル	日本の約26分の1
輸出国	1)インド 2)スイス 3)中国 4)フランス		在留邦人数	339人	
輸入国	1)中国 2)ナイジェリア 3)オランダ 4)米国		在日ガーナ人数	2129人	
主要援助国	1)米国 2)英国 3)カナダ				

図2-90 各国が世界に与えている影響/ガーナの評価

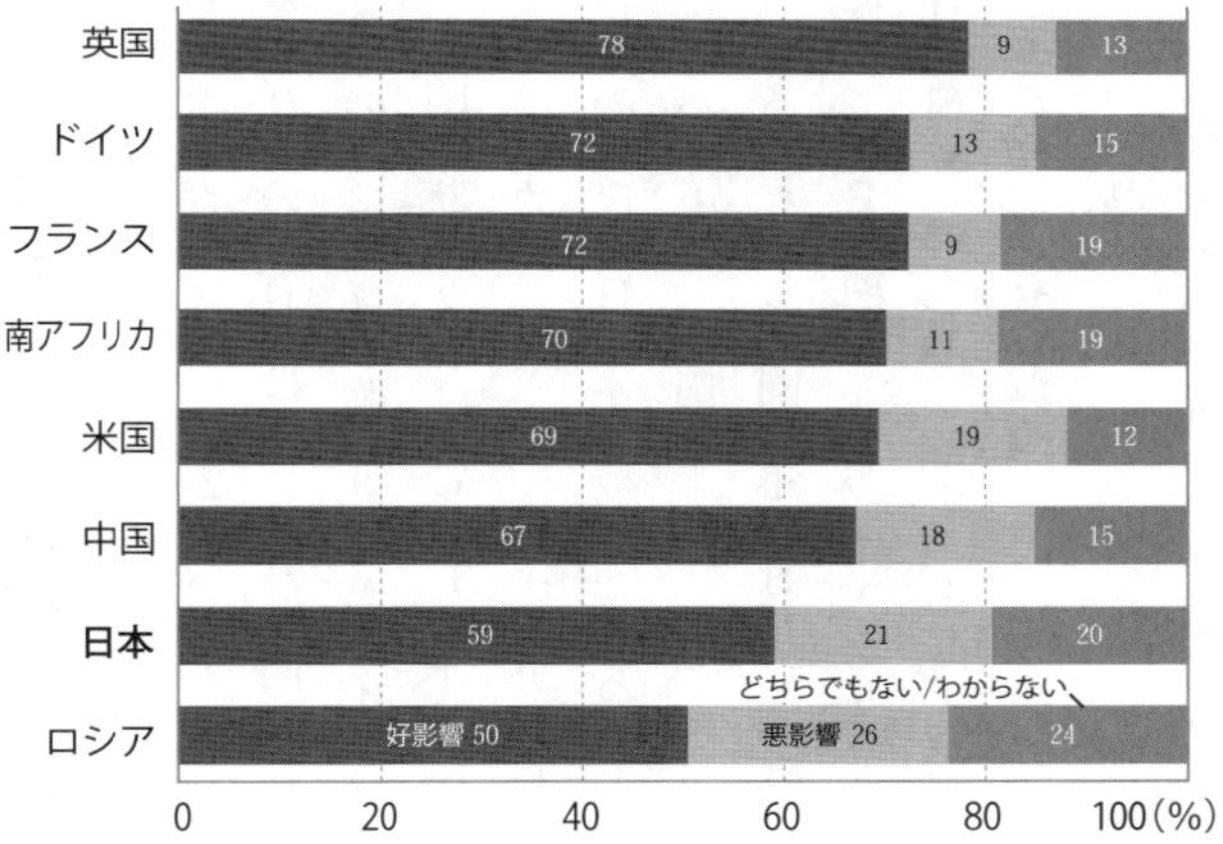

出典：BBC World Service global poll 2014

図2-91 日本が世界に与えている影響/ガーナの評価の推移

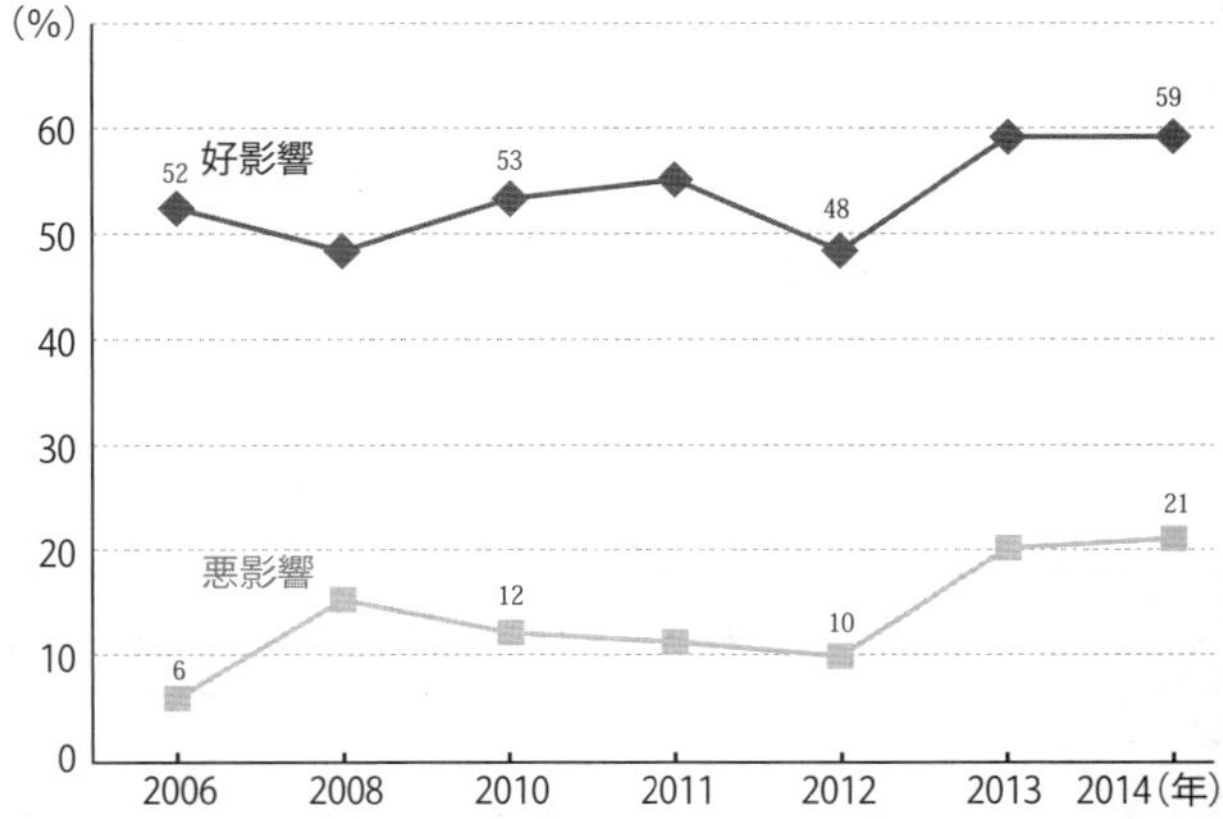

出典：BBC World Service global poll 各年版

南アフリカ　親日指数3　親日国

アフリカ諸国で唯一G20のメンバーに入っている地域大国の南アフリカ。南アフリカのGDPはサブサハラ四九カ国全体の約二一パーセントを占め、日本との経済関係も強い。なおナイジェリアは三一パーセントを占めるので、両国でサブサハラのGDPの半分以上である。

南アフリカでは、二〇一一年に外務省が対日世論調査を実施しており、七割以上の国民が日本を「信頼できる」と回答。「信頼できない」人もわずか五・二パーセント（**図2-92**）だったことから、「かなりの親日国」レベルといえる。しかし、同じ年のBBC調査では、それほど高い評価は得られていない（**図2-94**）。なお、南アフリカでも中国の存在感は日本を上回っており（**図2-93**）、パートナーとして重要なのは経済力のある国であるということを痛感させられる。

面積	122万km²	日本の約3.2倍	人口	5495万人	日本の約0.43倍
GDP	2948億ドル	日本の約17分の1	1人あたりGDP	5274ドル	日本の約7分の1
輸出国	1)中国 2)米国 3)ドイツ 4)ナミビア 5)ボツワナ 6)日本		在留邦人数	1469人	
輸入国	1)中国 2)ドイツ 3)米国 4)インド 5)日本		在日南アフリカ人数	788人	
主要援助国	1)米国 2)ドイツ 3)フランス 4)英国 5)ベルギー ※2014年				

図2-92 南アフリカの対日信頼度

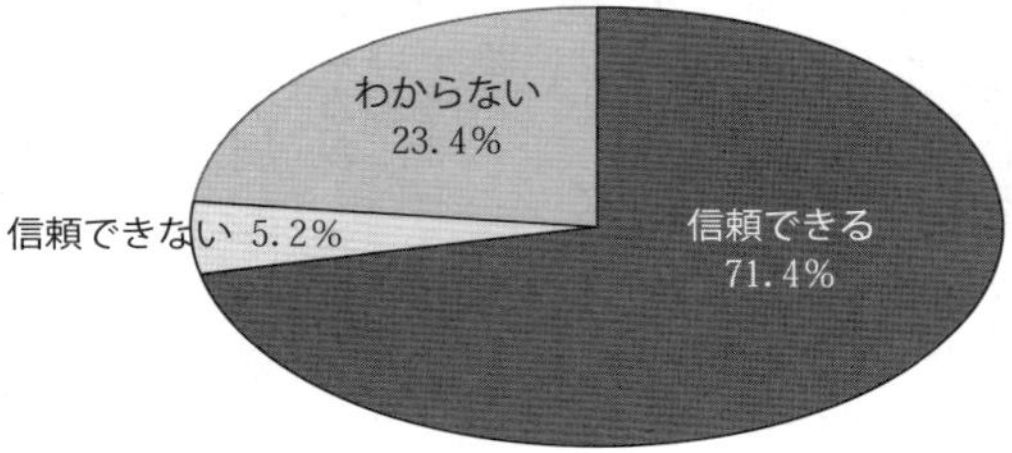

図2-93 南アフリカにとって最も重要な東アジアの国

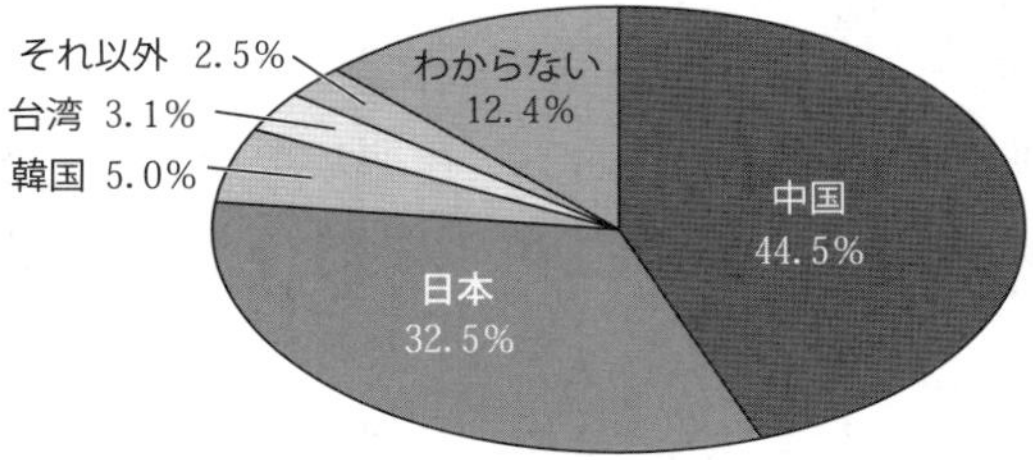

図2-92&93の出典:「南アフリカにおける対日世論調査」2011年、外務省

図2-94 各国が世界に与えている影響/南アフリカの評価

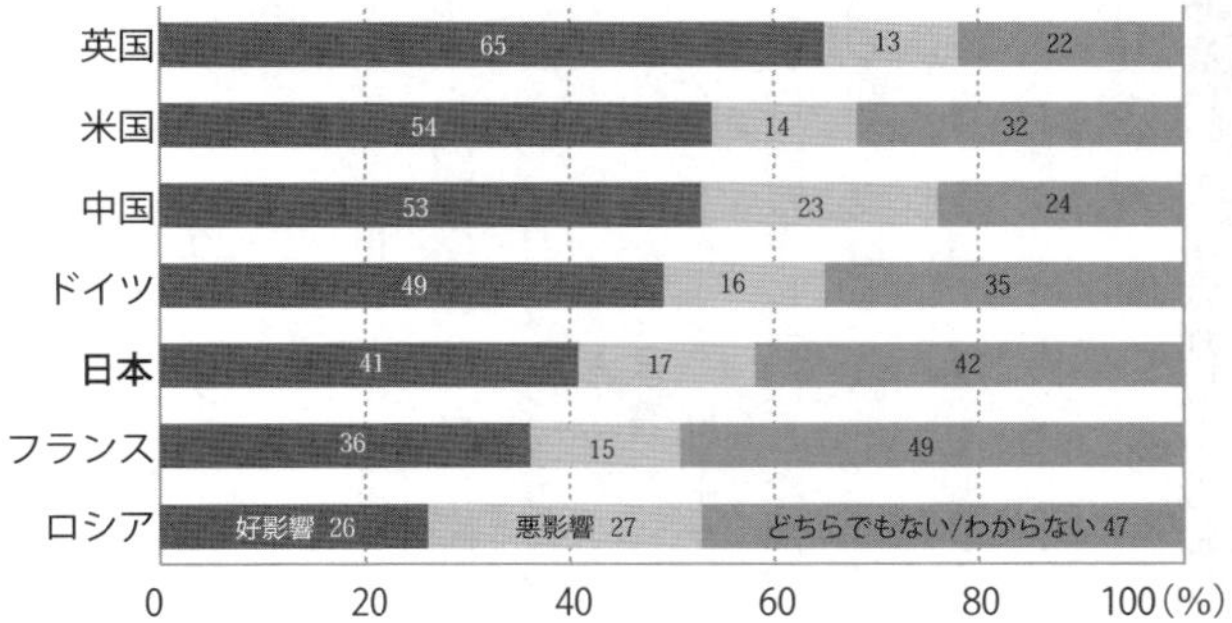

出典：BBC World Service global poll 2011

その他アフリカ諸国の親日度

アフリカでは、ＢＢＣが二〇〇六年にセネガル、タンザニア、コンゴ、ジンバブエで世論調査を実施しているので、少々古いがその結果を交えて紹介する。

■セネガル　親日国。日本は主要援助国の一つ。要人の往来も活発。世界的にバスケットボールの強豪国として知られ、日本の高校、大学でもセネガルからの留学生が多数活躍しており、東京サンレーブスのプィ・エリマン選手などBリーグ（日本のプロバスケットリーグ）でもプレーしている。

■タンザニア　親日国。日本は米国に次ぐ第二位の援助国（二〇一三年）で、日本からの援助額はサブサハラで最大級。こうした背景もあり、タンザニアは国連を舞台にした捕鯨問題や安全保障理事会の常任理事国拡大問題などで、日本の立場を強く支持している。

■コンゴ民主共和国（旧ザイール）　親日国。世界最貧国の一つで、日本は主要援助国の一角に名を連《つら》ねる。ダイヤモンドや金の他、レアメタルなどの地下資源に恵まれるも、長く国際紛争が続き、今も国内情勢が不安定で、日本との貿易額は小さい。

■ジンバブエ　友好国。ただし、「どちらでもない／わからない」人が六割以上もおり（図

図2-95 日本が世界に与えている影響/アフリカ4カ国の評価

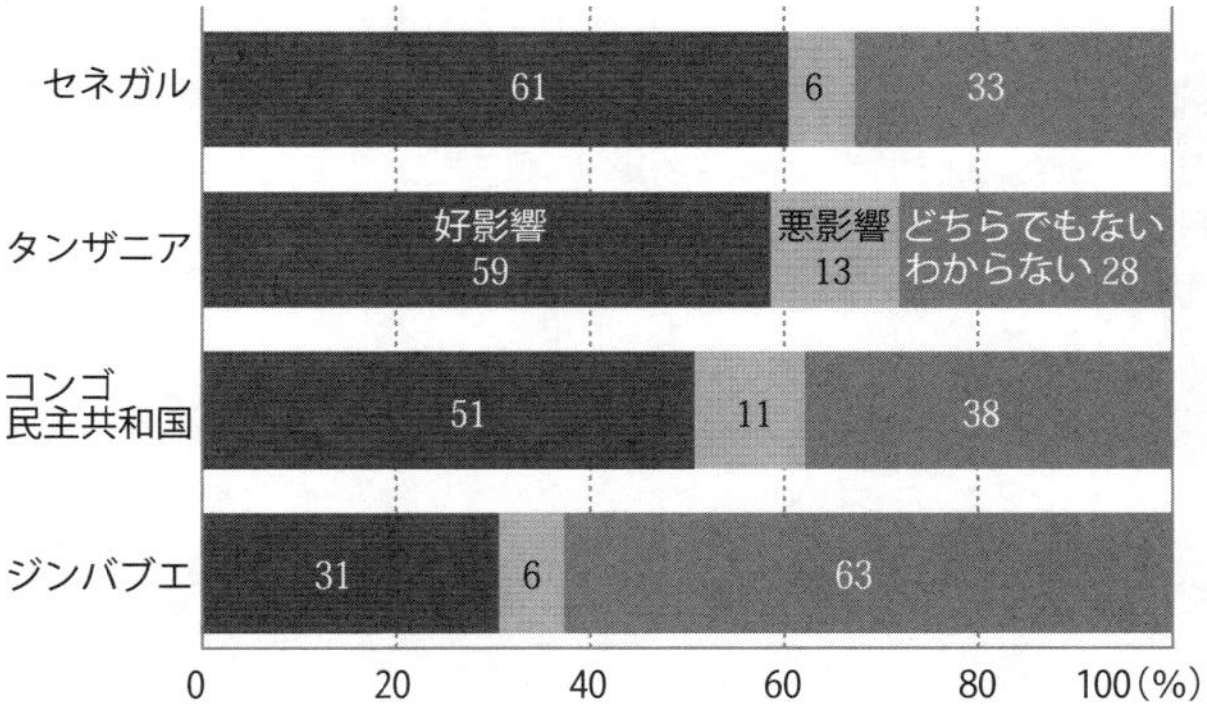

出典：BBC World Service global poll 2006

2-95）、大半の人が日本をよく知らないと思われる。一九八〇年から政権を握り続ける九三歳のムガベ大統領は、欧米諸国から「世界最悪の独裁者」と非難されているが、二〇一六年三月に安倍首相が日本に招待し、経済協力を約束。国際的に注目された。しかし、その彼も一七年十一月に発生した軍事クーデターで失脚した。

　その他サブサハラでは、大半の国にとって日本が主要援助国であり、また地理的に遠く離れた日本とは特段懸案事項もないため、ほとんどが日本と友好関係にある。しかし、とくにジンバブエが顕著だが、日本のことを知らない国民が多いのが実情だろう。

米州各国の親日指数

※（　）内の数字は親日指数
4は「かなりの親日国」
3は「親日国」
2は「友好国」を表わす
数字のない国についても本文で親日度を紹介している。

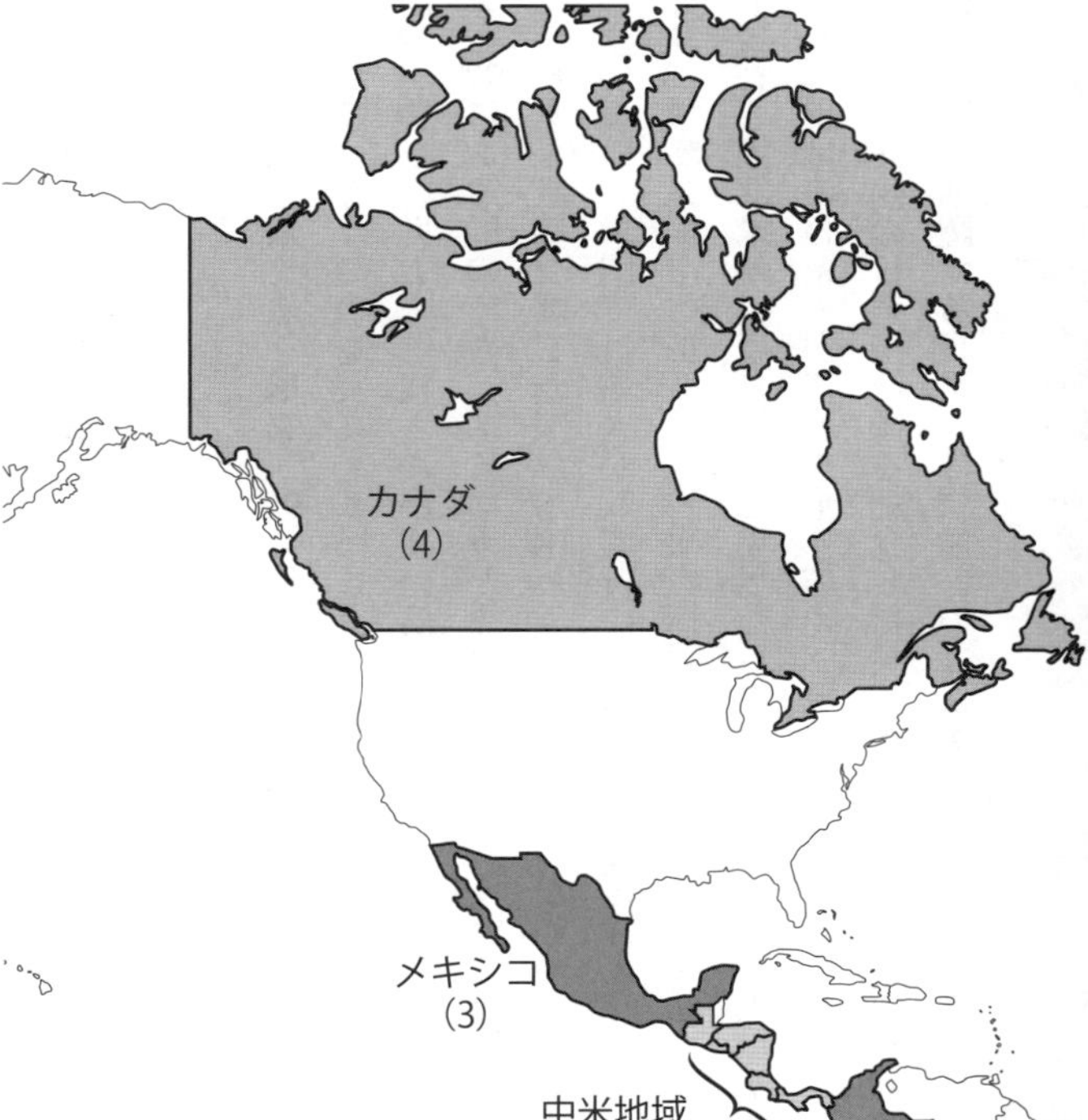

■日系人抜きには語れない南米諸国の対日感情

日本から遠く離れた米州の国々と日本との関係は、日系移民抜きには語れない。明治以降、多数の日本人が新天地を求めて海を渡った。そして、今やその子孫である日系人の数は、世界中でおよそ三八〇万人を数える。**図2-97**は、海外日系人協会がまとめた二〇一六年現在の主な国の日系人数である。これを見てわかるように、ブラジルと米国の数が突出しており、大陸別では南米が約二〇九万人と抜きん出ている。

先の大戦では、**図2-97**にある国のうち、ドミニカとキューバを除くすべての国々が連合国側について参戦した。日本と直接交戦した国は米国とカナダだけだったものの、日本が敵国だったことには変わりはない。米国で日系人が収容所に抑留されたことはよく知られているが、カナダ、メキシコ、ブラジル、ペルーでも同様の措置がとられ、日系人は塗炭《とたん》の苦しみを味わった。しかし現在、南北米州に反日の国は見当たらない。とくに日系人口が多い国には親日派が多い。それは現地の日系人が苦境を乗り越え、現地の信頼を得てきたことも大きいといえるだろう。先に大洋州の日系大統領を紹介したが、米州でも国の重要なポストに就《つ》いたり、経済や芸術の分野で活躍する日系人は枚挙にいとまがない。

図2-97 世界の主な国別日系人口

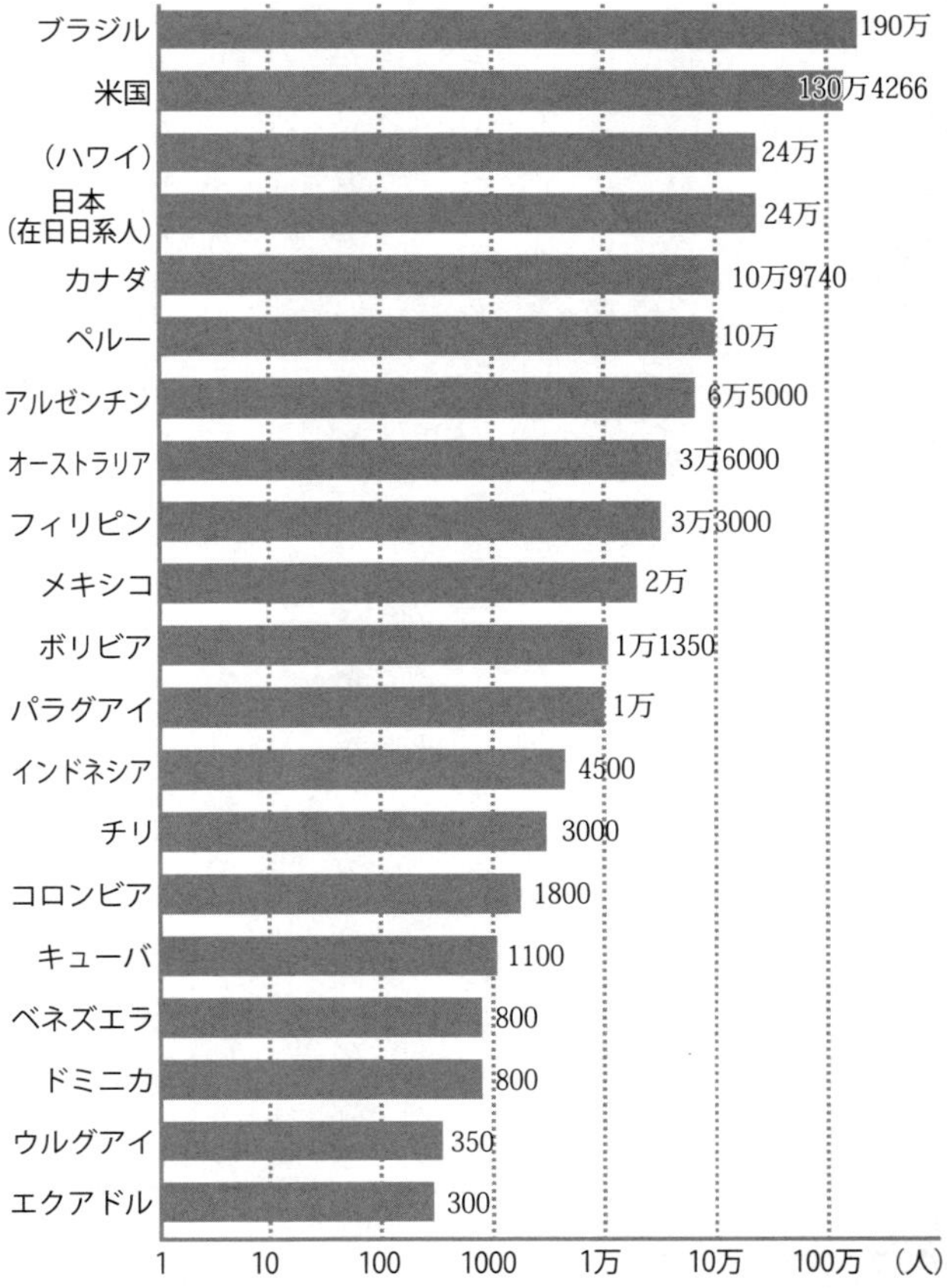

※2016年現在の推定値。横軸は対数目盛りになっている。米国の数値はハワイを含む。

出典：公益財団法人海外日系人協会

カナダ　親日指数4　かなりの親日国

カナダは伝統的に米国重視の方針をとっている。また、英連邦の一員として英国とのつながりも強く、さらにフランスからの移民の子孫も多い（フランス系の人口比は約一五パーセント）。しかし、二〇一七年のBBCの世論調査で「世界に好影響を与えている」として、最も多くのカナダ国民が評価した国は日本だった（**図2-98**）。米国の評価が低いのはトランプ政権誕生のせいだと思われる。対日評価の推移を見ても、概ね安定的に評価は高い（**図2-99**）。さらに、少々古いが、二〇〇九年の外務省の世論調査でも、対日信頼度は非常に高い（**図2-100**）。

なお、先の大戦における日本との戦闘で、戦死及び捕虜収容所での死亡を合わせて四二六人のカナダ兵が犠牲となった。しかし戦後、日本の国連やOECDへの加盟など国際社会への復帰を支援した。

面積	999万km²	日本の約27倍	人口	3515万人	日本の約0.28倍
GDP	1兆5298億ドル	日本の約0.31倍	1人あたりGDP	4万2158ドル	日本の約1.1倍
輸出国	1)米国 2)中国 3)英国 4)日本 5)メキシコ			在留邦人数	7万174人
輸入国	1)米国 2)中国 3)メキシコ 4)ドイツ 5)日本			在日カナダ人数	1万34人

図2-98 各国が世界に与えている影響/カナダの評価

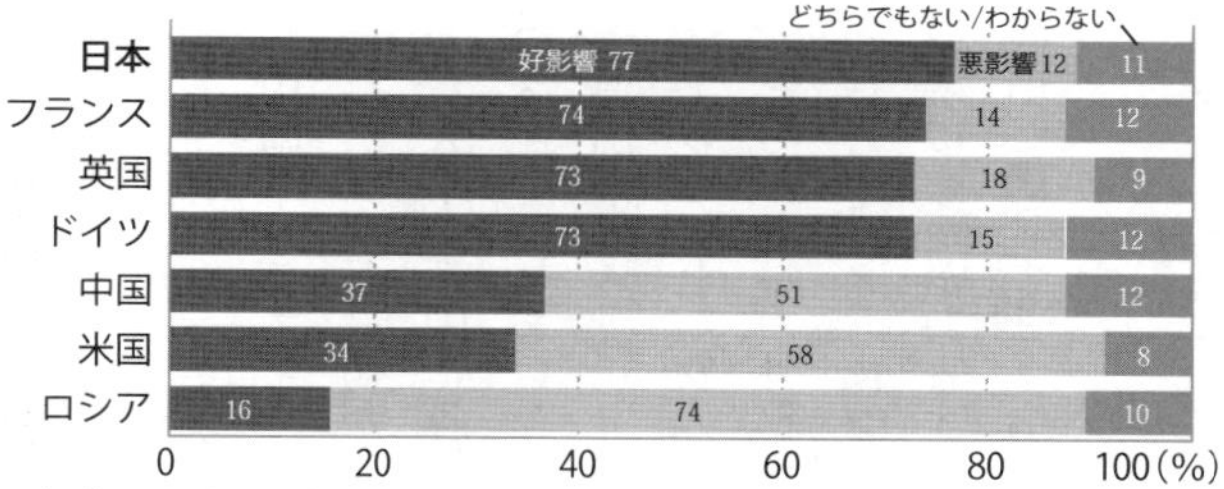

出典：BBC World Service global poll 2017

図2-99 日本が世界に与えている影響/カナダの評価の推移

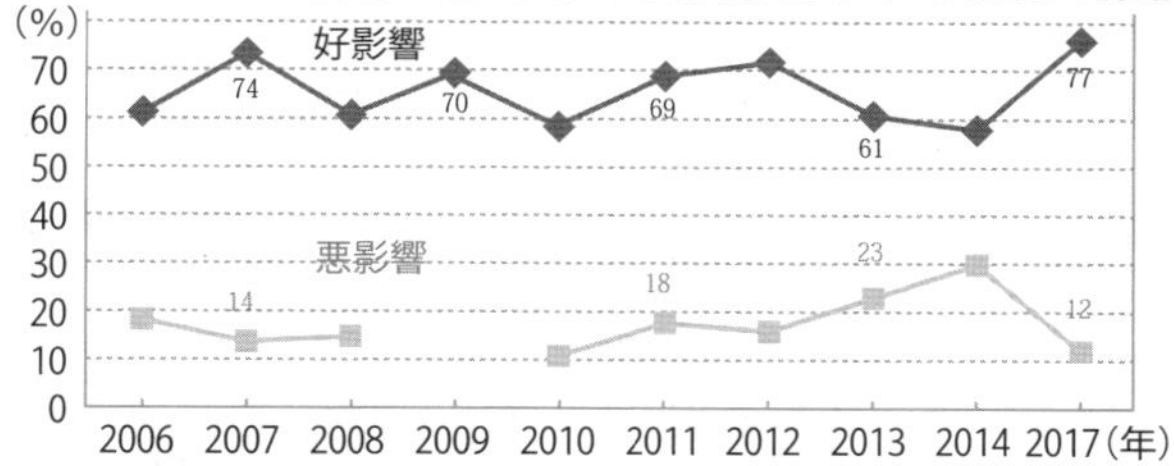

※2009年の「悪影響」はデータなし。
出典：BBC World Service global poll 各年版

図2-100 カナダの対日信頼度

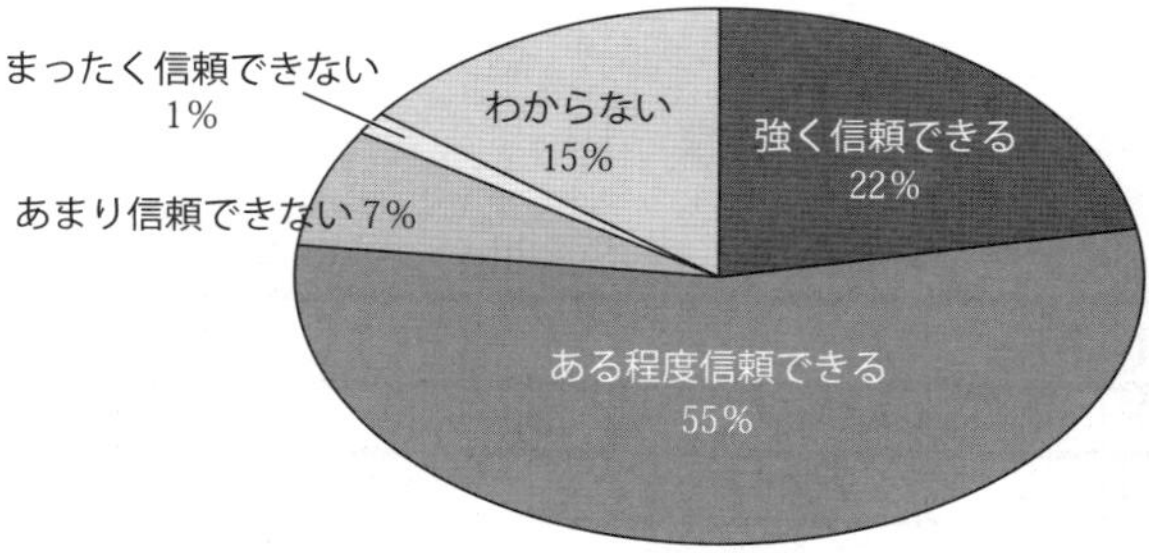

出典：「カナダにおける対日世論調査結果概要」2009年、外務省

メキシコ 親日指数3 親日国

メキシコには約二万人の日系人が暮らしている（図2－97）。そもそも日本から中南米（ラテンアメリカ）への組織的移民は、一八九七年にメキシコに渡った三五人が最初だ。しかし日系人口がさほど多くないのは、メキシコに渡った大半が米国に越境し、同国に定着しなかったからである。

そのメキシコにおける対日評価は、二〇一七年のBBCの世論調査では世界の主要国中最も高い（図2－101）。ただそれでも、日本が「世界に好影響を与えている」とした人は六割未満で、「悪影響」が二三パーセントだった。一方、二〇一五年の外務省の調査では、ほとんどのメキシコ国民が日本に親近感を持っている（図2－102）。なお、この調査はオバマ政権時代に実施されているにもかかわらず、米国経済に依存するメキシコの対米信頼感が日本より低い（図2－103）点が注目される。

面積	196万km²	日本の約5.2倍	人口	1億2701万人	日本と同程度
GDP	1兆460億ドル	日本の約5分の1	1人あたりGDP	8201ドル	日本の約5分の1
輸出国	1)米国 2)カナダ 3)中国 4)ドイツ 5)日本			在留邦人数	1万1390人
輸入国	1)米国 2)中国 3)日本 4)ドイツ 5)韓国			在日メキシコ人数	3354人

図2-101 各国が世界に与えている影響/メキシコの評価

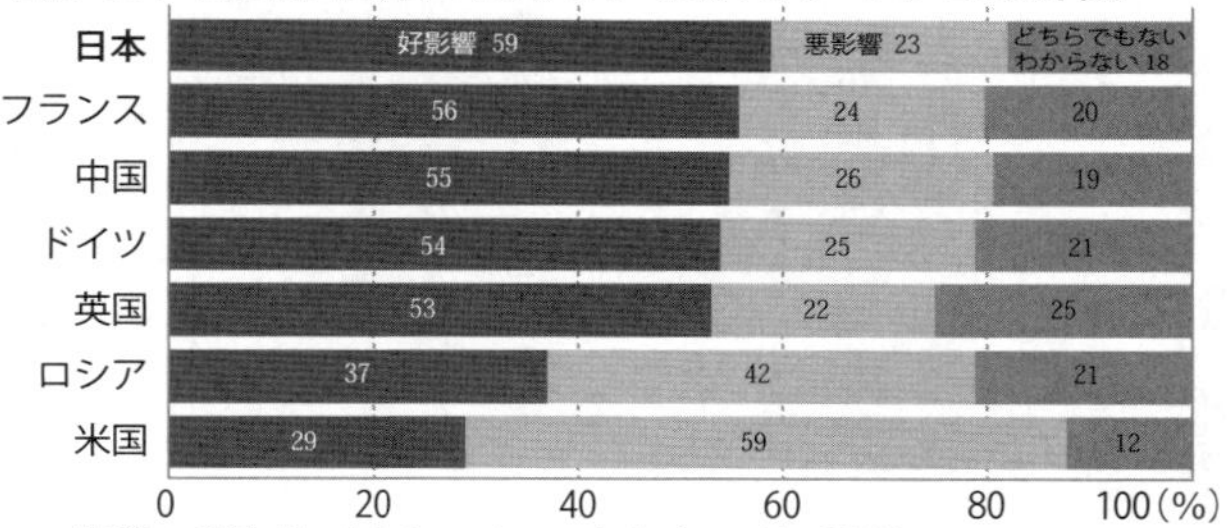

出典：BBC World Service global poll 2017

図2-102 メキシコの対日親近感

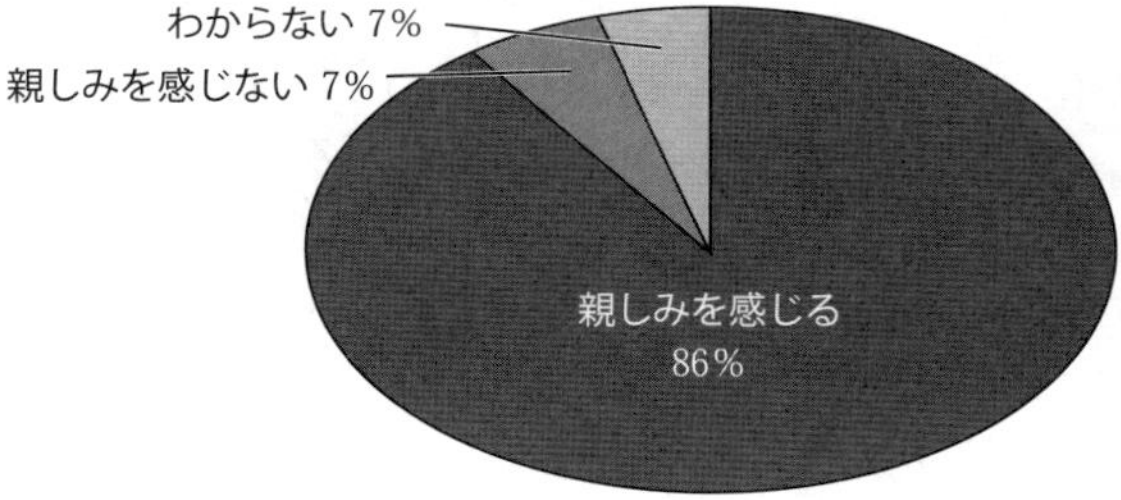

図2-103 メキシコが最も信頼する国

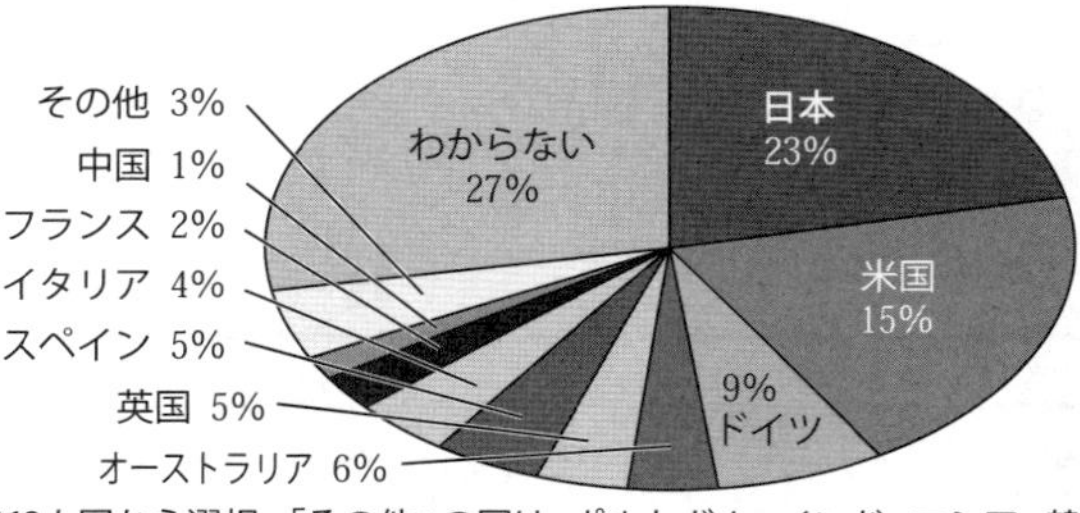

※13カ国から選択。「その他」の国は、ポルトガル、インド、ロシア、韓国。

図2-102&103の出典：「中南米地域5か国における対日世論調査結果」2015年、外務省

ブラジル　親日指数4　かなりの親日国

世界一の日系人大国ブラジル。その数一九〇万人は、ブラジルの全人口約二億八〇〇〇万人に占める割合としては一パーセントに満たないとはいえ、数としては相当多い。そしてその中から多数の有力者や著名人を輩出している。ペルーのように大統領こそ出ていないものの、大臣や軍の司令官、大物実業家をはじめ、スポーツや芸術分野、芸能界でも数々の人材が活躍している。そして現在、ブラジルは中南米きっての「かなりの親日国」である。

二〇一七年のBBCの世論調査でも、日本に対する評価は他の国を圧倒しており、日本が「世界に好影響を与えている」とした人は七割。それに対して「悪影響」は一五パーセントに止《とど》まっている（図2－104）。また、二〇一五年の外務省の世論調査では、実に九二パーセントもの国民が日本に親しみを感じていることがわかった（図2－105）。さらに同調査で、一〇カ国からブラジル人が「最も信頼できる」として選んだ第一位は日本であり、しかも第二位のドイツに二倍近い差をつけた（図2－106）。

面積	851万km²	日本の約22.5倍	人口	2億784万人	日本の約1.6倍
GDP	1兆7962億ドル	日本の約0.36倍	1人あたりGDP	8650ドル	日本の約0.22倍
輸出国	1)中国 2)米国 3)アルゼンチン 4)オランダ 5)ドイツ		在留邦人数	5万3400人	
輸入国	1)中国 2)米国 3)ドイツ 4)アルゼンチン 5)韓国		在日ブラジル人数	18万1000人	
主要援助国	1)ノルウェー 2)ドイツ 3)フランス 4)日本 5)英国				

図2-104 各国が世界に与えている影響/ブラジルの評価

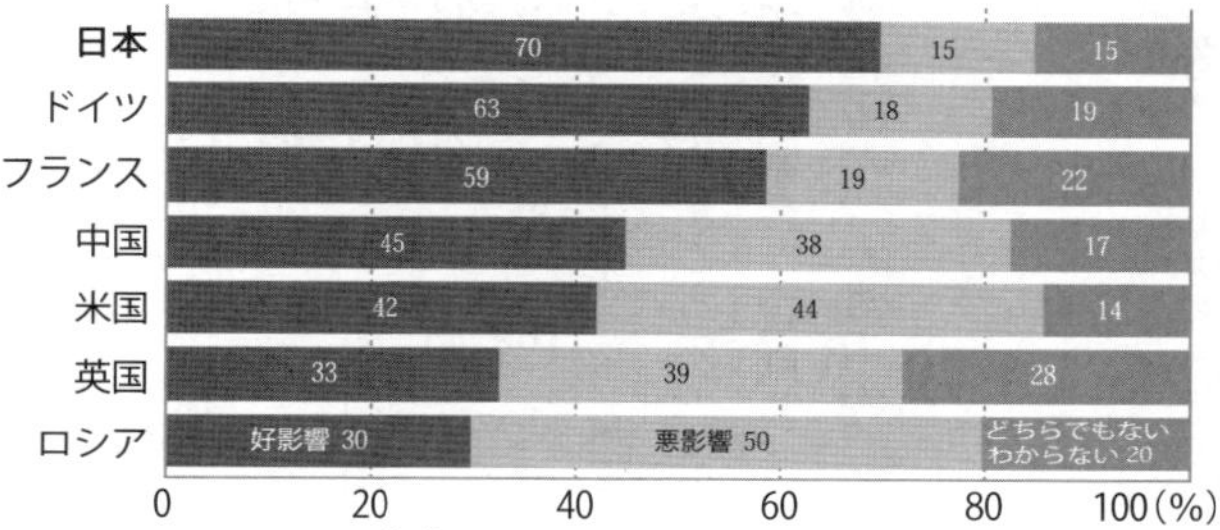

出典：BBC World Service global poll 2017

図2-105 ブラジルの対日親近感

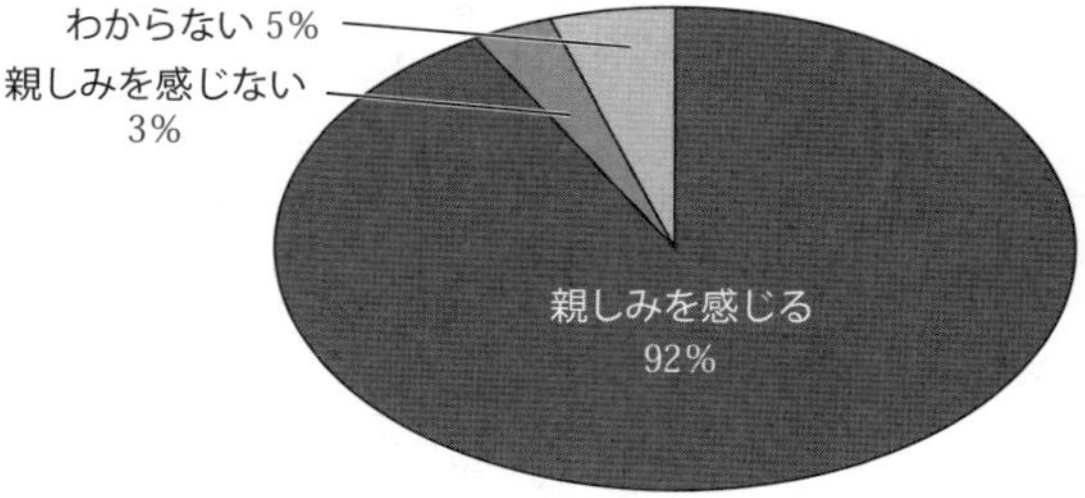

図2-106 ブラジルが最も信頼する国

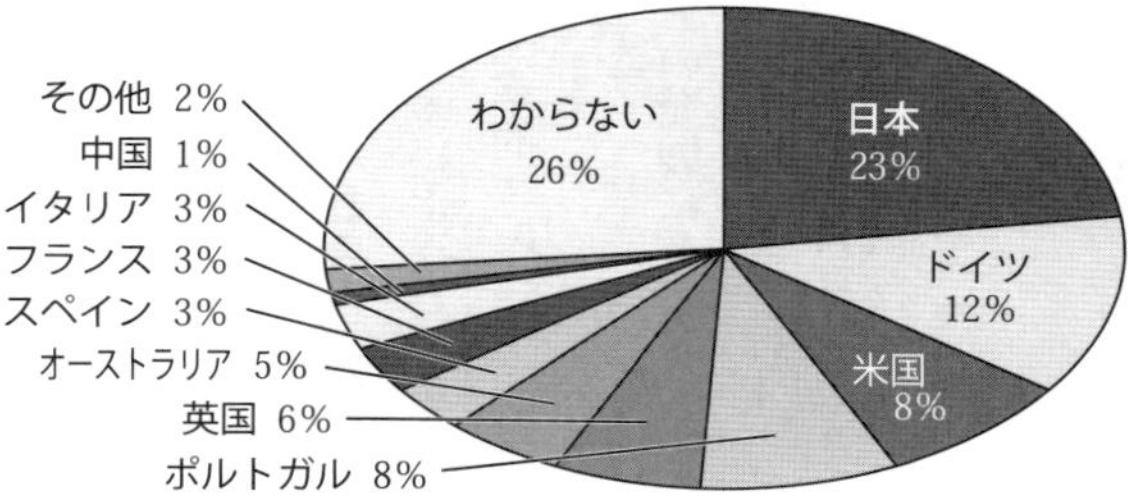

※13カ国から選択。「その他」の国は、インド、ロシア、韓国。
図2-105&106の出典：「中南米地域5か国における対日世論調査結果」2015年、外務省

ブラジルのこうした親日感情は、もちろん日本が長年にわたって経済支援を積み重ねてきたことも主な要因の一つだろう。しかしそればかりではなく、前述したように、日系人がブラジル国民からの信頼を着実に得てきたことも大きいと思われる。

しかし、本当のところ各国民は日系人をどのように見ているのか。メキシコ、ブラジル、コロンビア、チリの四カ国において、日系人についての印象を尋ねたところ、総じて、日系人は「勤勉・能率的」で「親切・礼儀正しい」と感じている人が多いようだ。その中でもコロンビア（図2-109）とチリ（図2-110）の国民には「勤勉・能率的」という印象が強いのに比べて、ブラジル（図2-108）では日系人を「誇り高く」て「正直・約束を守る」「信頼できる」人たちと思っているようだ。また、日系人が地域社会の発展に貢献していると評価している割合（「貢献している」と「どちらかといえば貢献している」の合計）はすべての国で非常に多かったものの、とりわけブラジルでの評価が高かった（図2-111）。

図2-107 メキシコにおける日系人に対する印象

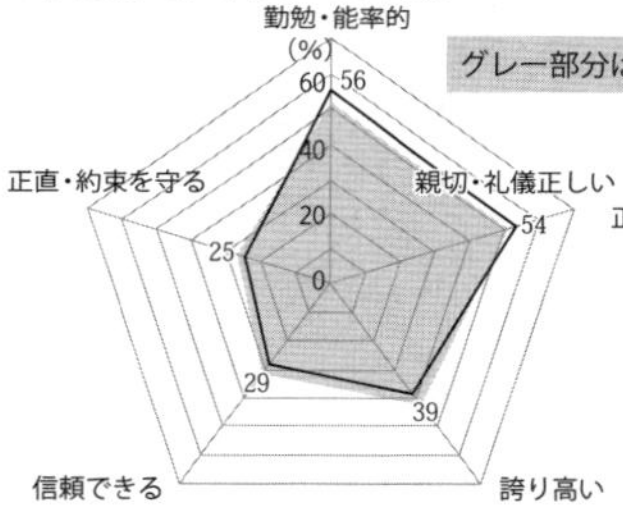

図2-108 ブラジルにおける日系人に対する印象

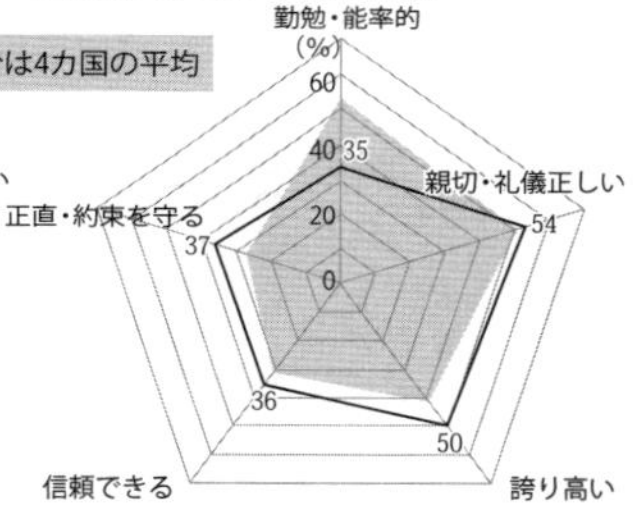

図2-109 コロンビアにおける日系人に対する印象

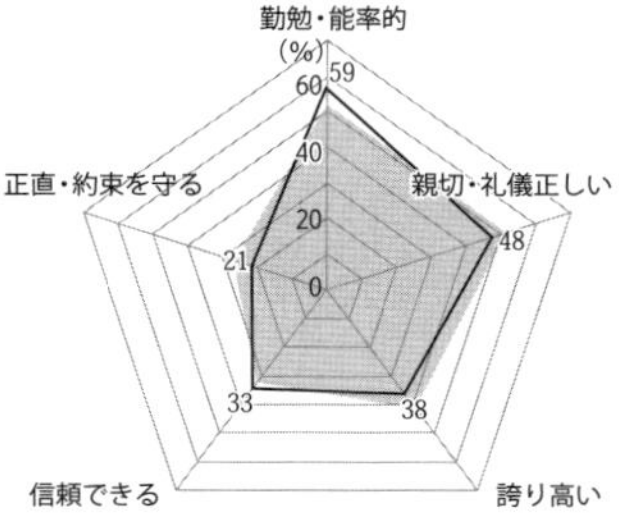

図2-110 チリにおける日系人に対する印象

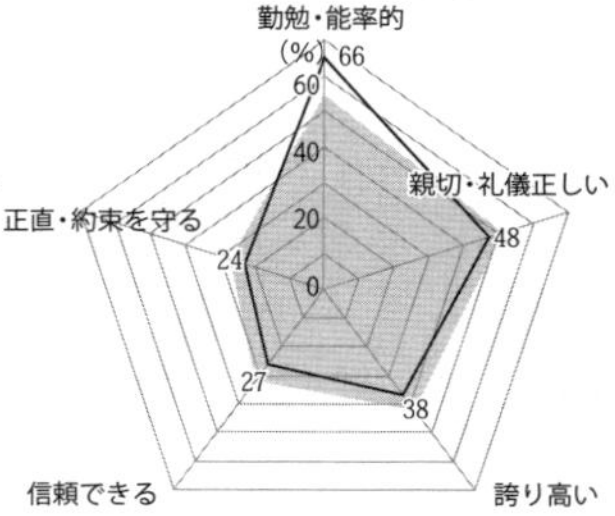

図2-111 日系人の地域社会発展への貢献/中南米4カ国の評価

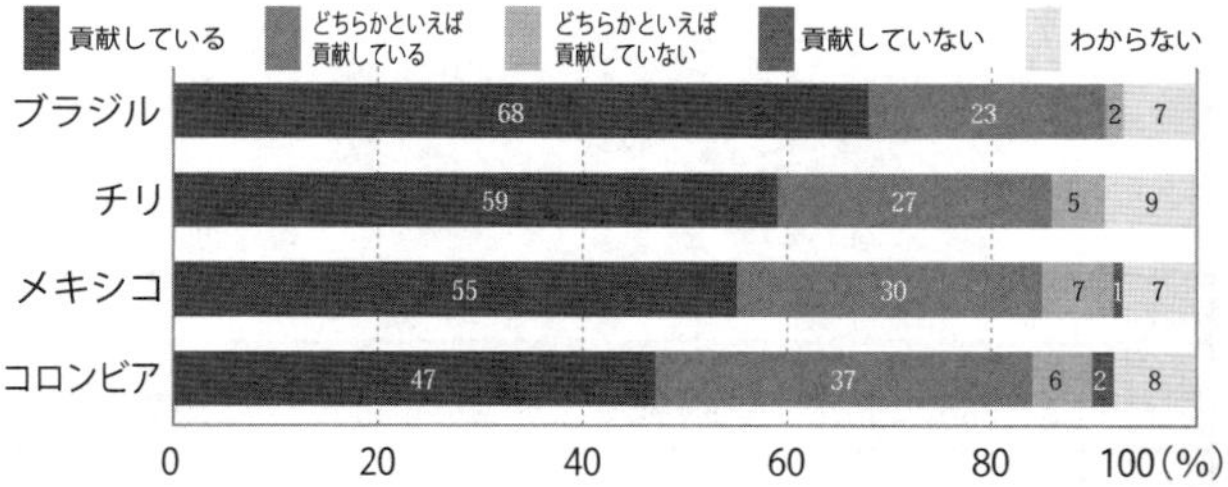

図2-107〜111の出典:「中南米地域5か国における対日世論調査結果」2015年、外務省

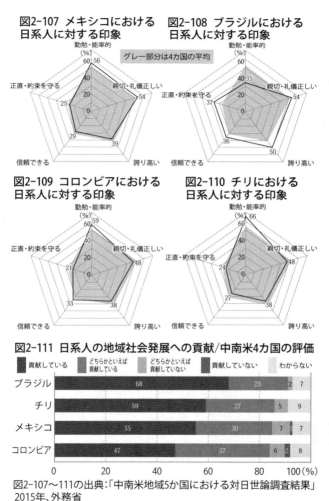

コロンビア　親日指数4　かなりの親日国

コロンビアの外交と経済は対米中心で、日本との直接的なつながりは弱い。たとえば経済関係でいえば、コロンビアの輸出総額に占める対日輸出はわずか一・五パーセント、輸入額でも二・三パーセント（共に二〇一五年）にすぎない。また、日本は長く経済援助をおこなってきているものの、コロンビア支援の中心は欧米諸国が担っている。

このように、コロンビア人にとって日本はさほど重要な国とは思えないにもかかわらず、日本への親近感は非常に強く（図2－112）、信頼も厚い（図2－113）。そして、「今後重要なパートナーになる国」として日本を挙げた人は米国よりかなり多い（図2－114）。こうした親日感情は、「勤勉・能率的」な日本人（図2－109）だからこそ先進工業国にのし上がったのだ、という敬意から生じていると思われる。

面積	114万km²	日本の約3倍	人口	4779万人	日本の約0.37倍
GDP	2825億ドル	日本の約17分の1	1人あたりGDP	5806ドル	日本の約7分の1
輸出国	1)米国 2)エクアドル 3)ペルー 4)ベネズエラ 5)メキシコ		在留邦人数	1368人	
輸入国	1)米国 2)中国 3)メキシコ 4)ドイツ 5)ブラジル		在日コロンビア人数	2485人	
主要援助国	1)米国 2)スウェーデン 3)ノルウェー				

図2-112 コロンビアの対日親近感

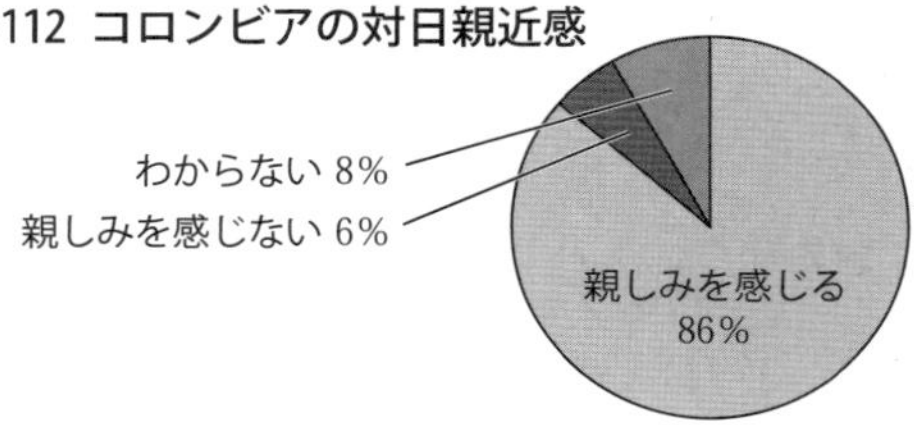

図2-113 コロンビアが最も信頼する国

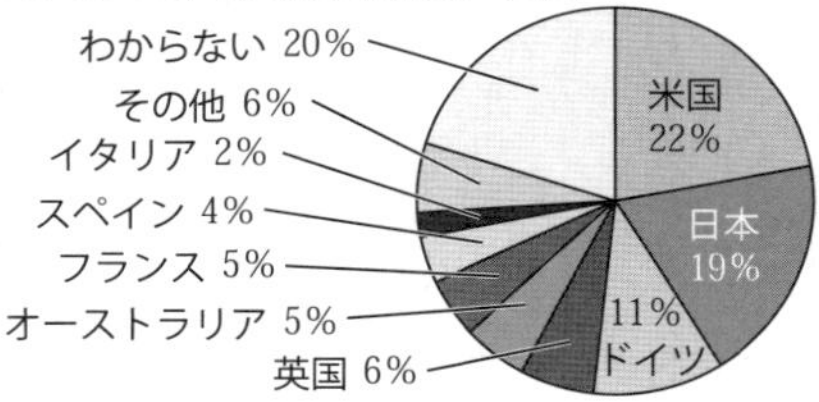

※13カ国から選択。「その他」の国は、中国、ポルトガル、インド、ロシア、韓国。

図2-114 コロンビアが今後重要なパートナーになると考える国

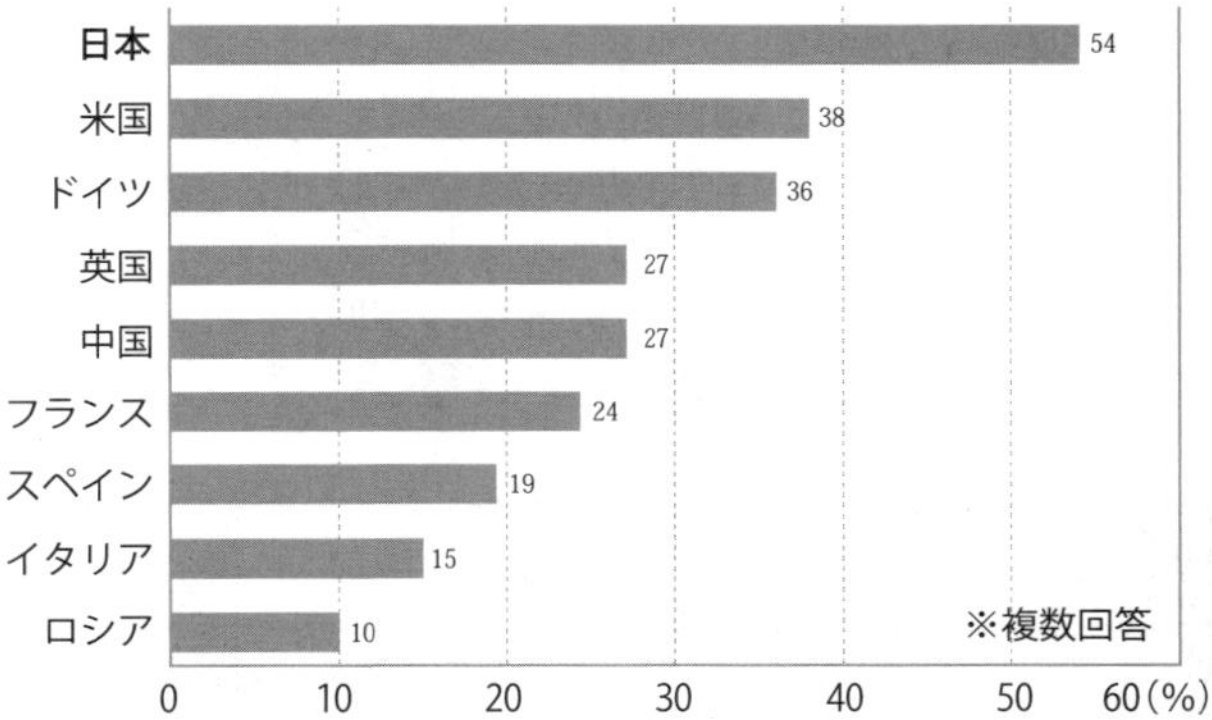

図2-112〜114の出典：「中南米地域5か国における対日世論調査結果」2015年、外務省

チリ　親日指数3　親日国

チリに暮らす日系人は現在およそ三〇〇〇人（図2―97）。ブラジルやペルーに比べてはるかに少ないが、チリにおける日系人の地域貢献に対する評価は高い（図2―111）。それに加えて、日本はチリにとって主要援助国の一つであり、また豊富な鉱物資源や水産資源を持つため、日本からの投資も活発におこなわれてきた。

二〇一五年の外務省の世論調査では、チリ人の対日感情は非常に良好で、日本に親しみを感じる人は九割近い（図2―115）。また、日本への信頼感も厚い（図2―116）。

二〇一三年のBBCの世論調査でも、日本への評価はブラジルに次いで高い（図2―117）。しかし、二〇〇七年以降の同調査で「好影響」が七割を超えたことが一度もないため、親日指数を3とした。

面積	75.6万km²	日本の約2倍	人口	1795万人	日本の約7分の1
GDP	2470億ドル	日本の約20分の1	1人あたりGDP	1万3793ドル	日本の約0.35倍
輸出国	1)中国 2)米国 3)日本 4)韓国 5)ブラジル			在留邦人数	1660人
輸入国	1)中国 2)米国 3)ブラジル 4)ドイツ 5)アルゼンチン			在日チリ人数	約870人
主要援助国	1)ドイツ 2)フランス 3)日本				

図2-115 チリの対日親近感

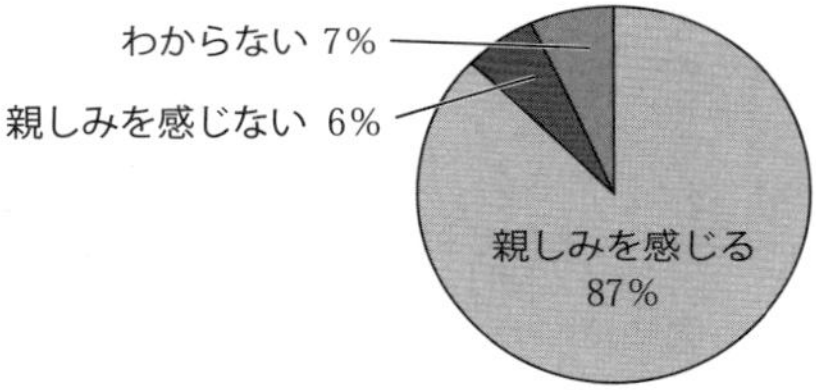

図2-116 チリが最も信頼する国

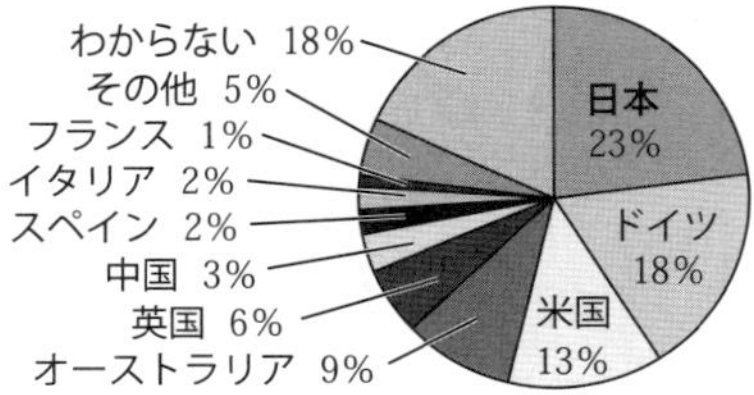

※13カ国から選択。「その他」の国は、ポルトガル、インド、ロシア、韓国。
図2-115&116の出典：「中南米地域5か国における対日世論調査結果」2015年、外務省

図2-117 各国が世界に与えている影響/チリの評価

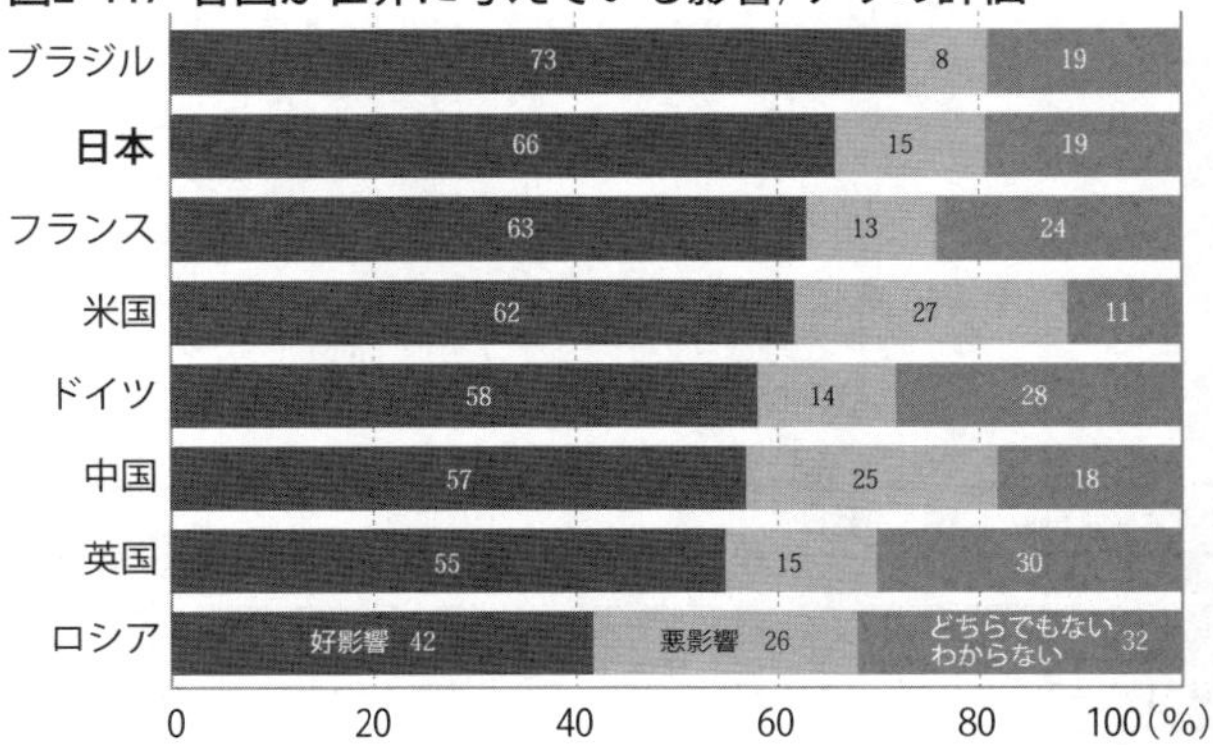

出典：BBC World Service global poll 2013

ペルー　親日指数2　友好国

「ペルーの日系人」といえば、まずアルベルト・フジモリ元大統領（在職、一九九〇〜二〇〇〇年）が思い浮かぶ。人口三〇〇〇万人を超える国での日系大統領の誕生は、日系人が広くペルー社会の信望を得ていたことの証《あかし》だろう。その後同氏は逮捕・収監されたが、長女のケイコ・フジモリ氏が二〇一六年の大統領選挙で敗れたとはいえ、現大統領と互角の票を集め、フジモリファミリーに対する根強い支持を見せつけた。

こうした政治情勢と対日評価がどの程度リンクしているのかは定かではないが、BBCの世論調査結果は芳《かんば》しくない。二〇一一年以降、日本の評価は続落しており（図2－119）、二〇一七年の調査では日本は主要国の中でいちばんの高評価だったものの、ペルー国民の四分の一が日本が「世界に悪影響を与えている」とみなしている（図2－118）。

面積	129万km²	日本の約3.4倍	人口	3115万人	日本の約4分の1
GDP	1921億ドル	日本の約26分の1強	1人あたりGDP	6046ドル	日本の約6分の1
輸出国	1)中国 2)米国 3)スイス 4)カナダ 5)日本		在留邦人数		3408人
輸入国	1)中国 2)米国 3)ブラジル 4)メキシコ 5)コロンビア		在日ペルー人数		4万7875人
主要援助国	1)米国 2)ドイツ 3)日本 4)スペイン				

図2-118 各国が世界に与えている影響/ペルーの評価

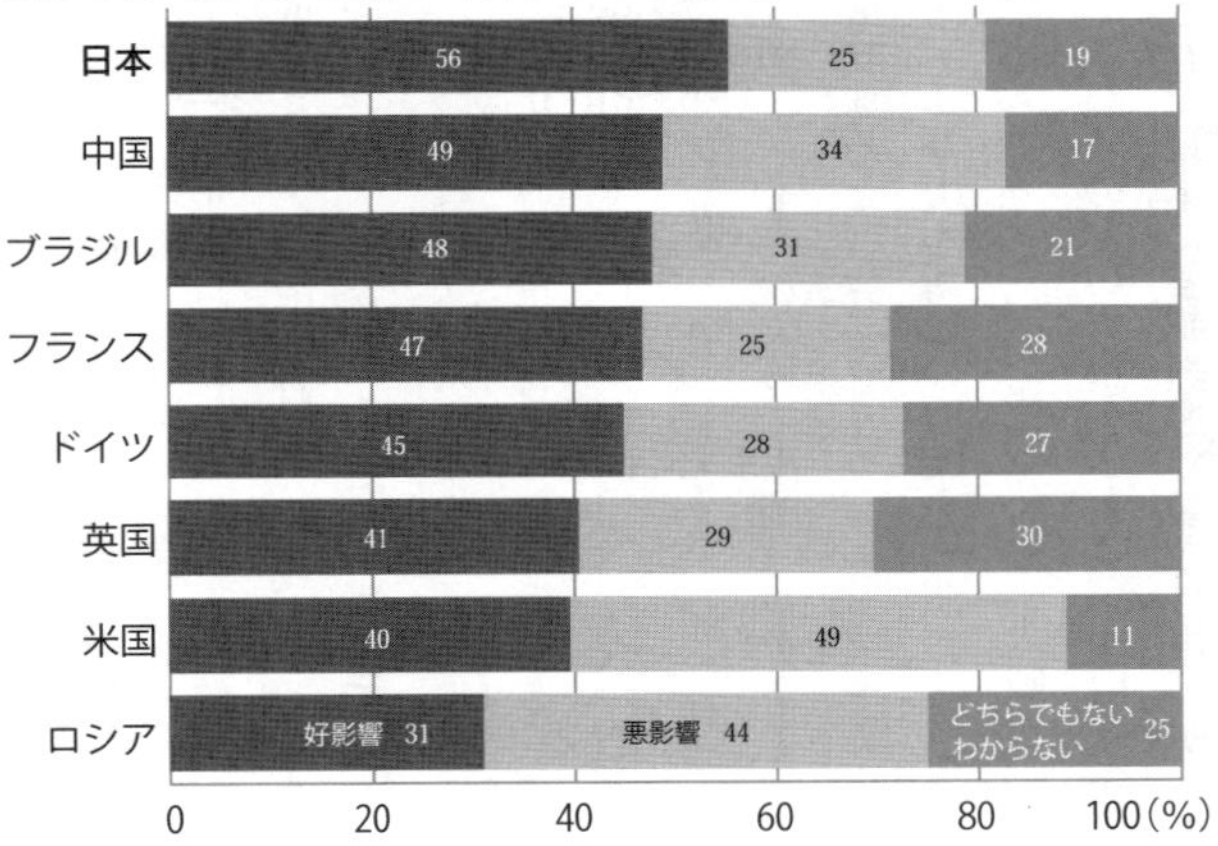

出典：BBC World Service global poll 2017

図2-119 日本が世界に与えている影響/ペルーの評価の推移

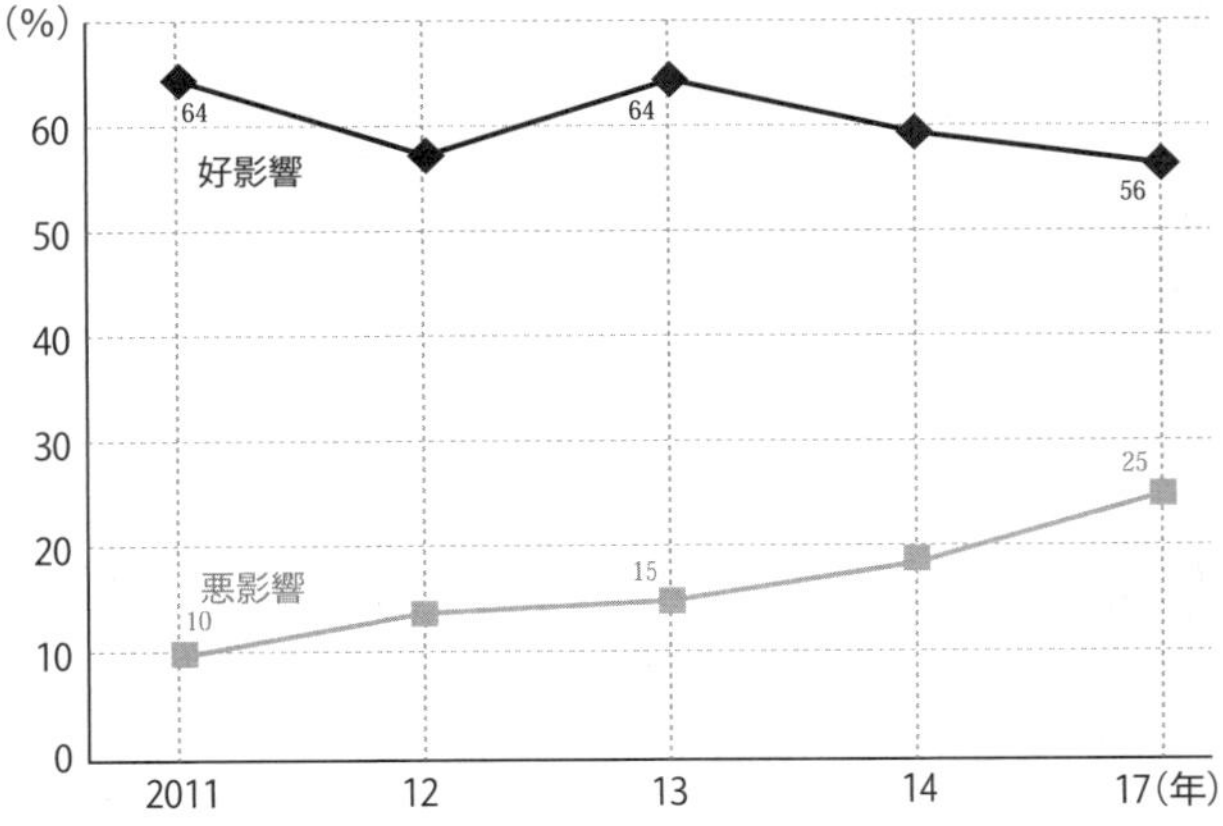

出典：BBC World Service global poll 各年版

コラム⑬　「日本のシュリーマン」天野芳太郎《あまのよしたろう》

二〇一五年五月、駐日ペルー大使が秋田県男鹿《おが》市を訪れ、故天野芳太郎氏（一八九八～一九八二年）の顕彰碑に献花した。天野はペルーで最も有名な日系人の一人。ペルー政府から文化功労勲章を受章した人物である。

男鹿市に生まれた天野は、二九歳のとき初めて南米に旅立った。しかし、父の死で急遽《きゅうきょ》帰国し、その後改めて出国。パナマで起業し成功すると、コスタリカ、エクアドル、ペルー、チリでも新しい事業を展開し、巨万の富を得た。ところが第二次世界大戦が勃発し、スパイの疑いで拘束される。全財産を没収され、日本に強制送還の憂《う》き目《め》に。が、戦後再びペルーに赴《おもむ》き、またしても一大財産を築いた。

その一方で、天野はチャンカイ遺跡に魅了され、私財をつぎ込み発掘調査に没頭した。チャンカイは一一～一五世紀頃に栄えたプレ・インカ（インカ帝国以前の文明）遺跡。当時はまだ欧米でも注目されず、天野の研究は学術的に価値が高かった。彼は自らの研究を社会に還元するために、収集物を展示する博物館も設立した。トロイ遺跡を発掘したドイツ人実業家シュリーマン。彼の伝記を夢中で読んでいた幼い日の天野少年は、長じて「日本のシュリーマン」と称された。

アルゼンチン　親日指数2　友好国

アルゼンチンは伝統的に日本と友好関係にある。両国の間には互いに貸しもあれば借りもある。日露戦争開戦前、戦力が劣《おと》る日本に、アルゼンチンはイタリアに発注済みの軍艦二隻を譲ってくれた。当時対立していたチリと和平条約を結んだことで不要になったからだ。逆に、一九八二年のフォークランド紛争で、英国に戦争を仕掛けて敗れたアルゼンチンに対し、英国は経済制裁を科すよう打診してきたが、日本は拒否した。

そして現在約六万五〇〇〇人の日系人が暮らすアルゼンチン。もっと親日的かと思えば、二〇一四年のＢＢＣの世論調査では「友好国」止まりである（**図2－120**）。

図2-120 日本が世界に与えている影響/アルゼンチンの評価

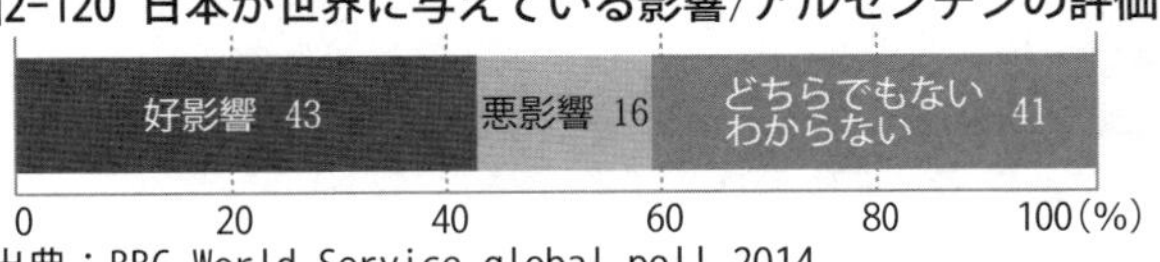

出典：BBC World Service global poll 2014

面積	278万km²	日本の約7.5倍	人口	4341万人	日本の約3分の1
GDP	5459億ドル	日本の約9分の1	1人あたりGDP	1万2449ドル	日本の約3分の1
輸出国	1)ブラジル 2)EU 3)米国 4)中国 5)チリ		在留邦人数	1万1726人	
輸入国	1)ブラジル 2)中国 3)EU 4)米国 5)メキシコ		在日アルゼンチン人数	約2630人	
主要援助国	1)ドイツ 2)フランス 3)日本 4)イタリア 5)スペイン				

親日指数2　友好国

トリニダード・トバゴ

カリブ海の島嶼国トリニダード・トバゴ。日本との関係は歴史的にも経済的にも薄く、日本からの援助実績もごくわずか。二〇一六年の貿易額も、対日輸出が約八三億円、対日輸入が一七〇億円である。

同国は日本人にはあまり馴染《なじ》みがないが、それはかの国も同じで、二〇一四年に外務省が実施した世論調査結果では、対日親近感を問うた設問に対して、「わからない」が三五パーセントも占めていた（**図2－121**）。これは、日本をよく知らない人が多いことを示していると思われるが、それでも日本に「親しみを感じる」とした人が四五パーセントもいたことには驚く。

図2-121　トリニダード・トバゴの対日親近感

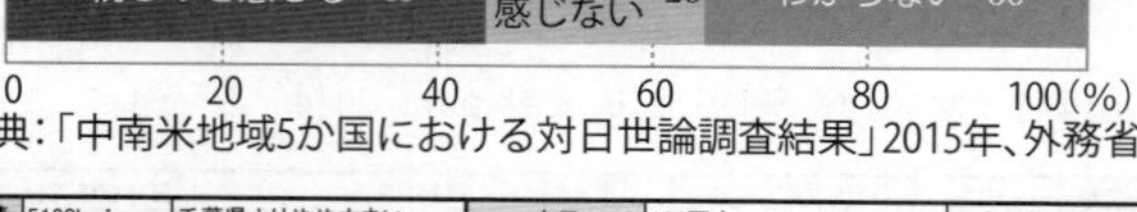

出典：「中南米地域5か国における対日世論調査結果」2015年、外務省

面積	5130km²	千葉県よりやや大きい	人口	136万人	日本の約93分の1
GDP	210億ドル	日本の約235分の1	1人あたりGDP	1万5377ドル	日本の約5分の2
輸出国	1）米国 2）EU 3）ジャマイカ 4）バルバドス			在留邦人数	43人
輸入国	1）米国 2）ガボン 3）コロンビア 4）EU			在日トリニダード・トバゴ人数	79人
主要援助国	1）米国 2）オーストラリア 3）フランス 4）ドイツ				

その他米州諸国の親日度

南米では他に、ボリビアやパラグアイなどが親日国として知られている。そのうち、ボリビアについて簡単に紹介する。また、中米地域（六カ国）についてもざっと述べるが、この地域についてはBBCが二〇〇八〜一〇年に世論調査を実施している（ベリーズは除外）ものの、国別の集計結果は発表されていないので、ここでは二〇一〇年の地域一括データを紹介する。したがって、どちらの記述も参考程度と考えていただきたい。

■ボリビア　かなりの親日国。二〇〇六〜一五年の一〇年間における日本からの二国間ODAの総額は、中南米ではペルー、ブラジル、パラグアイに次ぐ第四位の規模。日系人口も一万一三五〇人を数え、中南米ではメキシコに次ぐ第五位である（**図2－97**）。二〇〇八年にボリビアの国立大学と高等技術専門学校の学生や教職員六〇人を対象に、日本人客員教授が実施した意識調査では、日本に「とても好感を持っている」人が五一パーセント、「ある程度好感を持っている」人が四七パーセントに上った。合計すると九八％。もし仮に標本数が多くて、かつ知識人に限定しないでこの数値なら、文句なしにボリビアが「絶対的な親日国」といえるのだが……。

図2-122 各国が世界に与えている影響/中米地域の評価

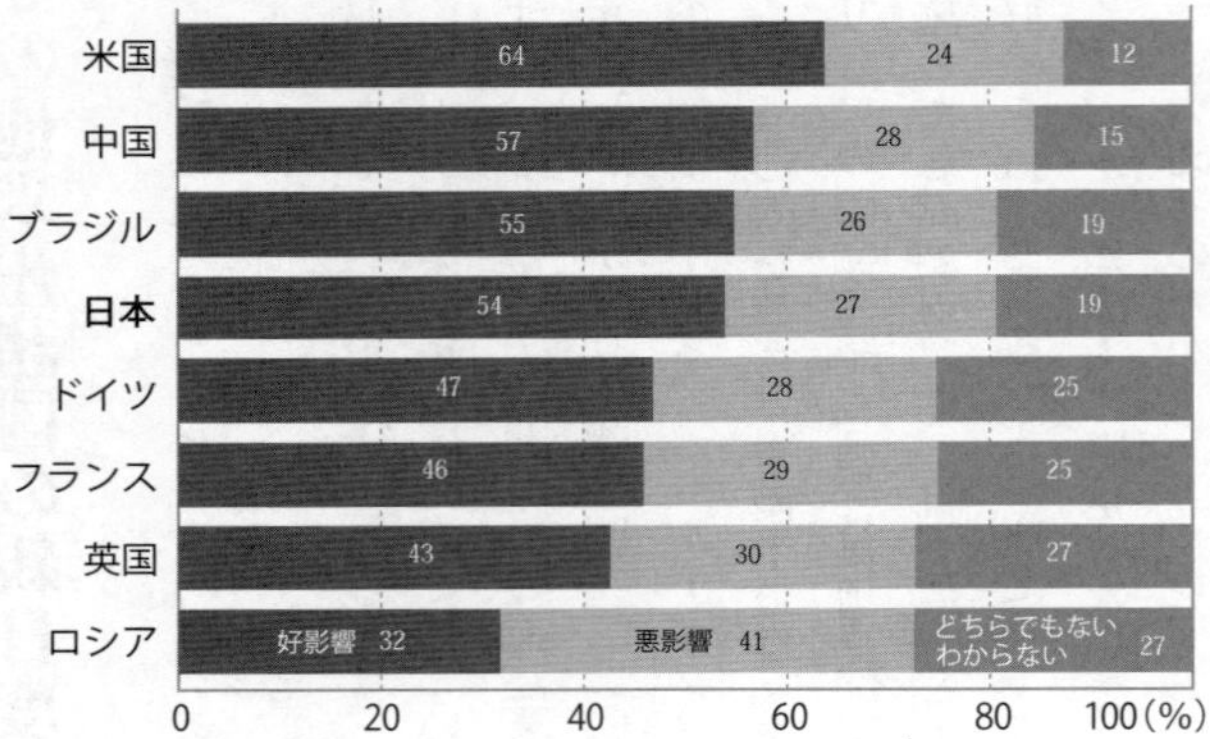

出典：BBC World Service global poll 2010

■**中米地域（グァテマラ、エルサルバドル、ホンジュラス、ニカラグア、コスタリカ、パナマ）** 友好地域。「米国の裏庭」と呼ばれる中米地域は米国重視の土地柄。それに対して日系移民がほとんどいないこともあり、欧州諸国より高いとはいえ、日本への評価は「友好国」止まりだ。なお、近年中国の中米地域への投資が活発化しており、二〇一〇年の時点で、中国に対する評価は日本より高く、米国に迫っている。おそらく現在はもっと高くなっているだろうと推測される。

三章

米国・中国・韓国・ロシアの対日感情

米国　親日指数3　親日国

本章では、日本ととくに関係が深い米国、中国、韓国、ロシアの四カ国における対日観を詳しく見ていきたい。最初は同盟国の米国である。

米国は先の大戦で日本と戦火を交え、数多くの犠牲者を出した。しかし戦後は日米安全保障条約を結び、日本を核の傘で守ってくれている。ただその一方で、日米はしばしば貿易不均衡で対立してきた。

では現在、米国民は日本をどう見ているのか。二〇一七年に実施された新聞通信調査会（**図3－1**）とBBC（**図3－2**）の世論調査結果を見る限り、米国が親日であることは疑いない。もっとも、前述のように米国の対日感情がつねに良好だったわけでない。**図3－3**に米世論調査会社ギャラップ社による対日好感度調査の長期データを示した。これは、日本に対して「好感が持てる」（「とても好感が持てる」と「まあ好感が持てる」の合計）と回答した人と、「好感が持てない」（「まったく好感が持てない」と「あまり好感が持てない」の合計）とした人の割合の推移。九〇～九五年に米国の巨大な貿易赤字

面積	963万km²	日本の約25倍	人口	3億875万人	日本の約2.4倍
GDP	18兆5691億ドル	日本の約3.8倍	1人あたりGDP	5万7467ドル	日本の約1.5倍
輸出国	1)カナダ 2)メキシコ 3)中国 4)日本 5)英国		在留邦人数	41万9610人	
輸入国	1)中国 2)カナダ 3)メキシコ 4)日本 5)ドイツ		在日アメリカ人数	5万2271人	

図3-1 米国の対日信頼度

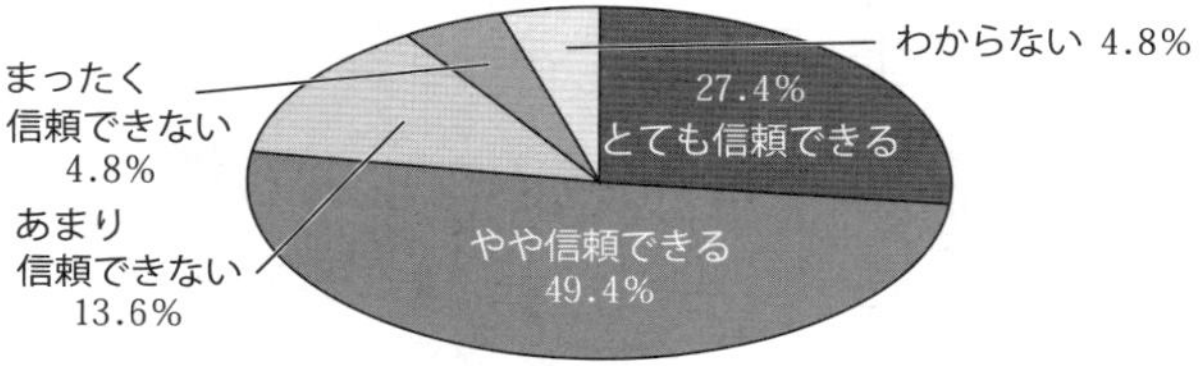

出典：「第3回 諸外国における対日メディア世論調査2017」新聞通信調査会

図3-2 日本が世界に与えている影響/米国の評価

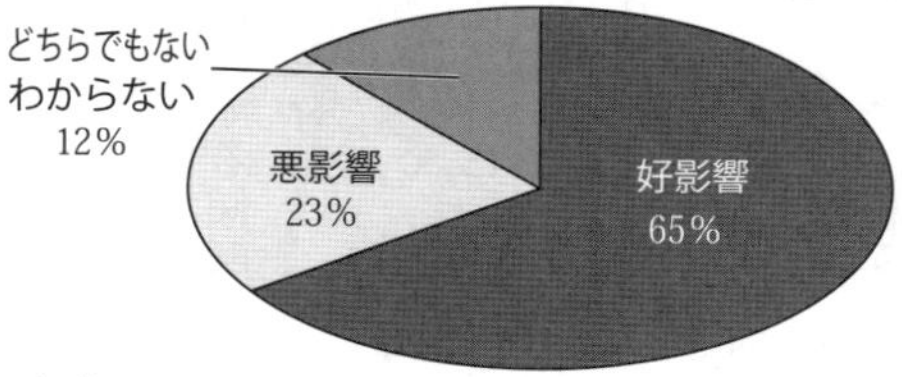

出典：BBC World Service global poll 2017

図3-3 米国の対日好感度の推移

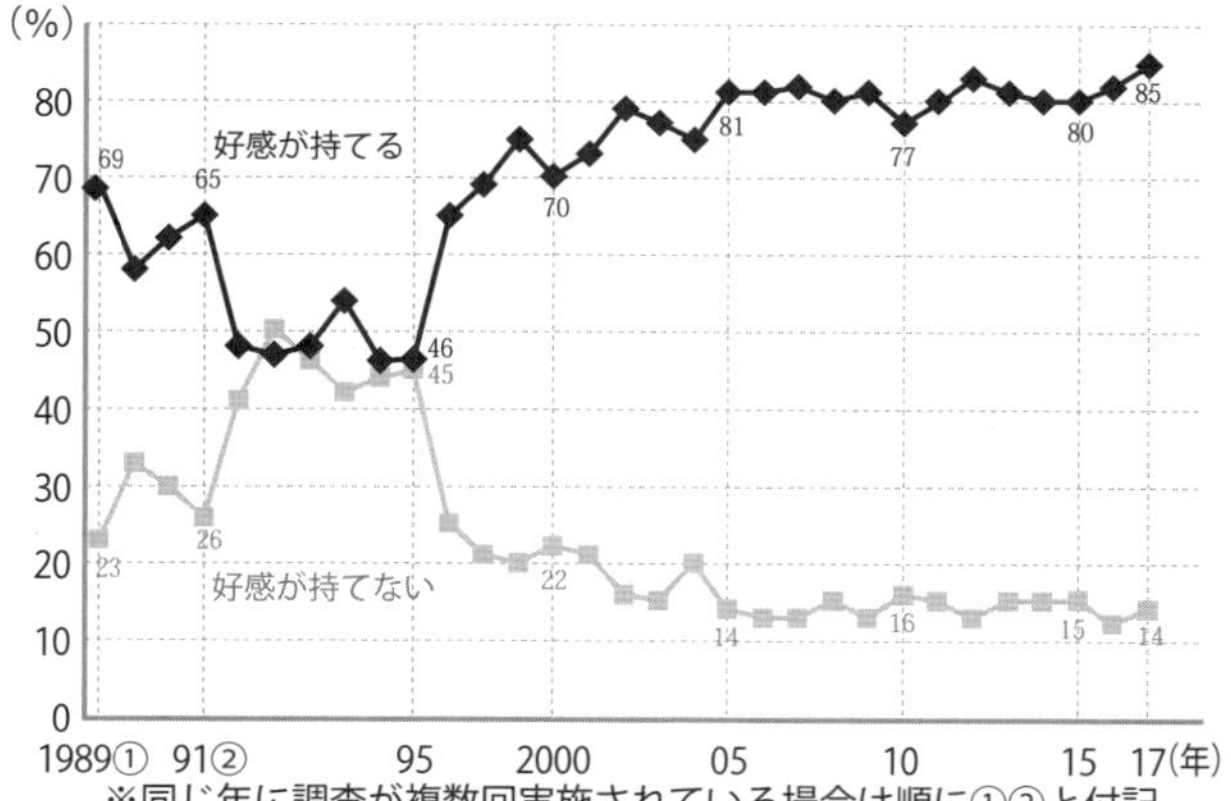

※同じ年に調査が複数回実施されている場合は順に①②と付記。

出典：Country Ratings/ Gallup Historical Trends

を背景に対日感情が悪化したものの、その後は順調に好感度が増している。なお、この間、日本の対米感情は「好感が持てる」人が概ね七～八割以上を維持していた。

一方、他国との比較となると、米国は日本より人種的・歴史的に密接なつながりのある欧州諸国等の白人国家をより信頼する傾向にある。**図3－4**は、英国の世論調査会社ユーガブ社が二〇一七年二月に米国民を対象に、一四四カ国の中から無作為に選んだ国について、米国の味方か敵かを尋《たず》ねた結果である。「味方」とした人が多かったトップは英国で、日本は第八位だった。なお、ユーガブ社は回答者の人種や性別などを考慮してデータに独自の評価付けをした結果を発表しており、ここでは示していないが、それによると日本の「味方」としての順位は第二一位、中国は第一二九位だった。

日米安全保障条約は日本の安全保障の要《かなめ》であるが、それについて米国民の八割以上が「維持すべき」と考えている（**図3－5**）。他方、日本は防衛力を「増強すべき」と考えている人が六割近くおり（**図3－6**）、日本の自助努力も必要だという認識を示している。

図3-4 米国にとって「味方」と「敵」

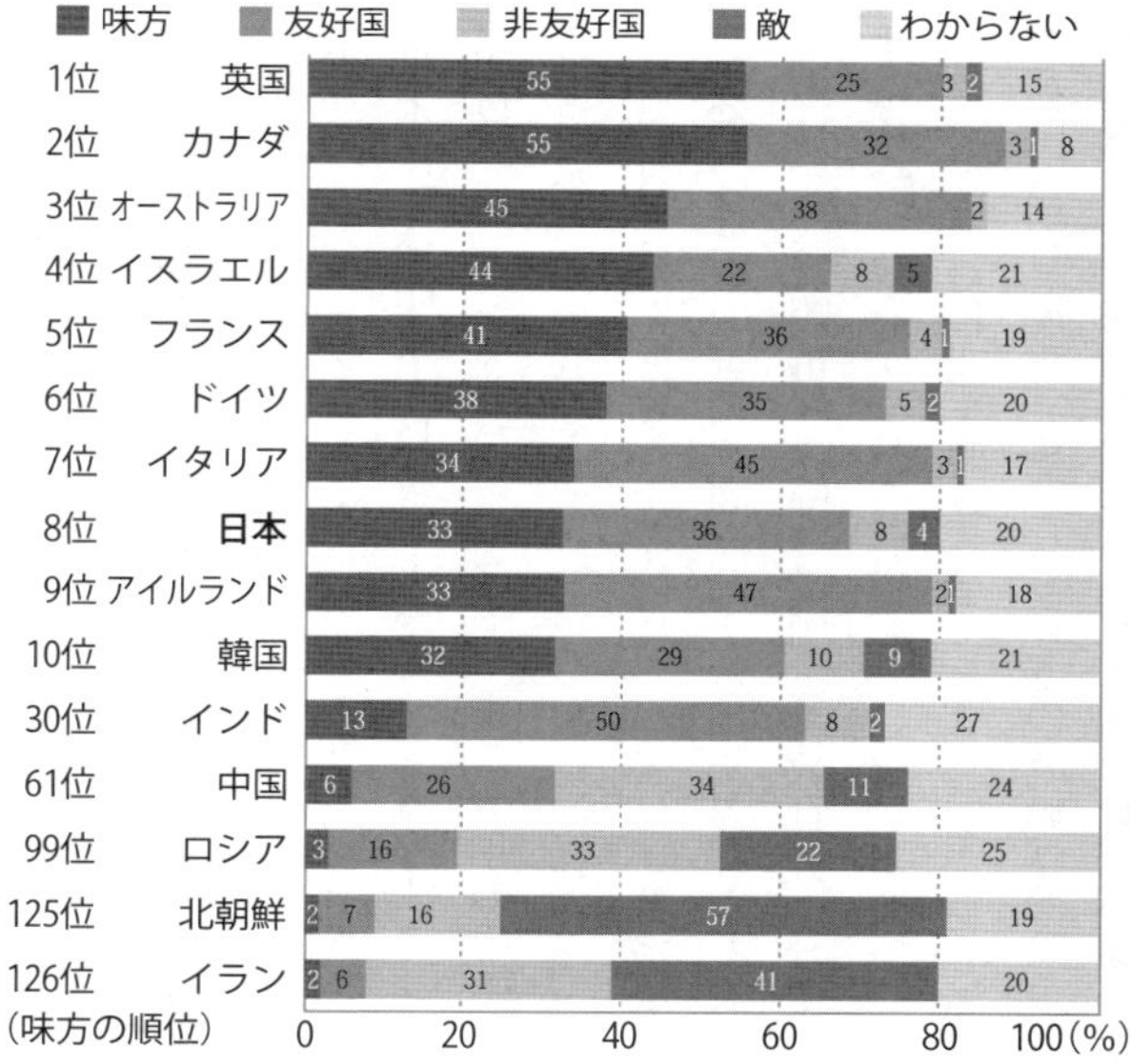

出典： America's Friends and Enemies　2017, YouGov

図3-5 日米安全保障条約を維持すべきか/米国の意識

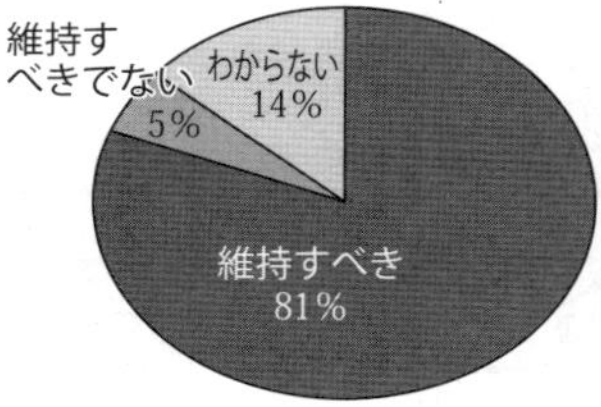

図3-6 日本は防衛力を増強すべきか/米国の意識

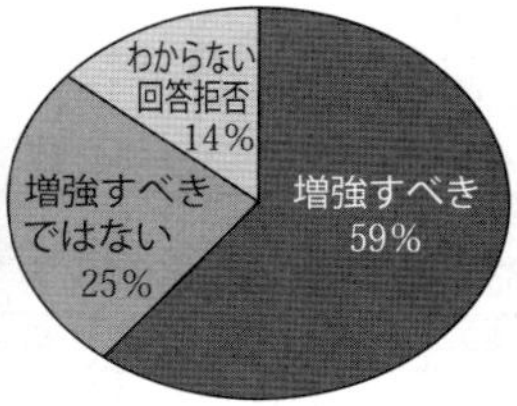

図3-5&6の出典：「米国における対日世論調査」2016年, 外務省

中国　反日国

現在の中国は紛《まぎ》れもなく反日国家だが、先の大戦後ずっと反日だったわけではない。今では信じにくいが、じつは九〇年代半ばまで日本を肯定する人が多数派だった時期がある。一九九五年に読売新聞が実施した世論調査では、「日本によい印象を持つ」人が五二・五パーセントだったのに対して、「悪い印象」は三七・八パーセント。また翌年の中国復旦《ふくたん》大学の調査でも、日本肯定派が三九・五パーセントで、否定派は一〇・二パーセントだった。

その後に対日感情が悪化した原因については、経済成長に伴う中国人の自尊心の回復や、日本の首相や閣僚による靖国《やすくに》参拝なども指摘されるが、いちばんの理由は、天安門《てんあんもん》事件以降、愛国主義教育によって民主化から国民の目を逸《そ》らすために、政府が反日を誘導したことである。

二〇一七年の対日観を**図３－７**（ＢＢＣの調査）と**図３－８**（新聞通信調査会の調査）に示したが、どちらも日本の評価は悪いとはいえ、日本を肯定する人も二割ほどいる。また長期的な推移に関しては、ここでは認定ＮＰＯ法

面積	960万km²	日本の約26倍	人口	13億7600万人	日本の約11倍
GDP	11兆1991億ドル	日本の約2.3倍	1人あたりGDP	8123ドル	日本の約5分の1
輸出国	1)米国 2)EU 3)香港 4)ASEAN 5)日本			在留邦人数	約12万8000人
輸入国	1)EU 2)ASEAN 3)韓国 4)米国 5)日本			在日中国人数	約69万5000人
主要援助国		1)ドイツ 2)フランス 3)米国 4)ノルウェー 5)オーストラリア ※2013年			

図3-7　日本が世界に与えている影響/中国の評価

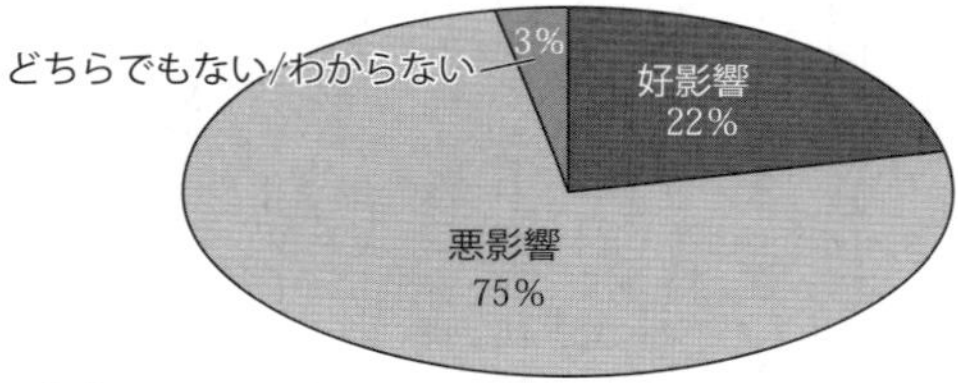

出典：BBC World Service global poll 2017

図3-8　中国の対日信頼度

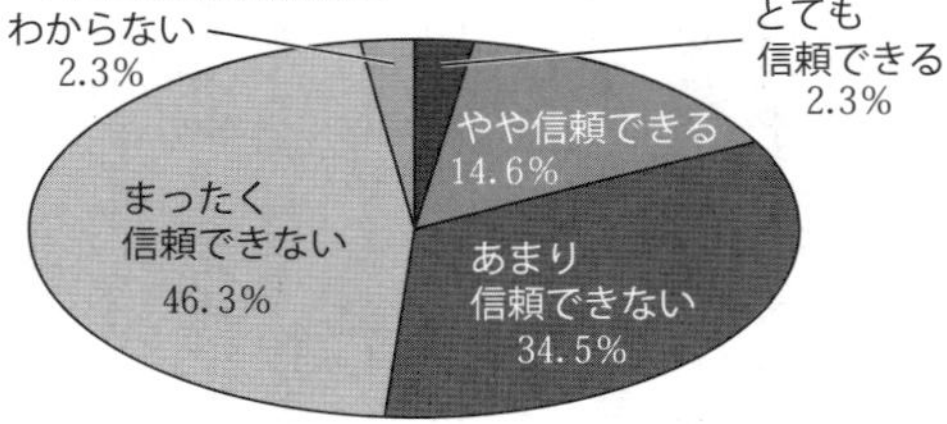

出典：「第3回　諸外国における対日メディア世論調査2017」
新聞通信調査会

図3-9　中国の対日印象の推移

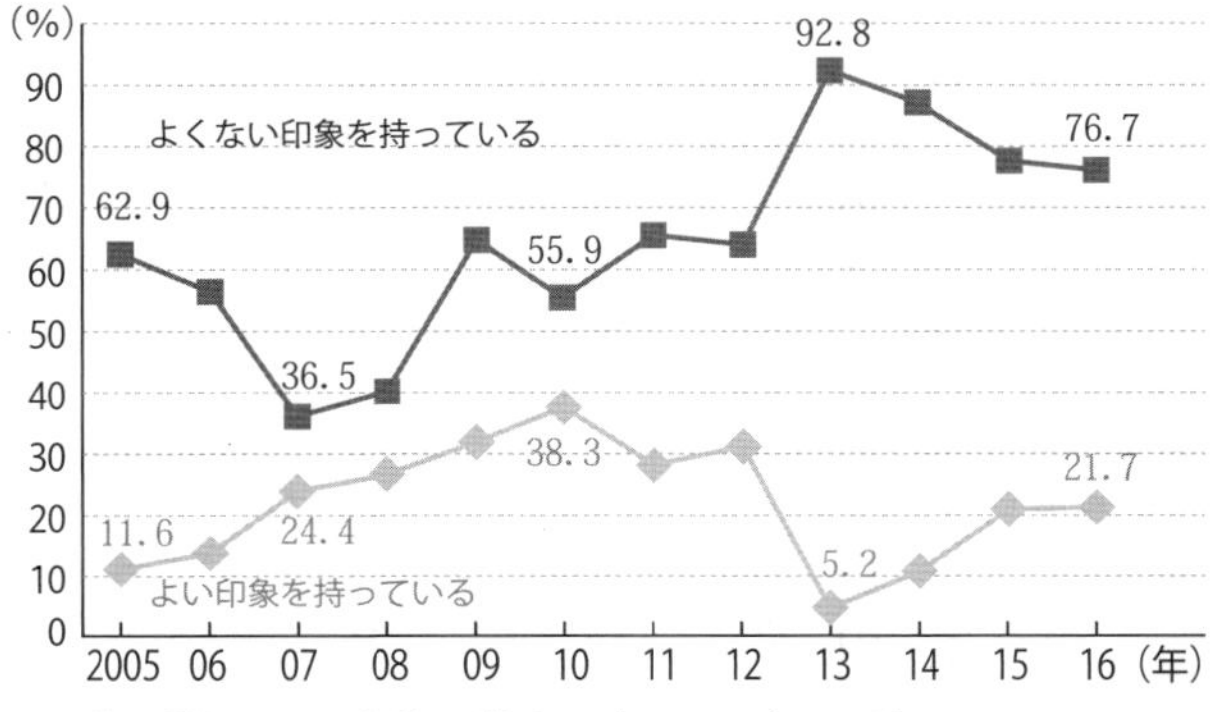

出典：「第12回日中共同世論調査」2016年、言論NPO

人「言論NPO」による二〇〇五～一六年の「日中共同世論調査」結果を示した（**図3－9**）。このグラフで二〇一三年に対日印象が急落したのは、前年に日本が尖閣諸島を国有化したためだ。

二〇一六年の言論NPOの調査結果によると、日本に対する印象がよくない理由として中国側が挙げるのは、第一に「中国を侵略した歴史を謝罪・反省しない」こと、第二にほとんど同率で「尖閣諸島（中国名・釣魚島）を国有化した」ことである（**図3－10**）。一方、日本人の間にも中国の覇権主義や国際法を無視した独善的行動に反中感情が広がっている。この調査では、中国によくない印象を持つ日本人は九一・六パーセントに達し、中国人が日本によくない印象を持つ割合（七六・七パーセント）をかなり上回った。

ただ、**図3－9**にも表われているが、ここ数年中国の反日感情に改善の兆《きざ》しも見られ、同様の傾向はBBCの調査結果にも見られる（**図3－11**）。その理由の一つは、訪日中国人が増えたことだろう。中国の政府やメディアが伝えるものとは異なる日本・日本人に触れて対日意識が変わったという人は多い。そしてその経験をSNSで拡散しているのだ。

図3-10 中国が日本によくない印象を持つ理由

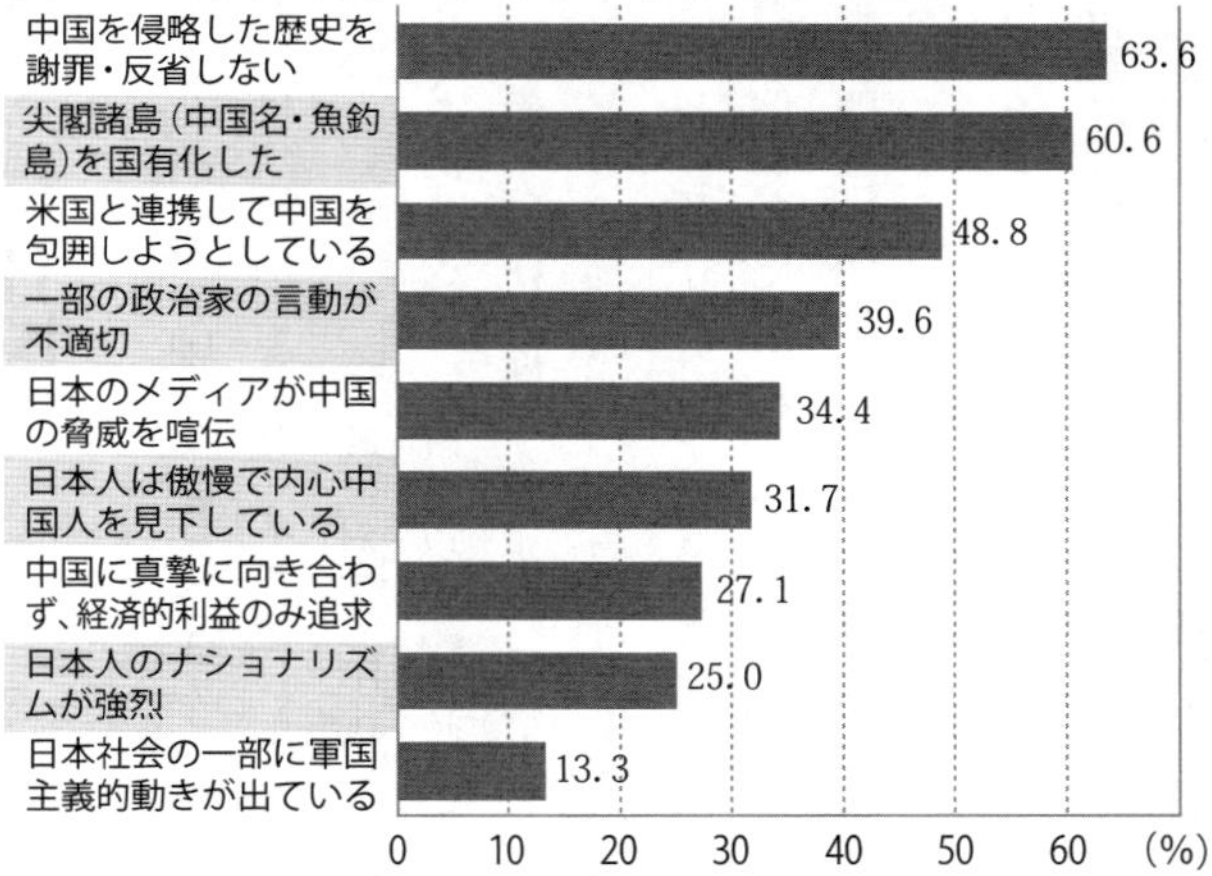

出典：「第12回日中共同世論調査」2016年、言論NPO

図3-11 日本が世界に与えている影響/中国の評価の推移

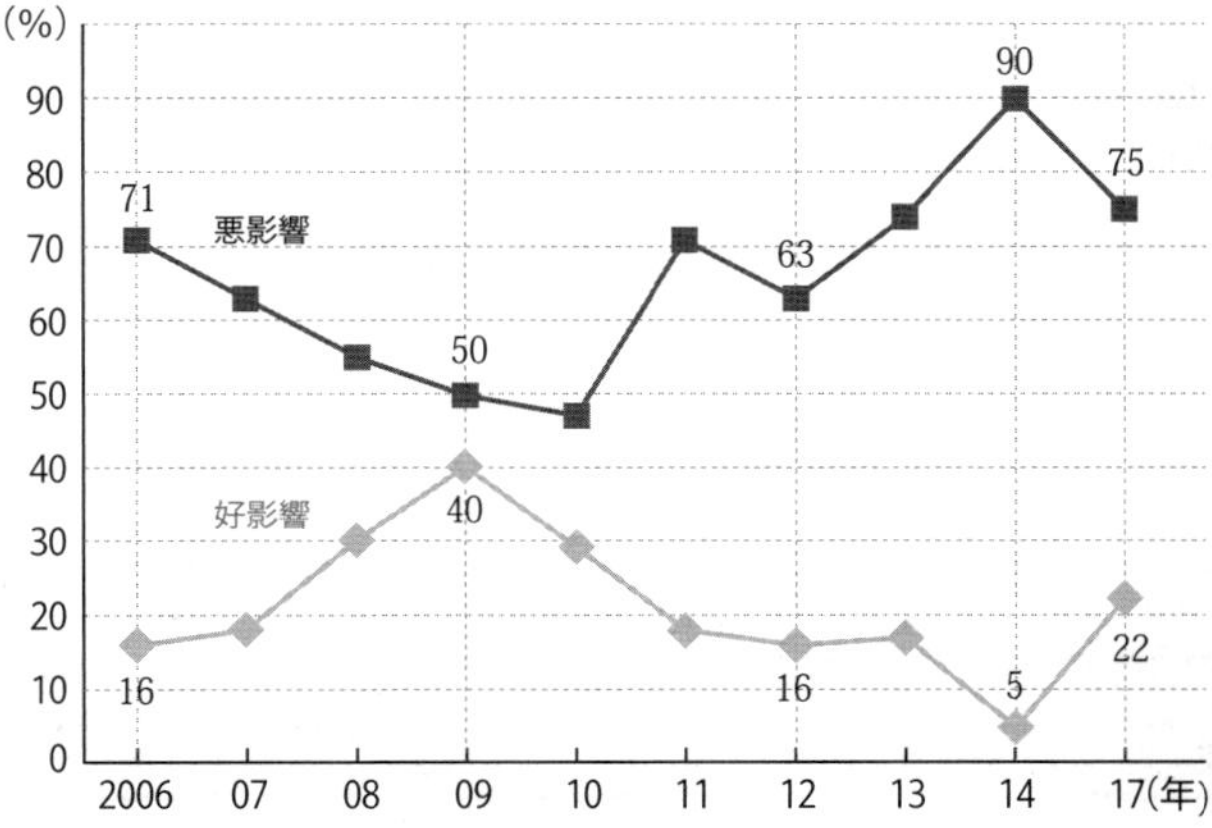

出典：BBC World Service global poll 各年版

韓国　反日国

中国と並ぶ反日国家・韓国。先の大戦後、初代大統領・李承晩《りしようばん》は、徹底した反日政策で国をまとめようとした。元々独立運動家だった李が反日なのは当然といえるが、失政に対する国民からの批判の矛先を変えるのに反日を利用した面もあり、それが以後韓国政治の伝統となった。また、竹島《たけしま》（韓国名、独島《ドクト》）の不法占拠も李政権時に端《たん》を発している。

もっとも、日韓の間にも雪解けムードの時期があった。ドラマ「冬のソナタ」の日本での大ヒット、Kポップスの流行、サッカー・ワールドカップの日韓共催などに沸いた二〇〇〇年代前半である。では現在の対日感情はどうか。新聞通信調査会による二〇一七年の世論調査結果では、日本を「信頼できない」（「あまり信頼できない」と「まったく信頼できない」の合計）は八五・七パーセントに達している（**図3－12**）。それに比べると、言論NPOによる世論調査結果はずいぶんマイルドである（**図3－13**）。二〇一七年日本に「よくない印象を持っている」韓国人はわずか（?）五六・一パーセント。

面積	10万km²	日本の約4分の1	人口	5150万人	日本の約5分の2
GDP	1兆4112億ドル	日本の約0.29倍	1人あたりGDP	2万7539ドル	日本の約0.7倍
輸出国	1)中国 2)米国 3)香港 4)ベトナム 5)日本		在留邦人数	3万8060人	
輸入国	1)中国 2)日本 3)米国 4)ドイツ 5)台湾		在日韓国人数	49万7707人	

図3-12 韓国の対日信頼度

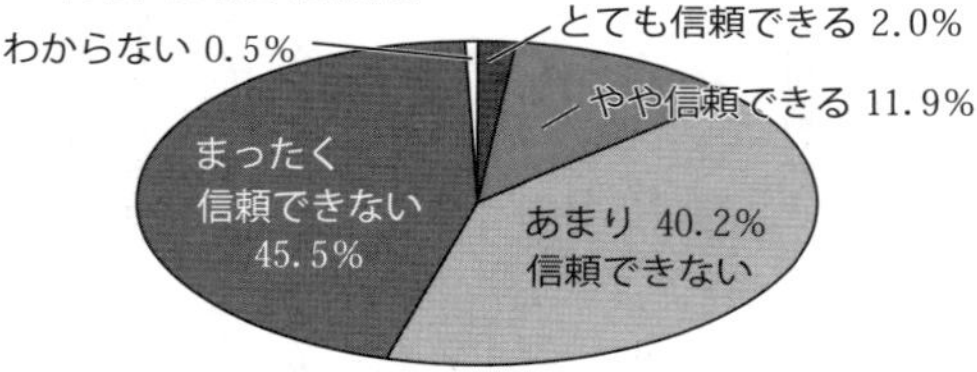

出典：「第3回 諸外国における対日メディア世論調査2017」新聞通信調査会

図3-13 韓国の対日印象の推移

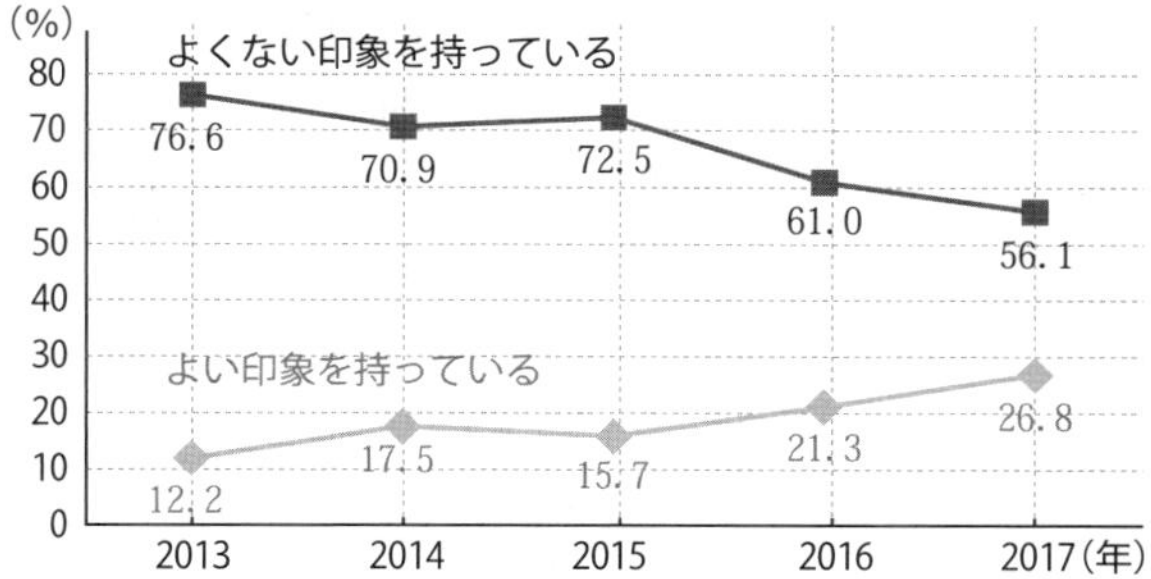

図3-14 韓国が日本によくない印象を持つ理由

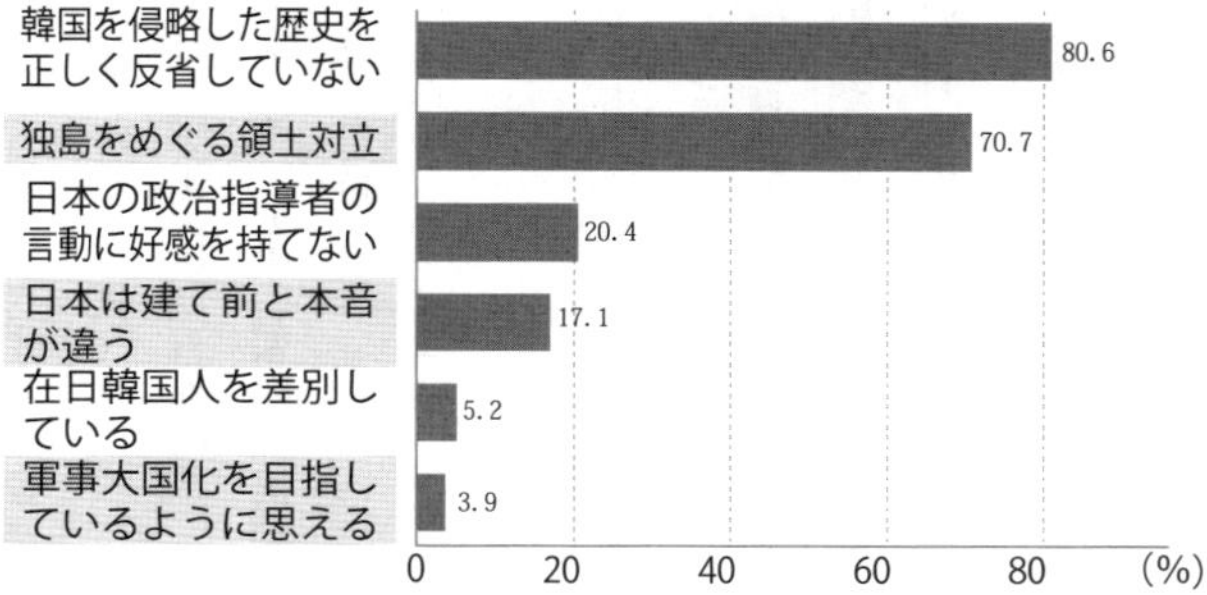

図3-13&14の出典：「第5回日韓共同世論調査」2017年、言論NPO

しかもこの五年間、対日印象はかなり改善している。**図3－14**に、日本に対する印象がよくない理由を列挙したが、第一位と第二位は中国と同じ、歴史認識と領土問題である。

一方、最近韓国からの訪日客数が激増していることから、韓国は本当に反日なのかという声が聞こえるようになった。それに関連して衝撃的なデータがある。前出の新聞通信調査会の調査結果（**図3－15**）で、日本に「好感が持てる」（「とても好感が持てる」と「やや好感が持てる」の合計）とする韓国人の割合が全体として三〇パーセントだったのに対して、一〇代ではそれがじつに七八・六パーセントにも達していたのである。もはや韓国の一〇代は「かなりの親日」集団といえる。彼らには政府や職業右翼の反日扇動に惑《まど》わされずに、このまま親日家に育ってもらいたいと願うばかりである。

また、二〇一七年の中央日報と慶熙《キヨンヒ》大学が共同で実施した世論調査結果も、韓国で話題を呼んだ。「世界で最も魅力的な国民」として、日本が第二位になったのだ（**図3－16**）。なお、同調査で日本を選択した根拠で最も多かったのは「遵法《じゅんぽう》精神・配慮文化」だった。

図3-15 韓国の年齢別/日本に「好感が持てる」と回答した割合

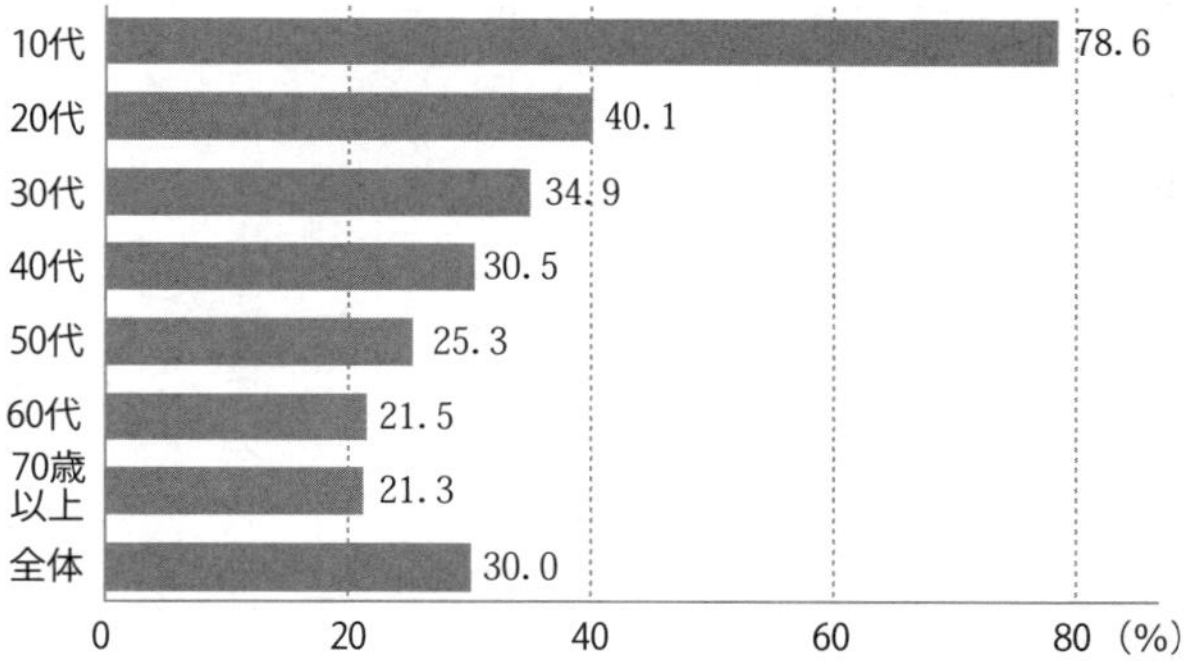

出典：「第3回 諸外国における対日メディア世論調査2017」
新聞通信調査会

図3-16 韓国人が選んだ「世界で最も魅力的」な国民

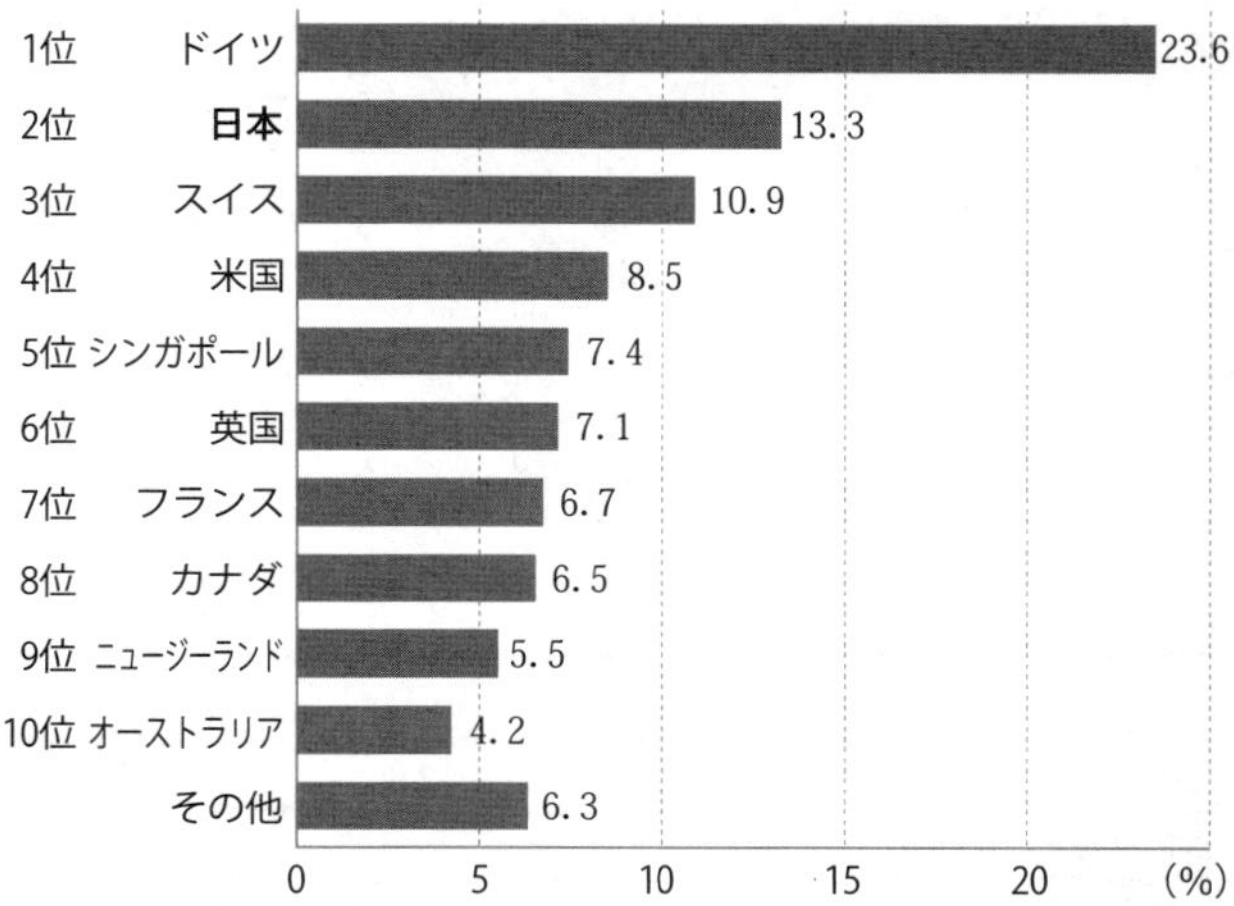

出典：中央日報と慶熙大学による共同世論調査結果（ハングル）、2017年

ロシア　親日指数2　友好国

ロシア（旧ソ連）は先の大戦で日ソ中立条約が切れる前に、すでに敗色濃厚だった日本軍を攻撃。多数の日本人をシベリアに抑留し、北方領土を今に至るまで占拠している。それに加え、北朝鮮への支援やクリミア編入などの振る舞いから、ロシアに不信感を持つ日本人は多い。二〇一六年一一月に内閣府が国内で実施した「外交に関する世論調査」では、ロシアに「親しみを感じない」「どちらかというと親しみを感じない」と回答した日本人の合計は七六・九パーセントに上る。

それに対して、同年三～四月にロシアで実施された外務省の世論調査では、日本を「信頼できる」（「信頼できる」と「どちらかというと信頼できる」の合計）とする人が過半数を占めた（**図3－17**）。ただし、日本否定派も四二パーセントいて、世論は割れている。もっとも、若者（一八～二四歳）に限ると、「信頼できる」（同上）とした割合が七一パーセントに上る。

BBCの世論調査結果の推移を見ると、ロシアで日本ブームが起こった二

面積	1710万km²	日本の約45倍	人口	1億4651万人	日本の約1.15倍
GDP	1兆2832億ドル	日本の約0.26倍	1人あたりGDP	8748ドル	日本の約0.22倍
輸出国	1)オランダ 2)中国 3)ドイツ 4)イタリア 5)トルコ		在留邦人数	2650人	
輸入国	1)中国 2)ドイツ 3)米国 4)イタリア 5)ベラルーシ		在日ロシア人数	8306人	

図3-17 ロシアの対日信頼度

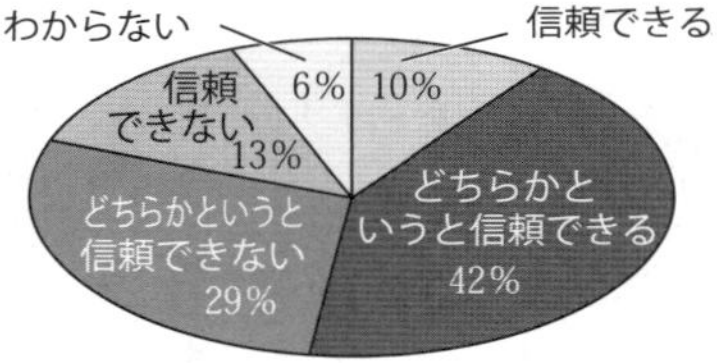

出典：「ロシアにおける対日世論調査結果」2016年、外務省

図3-18 日本が世界に与えている影響/ロシアの評価の推移

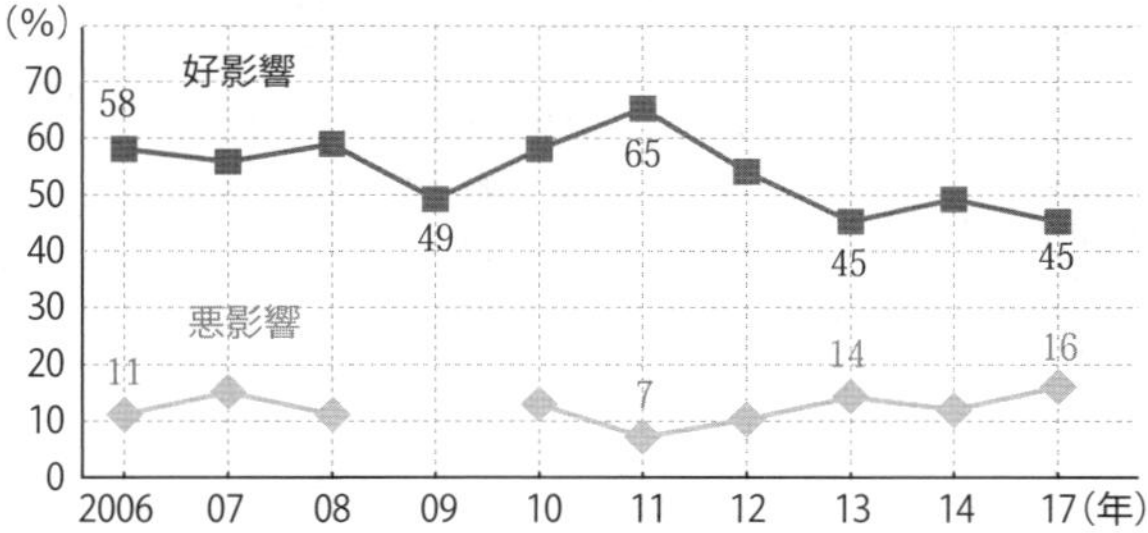

出典：BBC World Service global poll 各年版

図3-19 北方4島の帰属について/ロシアの意識

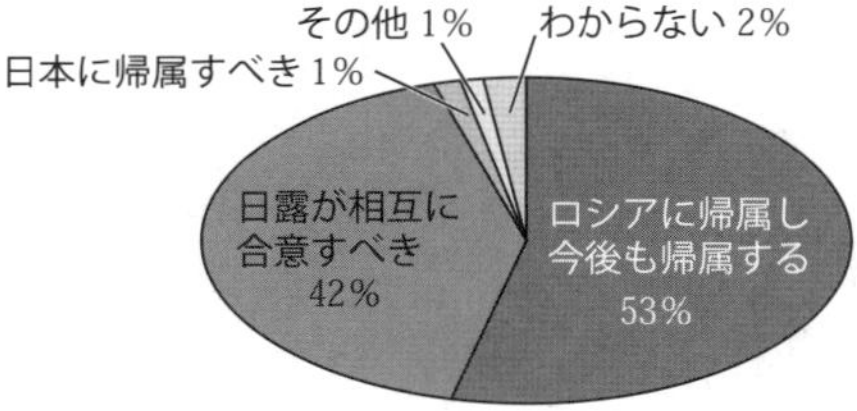

出典：「ロシアにおける対日世論調査結果」2016年、外務省

〇一〇～一一年頃を除き、日本に対する評価は下落傾向にあり、二〇一七年には日本が「世界に好影響を与えている」とした人は四五パーセントで、過去最低レベルだった（**図3－18**）。

なお、先の外務省の調査で、北方四島の帰属について現在も日露間で交渉がおこなわれていることを知っているロシア国民（五七パーセント）を対象に、帰属に対する考えを問うたところ、日本に返還すべきとする人はわずか一パーセントだった（**図3－19**）。

二〇一七年六月にロシアの独立系世論調査機関レバダ・センターがロシア国内で実施した調査で、ロシアにとって「友人」の国と「敵」の国を尋ねた結果を**図3－20**と**図3－21**に示した。日本は「友人」として第一八位に入ったが、「敵」としてはそれより上位の第一二位にランクされた。この微妙な距離感が今の日露関係を如実に物語っている。なお、「友人」としても「敵」としても二〇位以内に入った国は他に、中国（友人として第二位、敵として第一九位）、シリア（第四位、第一三位）、トルコ（第一三位、第一一位）、イラン（第一五位、第二〇位）ジョージア（第一九位、第九位）がある。

さて、本章の最後に内閣府の国内世論調査結果から、日本人が米中韓露に対して「親しみを感じる」（「親しみを感じる」と「どちらかというと親しみを感じる」の合計）割合の長期推移

図3-20 ロシアが「友人」と思う国

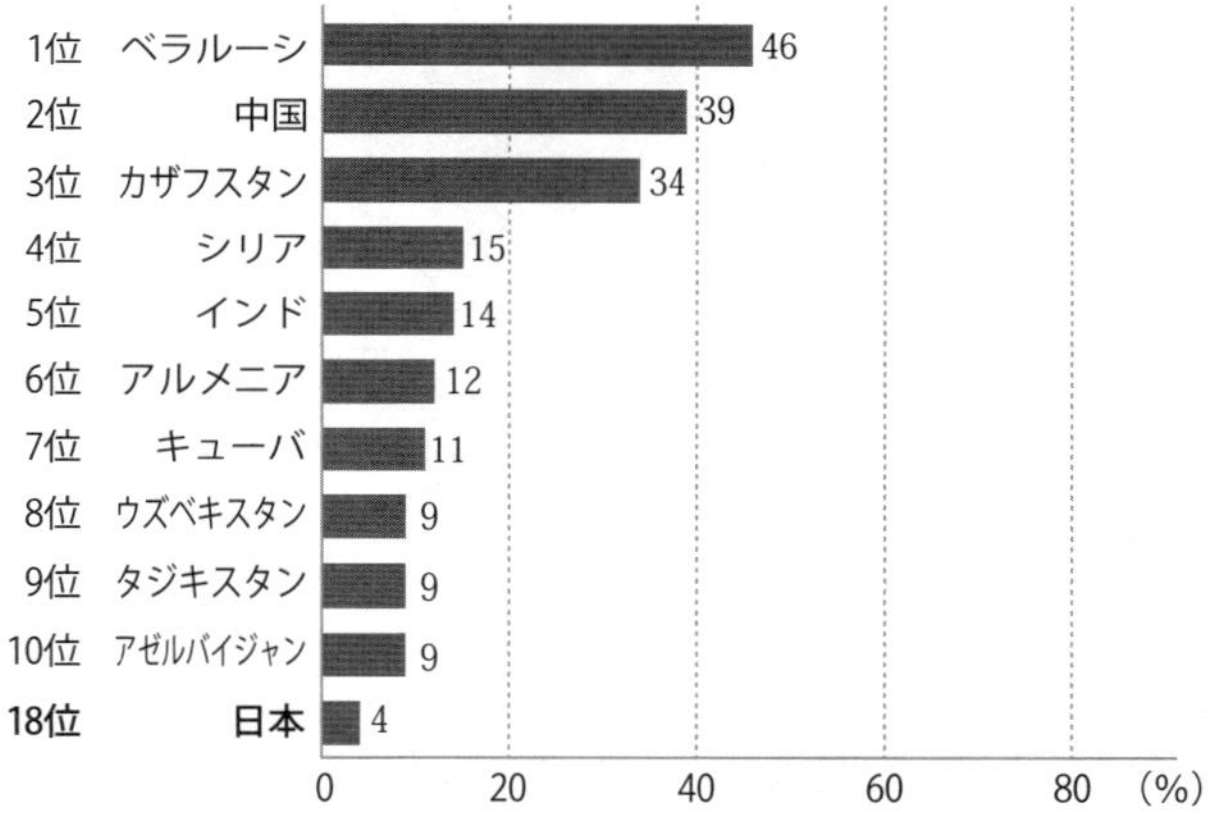

図3-21 ロシアの敵

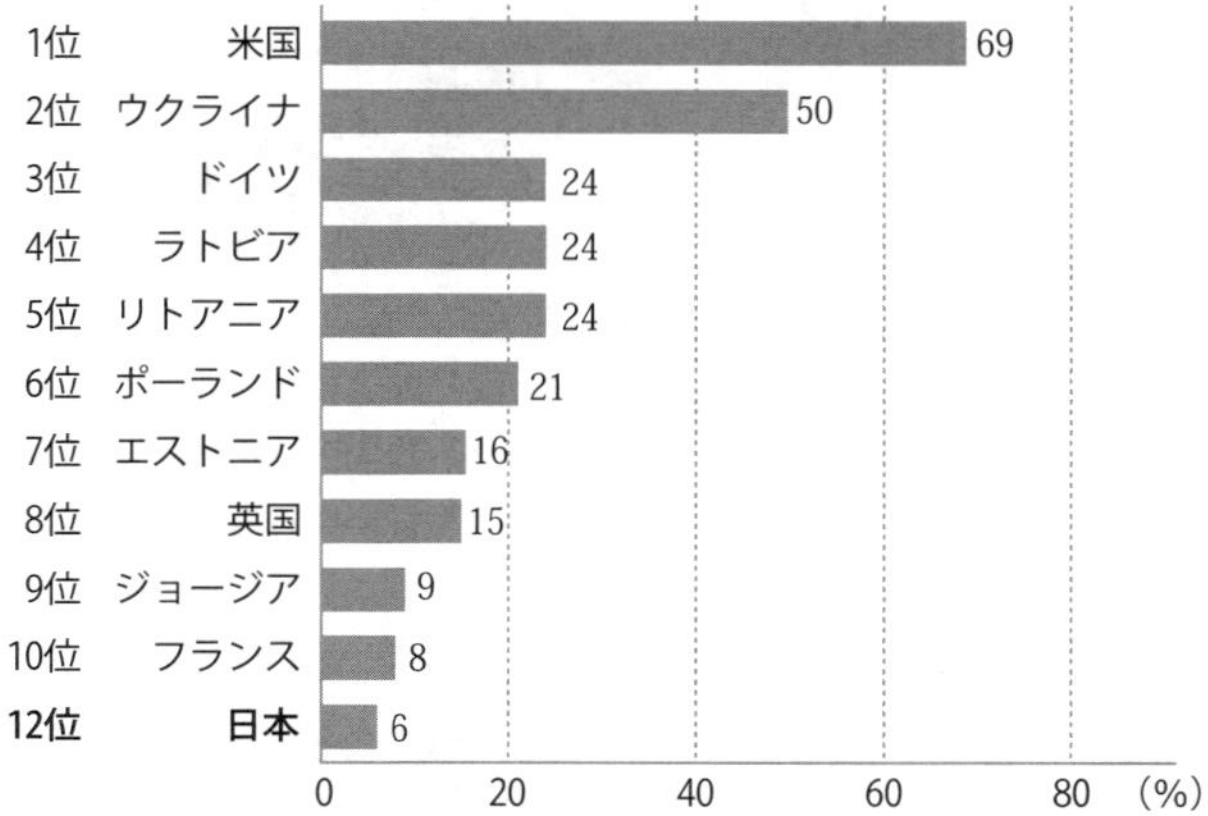

※図3-20&21は複数回答。

図3-20&21の出典：「ロシアの友人と敵」2017年,レバダ・センター世論調査結果

図3-22 米中韓露に対する日本人の親近感の推移

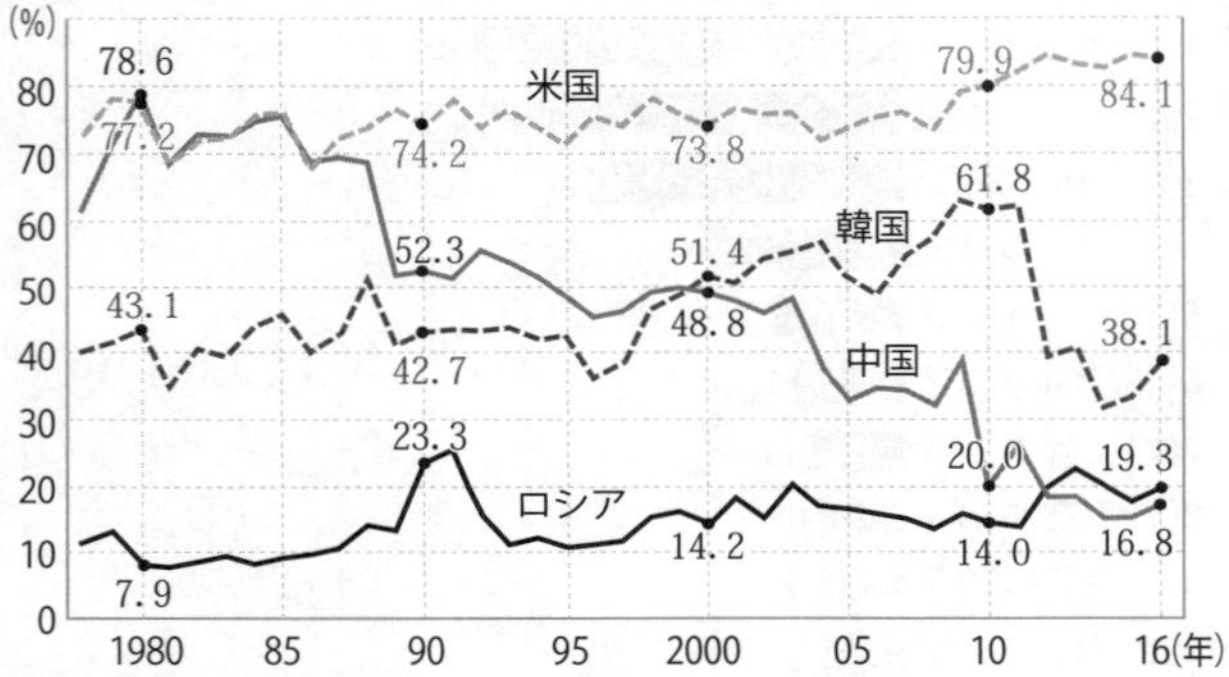

※「親しみを感じる」と「どちらかというと親しみを感じる」の割合の合計
出典:「外交に関する世論調査結果」2016年11月、内閣府大臣官房政府広報室

を**図3-22**に示す。この四〇年間日本人はずっと米国が好きでロシアが嫌いだが、両国に対する親近感は一〇ポイントほど上昇した。親近感がいちばん下落したのは中国。四〇年前は米国と同水準の親しみを感じていたが、今では四カ国中最低である。韓国に対する親近感は長期的に上昇傾向にあったものの、この数年で急降下、今は四〇年前の水準に戻ってしまった。

四章 世界ランキングで見る「日本の魅力度」…………

GDPは世界第三位でも「一人あたりのGDP」は第二三位

三章までのデータ検証から、わずかな国を除き、世界中に親日国が広がっていることがわかった。とくに、絶対的親日国のトップ六カ国の日本に対する信頼や好感度は非常に高い。しかしその一方で、近年親日派が減少している地域も見られた。そこで問いたいのは、現在の日本が諸外国から信頼されたり、尊敬されたりするに値《あたい》する「魅力的」な国かどうかということである。それをさまざまな世界ランキングを通して検証したい。

まずは日本の国力を経済・ビジネスの面から探る。周知のとおり、経済大国・日本はこれまで数多くの国に経済支援をおこない、それが親日国の拡大につながってきた面がある。GDP（国内総生産）が世界第三位（**図4－1**）に下がったとはいえ、現在でも日本が経済大国であることに変わりはない。しかし「一人あたりのGDP」となると、相対的な凋落《ちょうらく》ぶりが著《いちじる》しい。一九九〇年代、日本のそれは世界で第三～四位だったが、二〇一六年にはアジアでも四番手、世界では第二三位にまで後退した（**図4－2**）。なお、ここではリヒテンシュタインなどのいわゆる「タックス・ヘイブン」の小国は除外してある。

図4-1　ＧＤＰ

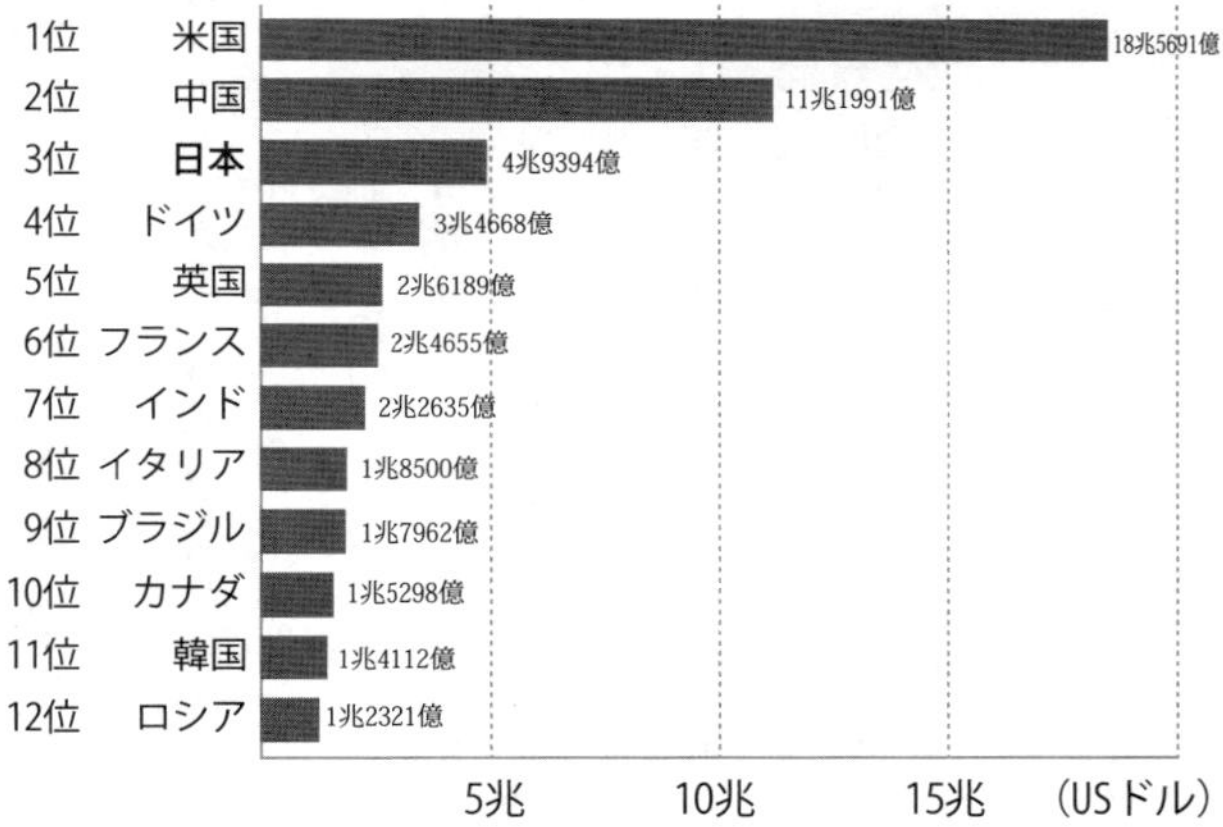

図4-2 1人あたりのＧＤＰ

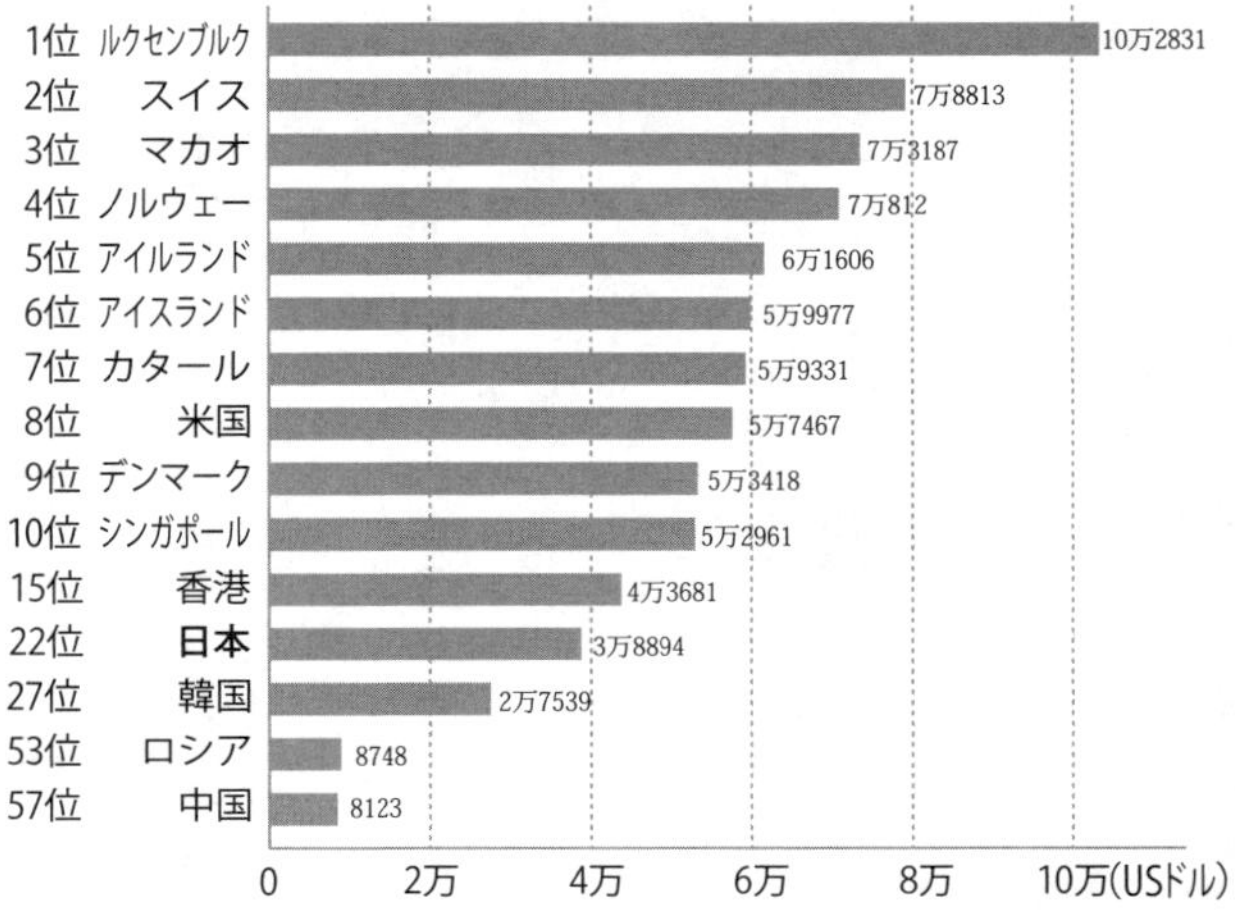

図4-1&2の出典：World Bank Data 2016

国際競争力はWEF版で第八位、IMDでは第二六位

日本の「一人あたりのGDP」順位が低いのは、すなわち生産性の悪さを表わしている。そこで次に日本の国際競争力を見てみたい。ただし、「国際競争力」をどのような観点や指標によって測《はか》るかについては、さまざまな考えがある。ここでは、世界的に有名な二つのランキング、世界経済フォーラム（WEF）の「国際競争力レポート」と、スイスの国際経営開発研究所（IMD）の「世界競争力年鑑」における国際競争力順位を取り上げる。

WEFは、国の生産力を決定する要素を重視した観点から、「制度的環境」や「インフラ」、「（教育や市場の）効率性を向上させる要因」、「イノベーションの要因」について評価している。その結果、「二〇一六―一七年版」では日本の国際競争力は世界第八位だった（**図4-3**）。世界トップクラスとはいかないものの、そう悪くはない順位である。ところが、IMDでは日本の評価は低い。IMDは雇用や貿易などの公的統計データと、企業幹部を対象におこなう調査結果の両方に基《もと》づいて国際競争力を判定している。日本は一九九〇年代初頭はトップクラスだったが、二〇一七年版での順位は第二六位だった（**図4-4**）。

図4-3　国際競争力（WEF版）

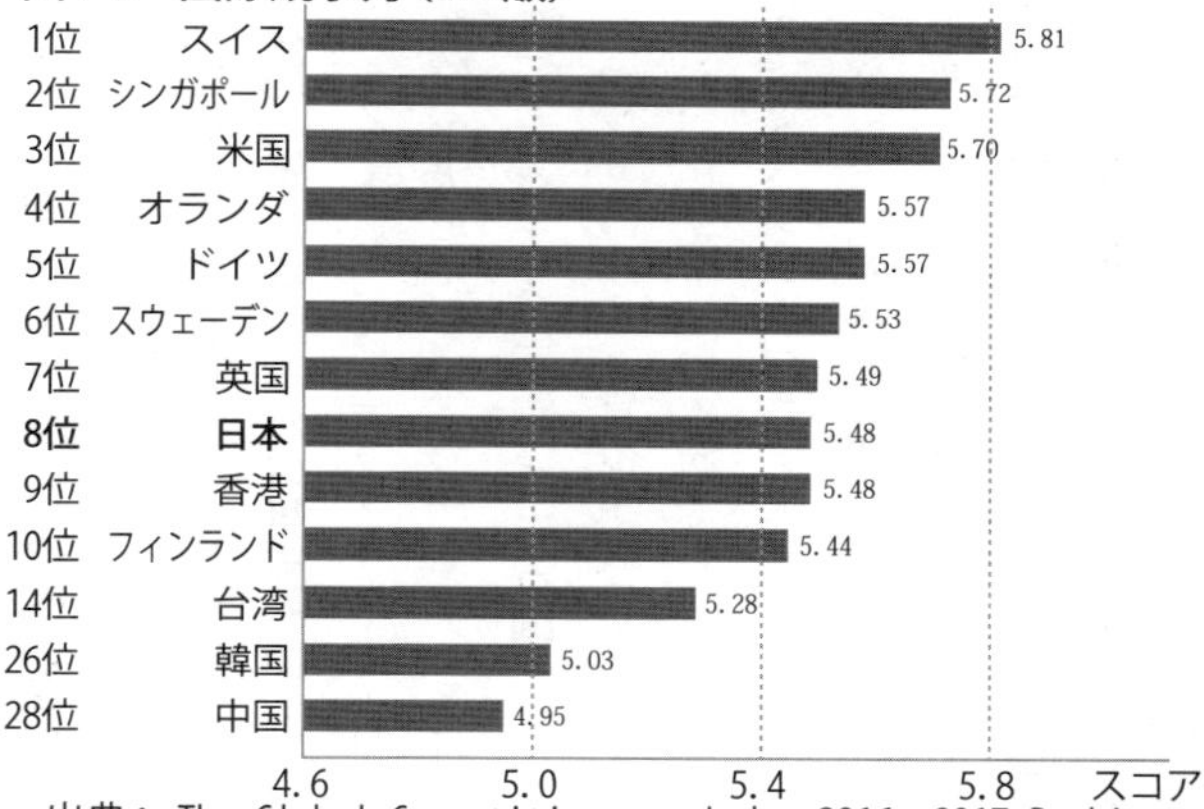

出典：The Global Competitiveness Index 2016～2017 Rankings World Economic Forum

図4-4　国際競争力（IMD版）

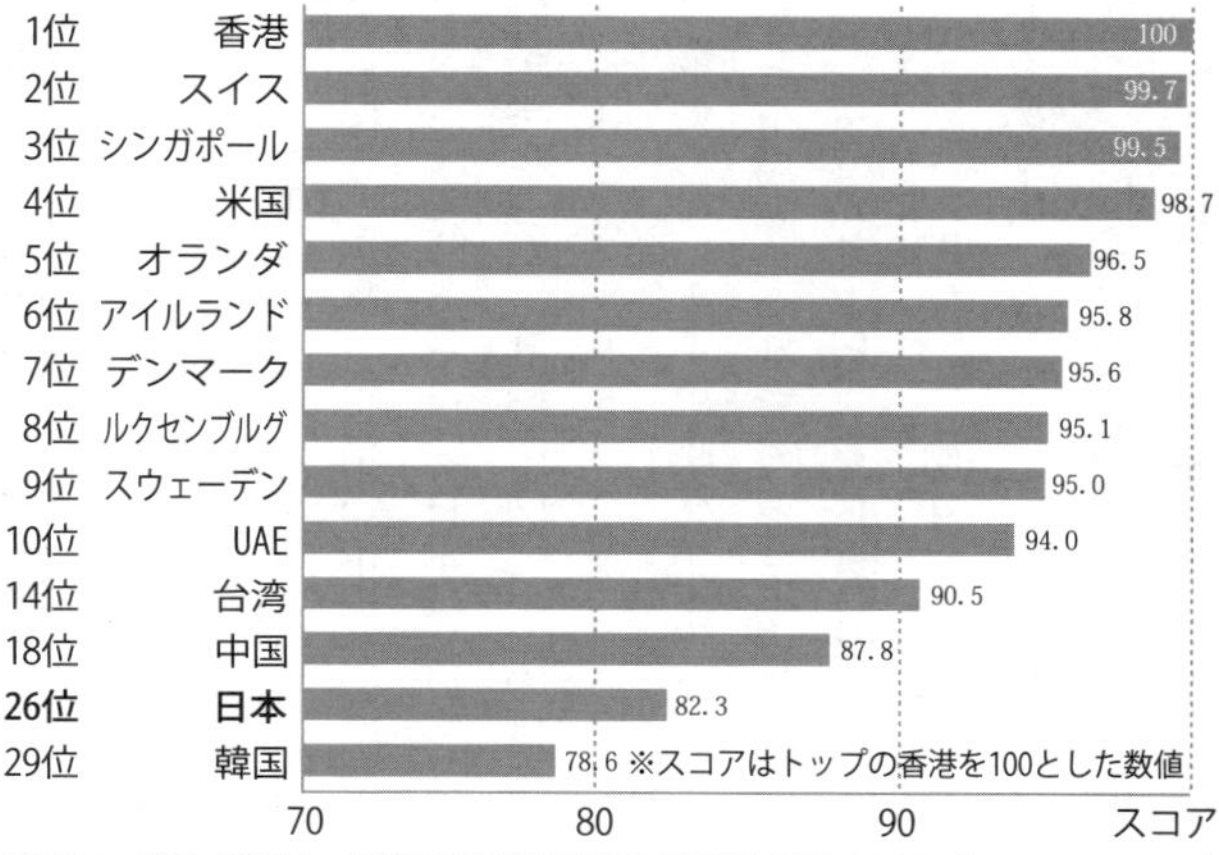

出典：IMD WORLD COMPETITIVENESS YEARBOOK 2017 International Institute for Management Development

日本はビジネスに適さないが、起業に向いている？

「国際競争力」と似たランキングに、経済誌「フォーブス」が毎年発表する「ビジネスに最適な国」がある。これは世界一三九カ国・地域を一一項目（通商・通貨・個人の自由、財産権、イノベーション、テクノロジー、官僚主義、投資家保護、汚職、税負担、市場動向）で評価して順位を決定する。二〇一七年一二月に発表されたランキングでは、日本は第三八位（図4-5）。ビジネスに適している国とはいいがたい結果だった。評価が高かったのは「イノベーション」のみで、官僚主義的なところがとくに悪評を買ったようだ。

一方、ビジネスに不適でも、「日本は起業には最適」という不思議な結果のランキングもある。米ペンシルベニア大学ウォートンスクールと市場調査会社でもある広告代理店ヤング＆ルビカム（Y＆R）が二〇一七年四月に発表した「起業家にとって最高の国」では、世界の主要八〇カ国の中で日本は首位のドイツに僅差《きんさ》の第二位だった（図4-6）。「教育水準」「熟練労働力」「質の高いインフラ」「起業に関わる法整備」など一一の判定項目のうち、日本は「教育水準」や「熟練労働力」、「イノベーション」など五項目で一〇点満点を獲得した。

図4-5 ビジネスに最適な国

総合順位	国名	税負担	イノベーション	非官僚主義	投資家保護
1位	スウェーデン	27位	6位	14位	19位
2位	ニュージーランド	11位	23位	1位	1位
3位	香港	3位	27位	3位	3位
4位	アイルランド	5位	19位	10位	13位
5位	英国	10位	13位	15位	6位
6位	デンマーク	7位	10位	23位	19位
7位	オランダ	19位	7位	21位	67位
8位	フィンランド	13位	3位	26位	67位
9位	ノルウェー	25位	12位	20位	9位
10位	カナダ	16位	24位	2位	7位
12位	シンガポール	8位	9位	6位	1位
18位	台湾	29位	11位	18位	22位
28位	韓国	22位	20位	11位	13位
38位	**日本**	61位	8位	72位	52位
102位	中国	100位	30位	102位	102位

出典：The Best Countries For Business　2017,Forbes

図4-6 起業家にとって最高の国

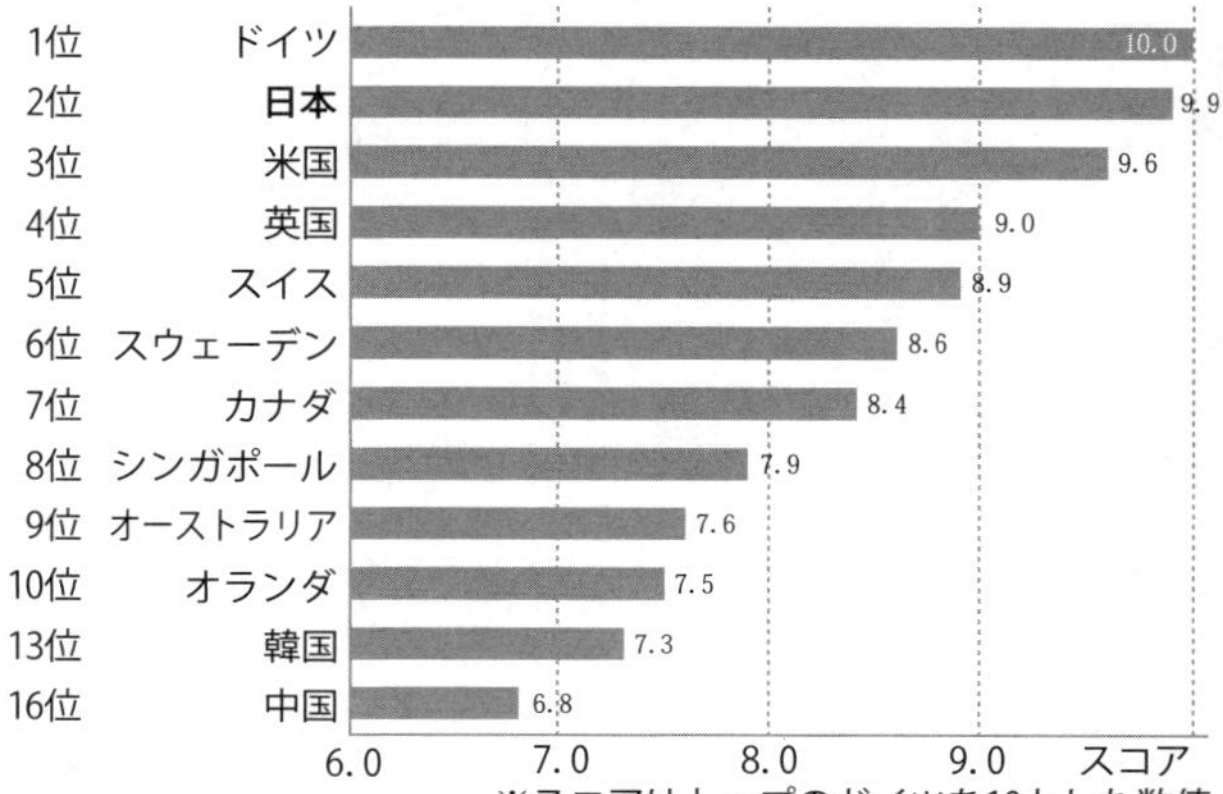

※スコアはトップのドイツを10とした数値

出典：Entrepreneurship Rankings　2017,USNews

「ジャパン」ブランドは世界第七〜八位の価値

「メイド・イン・ジャパン」はかつて「高品質」の代名詞であり、日本人はそれを誇りに思ってきた。二〇一六年一二月から翌年一月にかけてドイツの調査会社スタティスタ社とダリア・リサーチ社が共同で、世界五〇カ国（EUを含む）の製品に対する品質イメージを、五二カ国の消費者を対象に調べた結果、いちばんよかったのは「ドイツ製」で、「日本製」は第八位（**図4－7**）。日本製が世界一と評価したのは、日本自身を除くと、ベトナム、マレーシア、シンガポール、ロシア、エジプト、エクアドルの六カ国だった。近年、日本製品の欠陥による事故や品質偽装などの不祥事が相次いでおり、残念ながら今後順位がもっと下がる可能性もある。一方、広範囲な観点から見た「国家のブランド価値」調査でも、日本は世界第七位だった（**図4－8**）。これは、独自の国家ブランド指数を考案したサイモン・アンホルト氏とドイツの調査会社GfK社が共同で実施している調査で、世界五〇カ国のブランド力を「輸出」「文化」「国民性」「観光」「統治」「移住・投資」の六つの観点から調査。日本の順位が最も高かったのは「輸出」（第二位）、最低は「統治」（第一四位）だった。

図4-7 「メイド・イン・XX」の品質イメージ

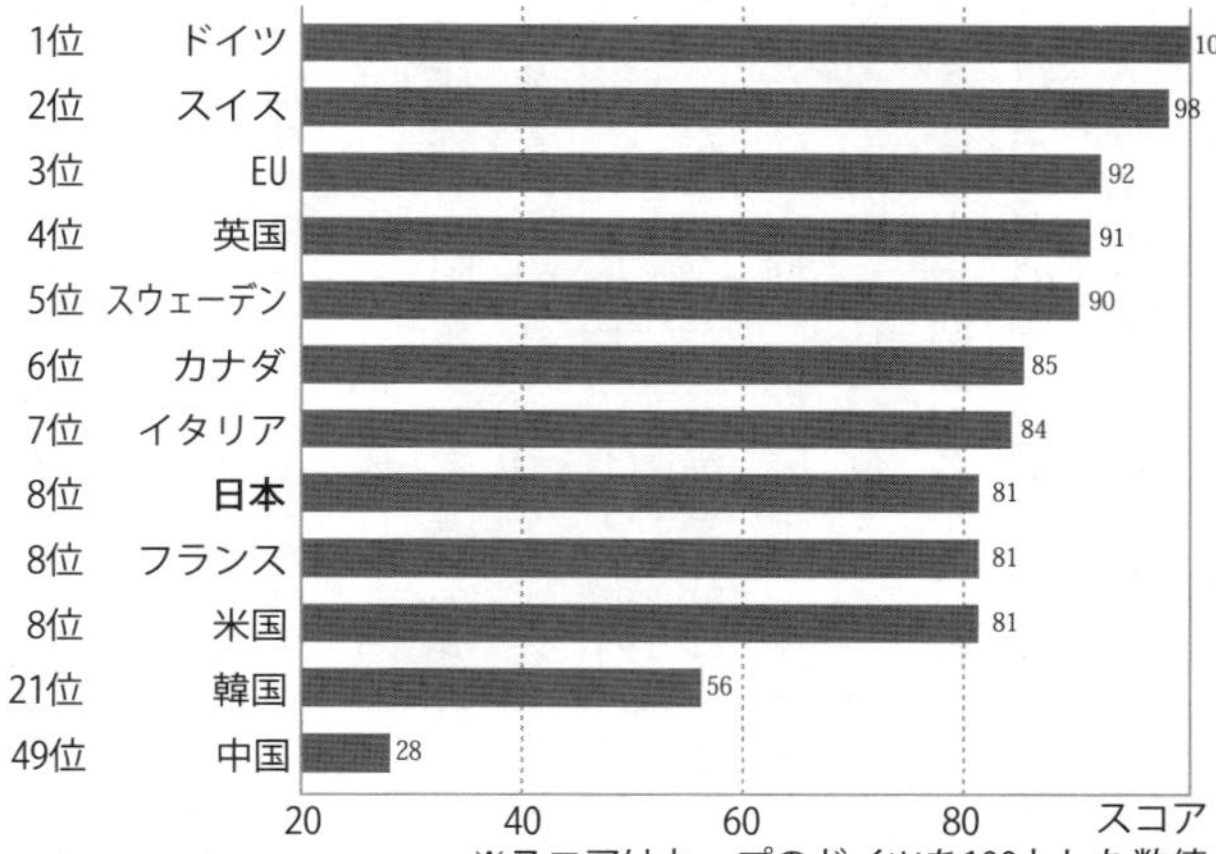

※スコアはトップのドイツを100とした数値

出典：MADE-IN-COUNTRY-INDEX 2017　Statista

図4-8 国家のブランド価値

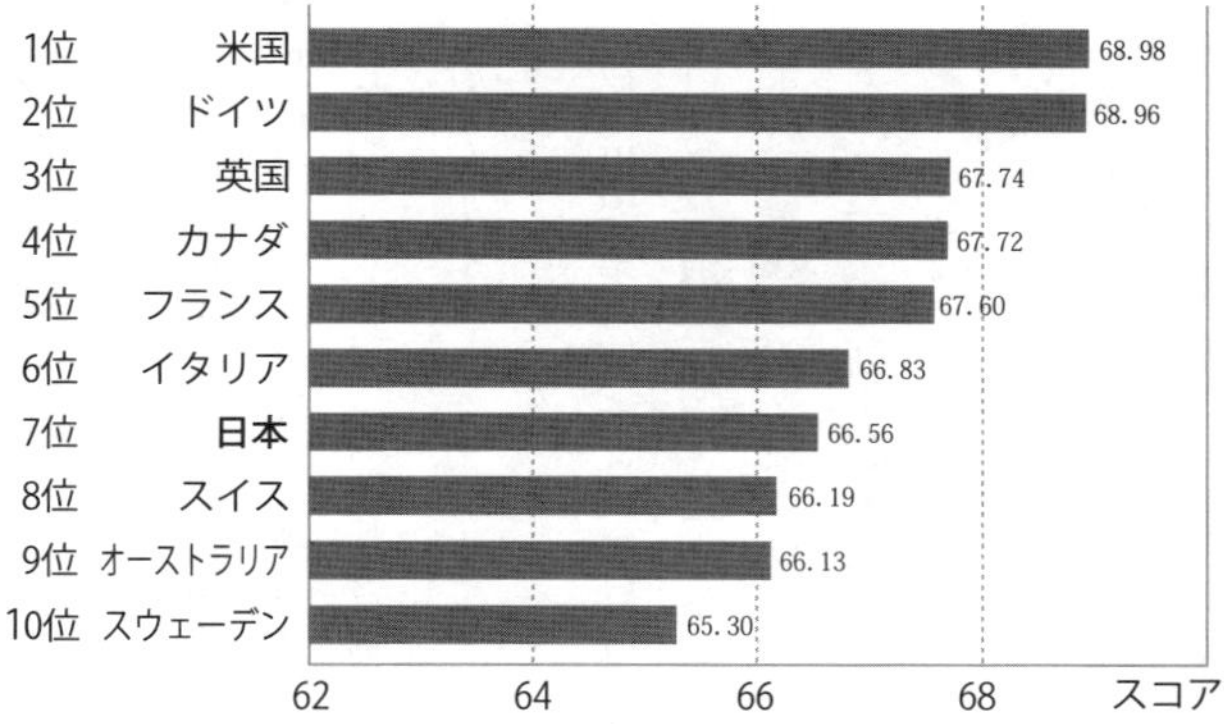

出典：Anholt-GfK Nation Brands Index　2016, GfK

科学論文数は世界第五位、被引用回数の多さは第一〇位

「メイド・イン・ジャパン」を支えるのは科学研究である。その現状を科学系の論文数から測る。**図4‐9**は世界の主要な学術誌に掲載された論文数のランキングで、クラリベイト・アナリティクス社（旧トムソン・ロイター社）のデータに基づく。なお、国際共著論文の数は、各研究者の国籍すべてで一本と数える「整数カウント法」による。ちなみに、一本の論文を共著者の国の数で割って数える方法を「分数カウント法」という。

二〇一三〜一五年における年平均の日本の科学系論文数は世界第五位、シェアは五・六パーセントだった。一〇年前と比べて論文数自体は増えているものの、順位（一〇年前は第二位）とシェア（同九・一パーセント）はかなり低下した。また、単なる論文数より重要なのは他の論文に引用された回数である。**図4‐10**に示した「トップ一〇％補正論文数」とは、簡単にいえば被引用回数が各年各分野で上位一〇パーセントに入る論文数のこと。この一〇年間で、科学分野の「トップ一〇％補正論文数」でも日本の順位は第五位から第一〇位に、シェアも六・九パーセントから四・八パーセントに低下した。

図4-9 科学系論文数

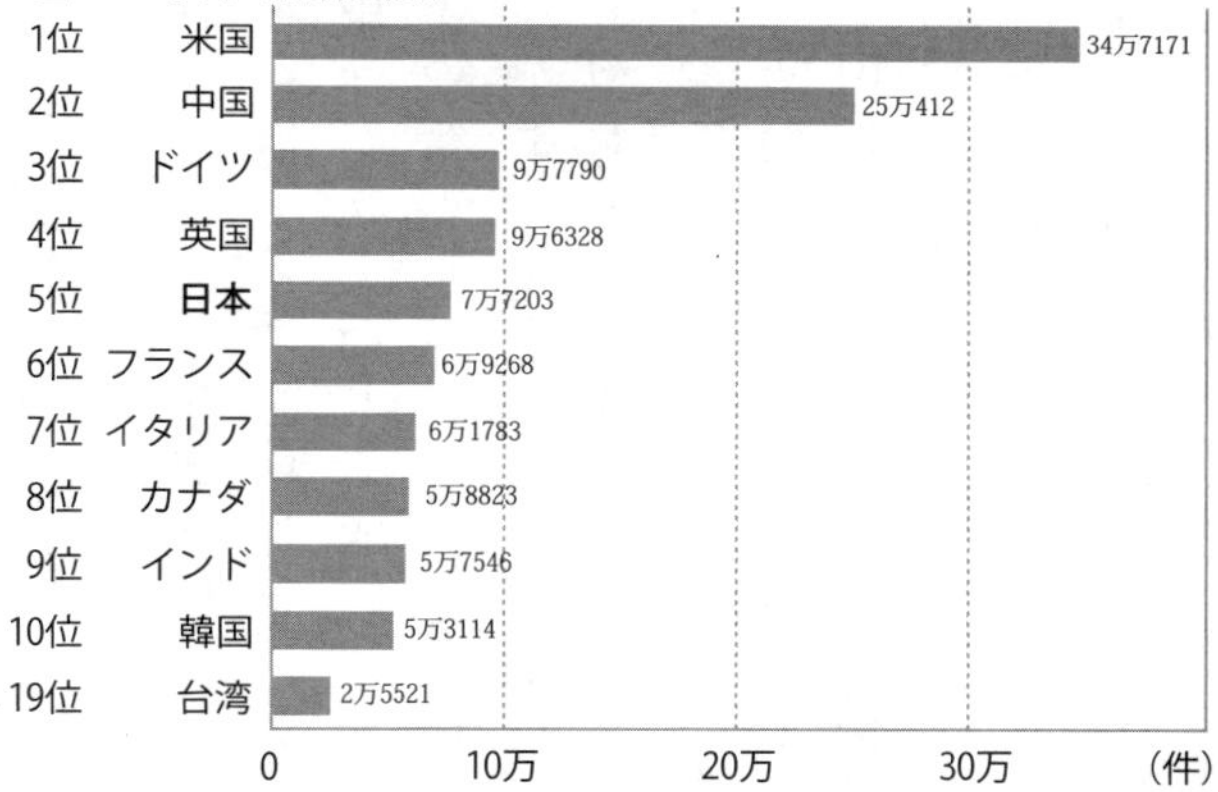

図4-10 科学系Top10%補正論文数

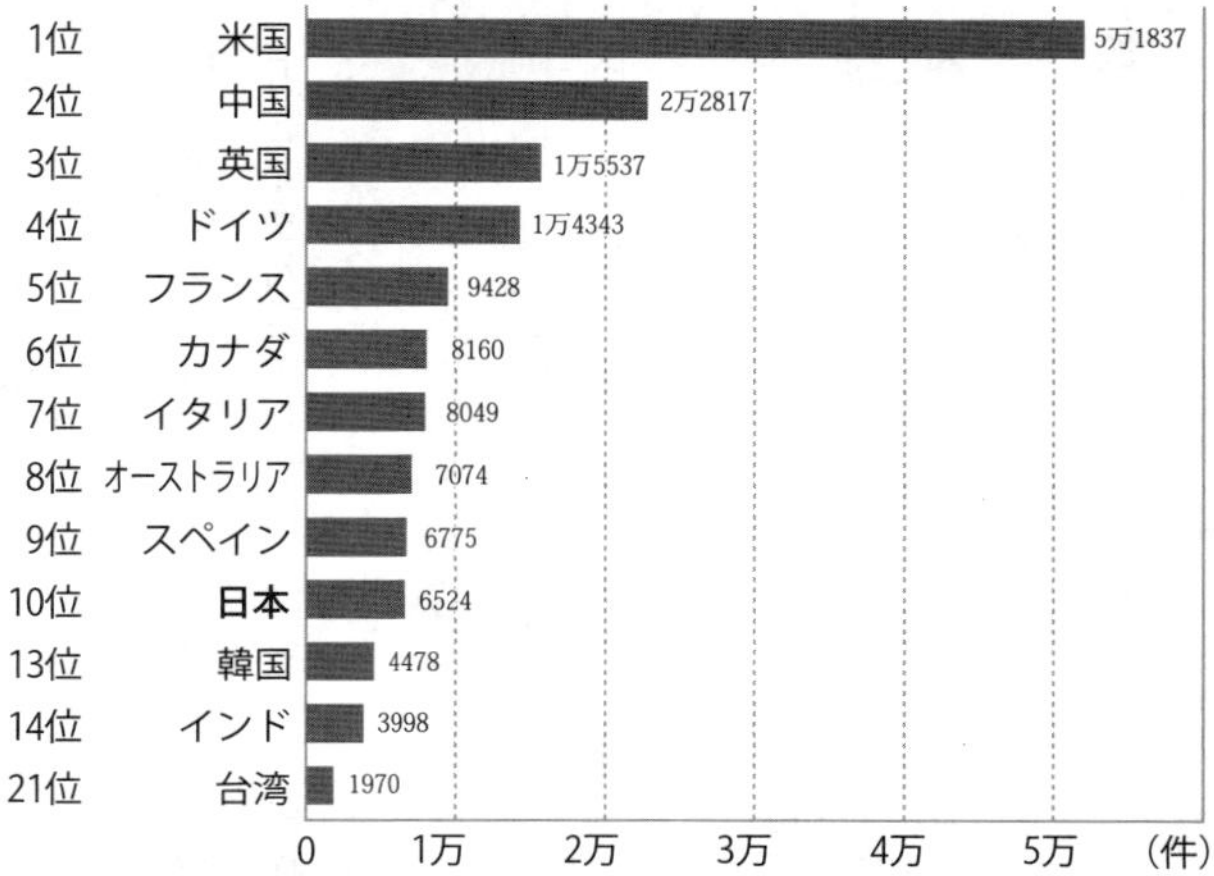

※図4-9&10の数値は整数カウント法による2013〜2015年における年平均数。

図4-9&10の出典：「科学研究のベンチマーキング2017」
科学技術・学術政策研究所

中学生は優秀なのに、大学のレベルは低い

日本が今後も科学技術を発展させて国力を維持していくためには、将来を担う子供たちの教育が重要であることはいうまでもない。一五歳児を対象にした世界的な学習到達度調査（国際学力テスト）のPISAの結果からすると、義務教育による学力定着の面で日本はまずまずの成果を上げているといえる（図4－11）。二〇〇〇年に始まったPISAは三年ごとに実施され、一五年はOECD加盟国三五カ国に加え非加盟国三七カ国・地域が参加して、合計約五四万人の生徒を対象に実施された。試験は「科学的リテラシー」「読解力」「数学的リテラシー」の三分野があり、日本はすべてにおいて八位以内に入った。

一方、日本の高等教育は世界的にレベルが高いとはいえない。世界でいちばん優秀な学生は米国に留学し、次に優秀な学生は欧州に行くとは以前からよくいわれていることだが、最新の大学ランキングもそれを裏付けている。図4－12のランキングは、英国の教育関連事業会社のカッカレッリ・シモンズ社が二〇一七年六月に発表した一八年度版で、日本トップの東京大学が第二八位。日本の高等教育は真に改革が必要だということだろう。

図4-11 国際学力テストPISAの得点と世界順位

	科学的リテラシー		読解力		数学的リテラシー	
順位	国名	平均得点	国名	平均得点	国名	平均得点
1位	シンガポール	556	シンガポール	535	シンガポール	564
2位	**日本**	538	香港	527	香港	548
3位	エストニア	534	カナダ	527	マカオ	544
4位	台湾	532	フィンランド	526	台湾	542
5位	フィンランド	531	アイルランド	521	**日本**	532
6位	マカオ	529	エストニア	519	中国	531
7位	カナダ	528	韓国	517	韓国	524
8位	ベトナム	525	**日本**	516	スイス	521
9位	香港	523	ノルウェー	513	エストニア	520
10位	中国	518	ニュージーランド	509	カナダ	516
	韓国　11位	516	米国　24位	497	フィンランド13位	511
	米国　25位	496	中国　27位	494	米国　40位	470

※中国は北京,上海,江蘇,広東でのテスト結果。
出典:「OECD 生徒の学習到達度調査」2015年、国立教育政策研究所

図4-12 世界の大学ランキング

順位	大学名	国	順位	大学名	国
1位	マサチューセッツ工科大学	米国	11位	南洋理工大学	シンガポール
2位	スタンフォード大学	米国	12位	スイス連邦工科大学ローザンヌ校	スイス
3位	ハーバード大学	米国	13位	プリンストン大学	米国
4位	カリフォルニア工科大学	米国	14位	コーネル大学	米国
5位	ケンブリッジ大学	英国	15位	シンガポール国立大学	シンガポール
6位	オックスフォード大学	英国	28位	東京大学	**日本**
7位	ロンドン大学	英国	36位	京都大学	**日本**
8位	インペリアル・カレッジ・ロンドン	英国	56位	東京工業大学	**日本**
9位	シカゴ大学	米国	63位	大阪大学	**日本**
10位	スイス連邦工科大学チューリッヒ校	スイス	77位	東北大学	**日本**

出典： QS World University Rankings 2018　Quacquarelli Symonds Limited

軍事力は世界第七位でも、日本人は有事の際は戦わない？

図4－13は米国の軍事力分析機関グローバル・ファイヤーパワーが、二〇一七年八月に発表した総合軍事力ランキング。世界一三三カ国について、火力や兵力に加えて地政学的要因など五〇以上の因子について求めた「パワー指数」の比較である。ただし核兵器は除外している。日本は世界第七位。なお、「パワー指数」は数値が小さいほど軍事力が大きいことを表わすが、直感的にわかりにくいので、ここでは指数を逆数にしてグラフ化した。

一方、**図4－14**は有事の際「国のために戦う」かどうかの国民意識調査結果である。これはスイスに本部を置く世論調査団体ギャラップ・インターナショナル・アソシエーション（GIA。米ギャラップ社と別組織）に加盟する国のうち、六三の国と地域が二〇一四年九～一二月に実施したもので、ここでは「戦わない」と「わからない」と答えた割合を示した。先進国では総じて「戦わない」割合が大きいが、日本に特徴的なのは「わからない」の多さである。おそらく「戦争」に対してまったく実感が持てないためだろう。なお、「戦う」と答えた日本人の割合は一〇・六パーセントで、調査国のうち最低だった。

図4-13 総合軍事力

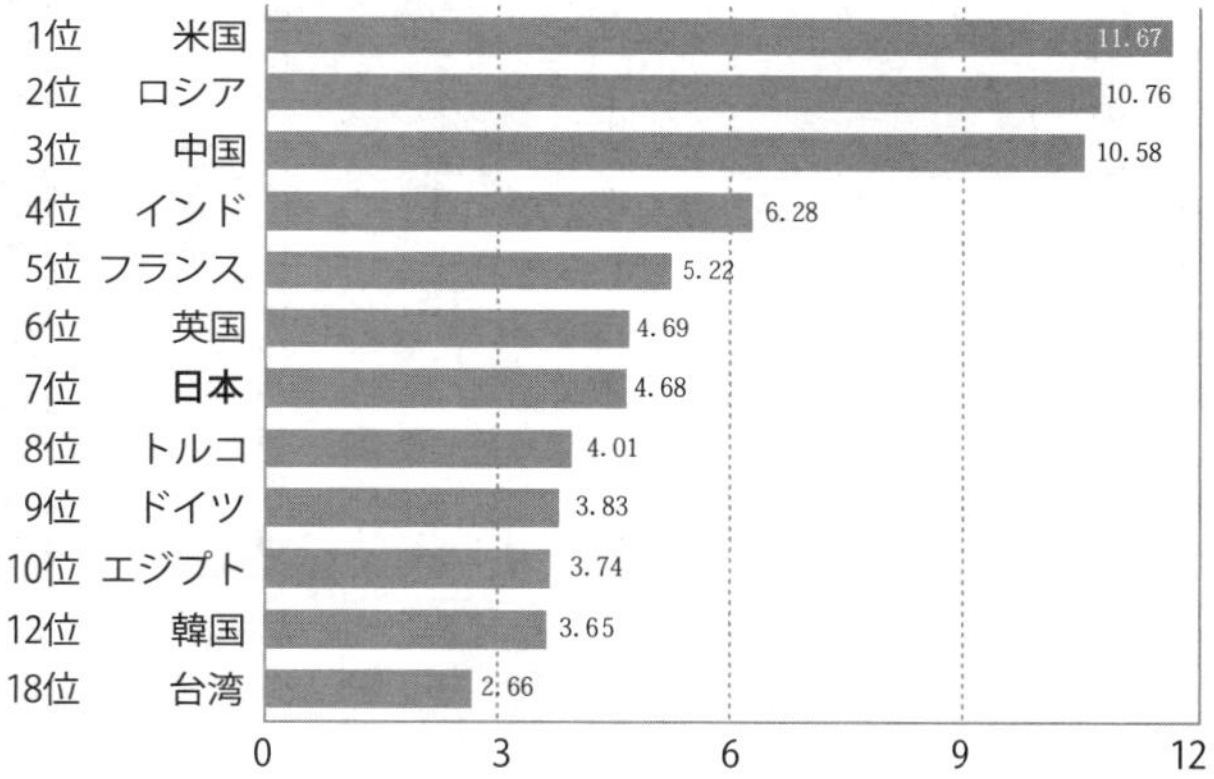

※グラフ（数字）は「パワー指数」を逆数にして作成。
出典： 2017 Military Strength Ranking　Global Firepower

図4-14 有事の際「国のために戦う」か？

順位	戦わない	割合(%)	わからない	割合(%)
1位	イタリア	68.5	**日本**	46.6
2位	オランダ	64.5	ラトビア	31.3
3位	チェコ	64.1	スウェーデン	30.3
4位	オーストリア	62.1	スペイン	30.1
5位	ドイツ	62.0	フランス	27.0
6位	香港	57.0	ブルガリア	26.9
7位	ベルギー	56.3	オーストラリア	26.5
8位	英国	50.9	デンマーク	26.1
9位	韓国	50.1	米国	25.4
10位	アイスランド	50.0	アイスランド	25.0
21位	**日本**	42.7		

出典：「エンド・オブ・イヤー・サーベイ 2014」日本版レポート、日本リサーチセンター

殺人件数は世界最低だが、自然災害リスクはトップクラス

ここまでさまざまな「国力」についての世界ランキングを見てきた。しかし、国力と国民の幸せは直結しないのが普通である。そこで、今度は視点を社会や市民生活に移す。

まずは安心・安全な市民生活に関連して、人口一〇万人あたりの殺人発生件数の世界ランキングを**図4－15**に示した。これは国連薬物・犯罪事務所がまとめたもので、二〇一〇年以後のデータがある二〇六の国・地域についての殺人率を順位付けした。世界トップクラスの治安のよさを誇る日本より殺人率が低いのは、第二〇一位香港、第二〇三位マカオ、第二〇四位アンドラ、第二〇五位サンマリノ、第二〇六位リヒテンシュタインだった。

次は、広範囲に社会にダメージを与える自然災害に関してである。国連大学が「地震」「台風」「洪水」「干ばつ」「海面上昇」の五つの自然災害について、二八の観点から分析した「世界リスク評価」（ＷＲＩ）の二〇一六年版によると、われわれ日本人自身が強く自覚しているとおり、日本が自然災害に見舞われる可能性は非常に高く、世界第四位。ただし、ある程度対策が講じられていることから、リスク評価は第一七位となった（**図4－16**）。

図4-15 殺人発生数（人口10万人あたり）

順位	国名	殺人率	調査年	順位	国名	殺人率	調査年
1位	エルサルバドル	108.64	2015	14位	ブラジル	26.74	2015
2位	ホンジュラス	63.75	2015	22位	メキシコ	16.35	2015
3位	ベネズエラ	57.15	2015	34位	ロシア	11.31	2015
4位	米領バージンアイランド	52.64	2010	86位	米国	4.88	2015
				111位	インド	3.21	2014
5位	ジャマイカ	43.21	2015	151位	フランス	1.58	2015
6位	レソト	38.00	2010	172位	英国	0.92	2015
7位	ベリーズ	34.40	2014	180位	台湾	0.82	2015
8位	南アフリカ	34.27	2015	184位	中国	0.74	2014
9位	セントクリストファー・ネーヴィス	33.55	2012	185位	韓国	0.74	2014
				200位	**日本**	0.31	2014
10位	グアテマラ	31.21	2014	202位	シンガポール	0.25	2015

出典： Homicide counts and rates 2000-2015 UNODC

図4-16 自然災害リスク

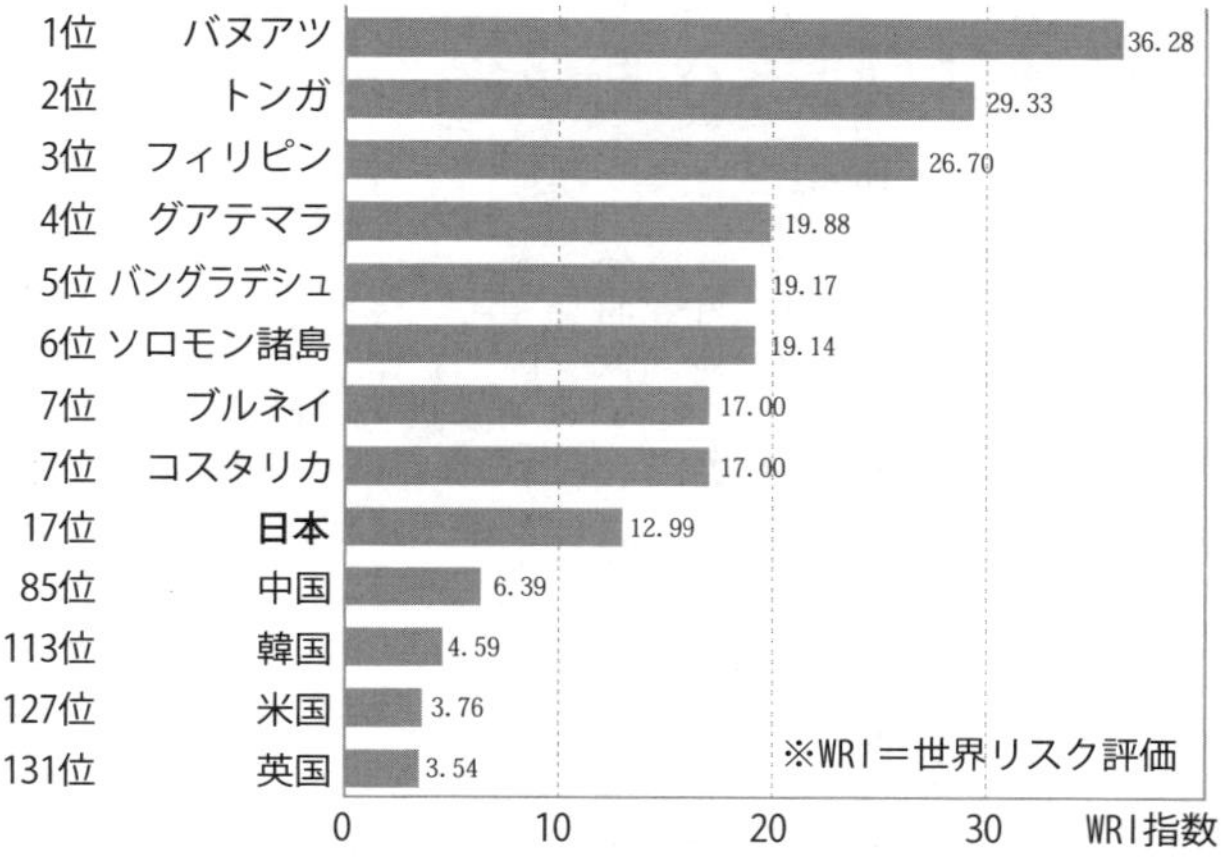

出典： WorldRiskReport 2016 UNITED NATIONS UNIVERSITY

交通事故死も労働災害死者数も、欧州に比べてまだまだ多い

犯罪や自然災害のみならず、われわれは日々の生活の中でも不測の事故に巻き込まれることがある。ここでは、交通事故と労働災害における死者数を取り上げる。

図4－17は、OECD加盟国に主要な国を加えた五二カ国における、人口一〇〇万人あたりの道路交通事故死亡者数を、少ない順に並べたランキングである。二〇一一〜二〇一五年の年平均値を算出したが、四年間のデータがそろわない国については三年以下で平均を求めた。かつて日本では交通事故死者数が年間一万人を超え、「交通戦争」と呼ばれた時期が続いたが、二〇一六年の全国の死亡者数は三九〇四人と、六七年ぶりに四〇〇〇人を下回った。とはいえ、人口比率ではスウェーデンや英国などに比べるとまだかなり多い。

図4－18は、二〇一四年の一年間に、EU加盟二八カ国にスイス、日本、米国を加えた三一カ国で起こった、労働者一〇万人あたりの労働災害の死亡者数のランキングである。これも少ない順に並べた。ただし、勤務中であっても交通事故死は含まれていない。日本の労働環境は、欧州先進国に比べると何倍も危険に満ちていることがわかる。

図4-17 道路交通事故の死者数（人口100万人あたり、少ない順）

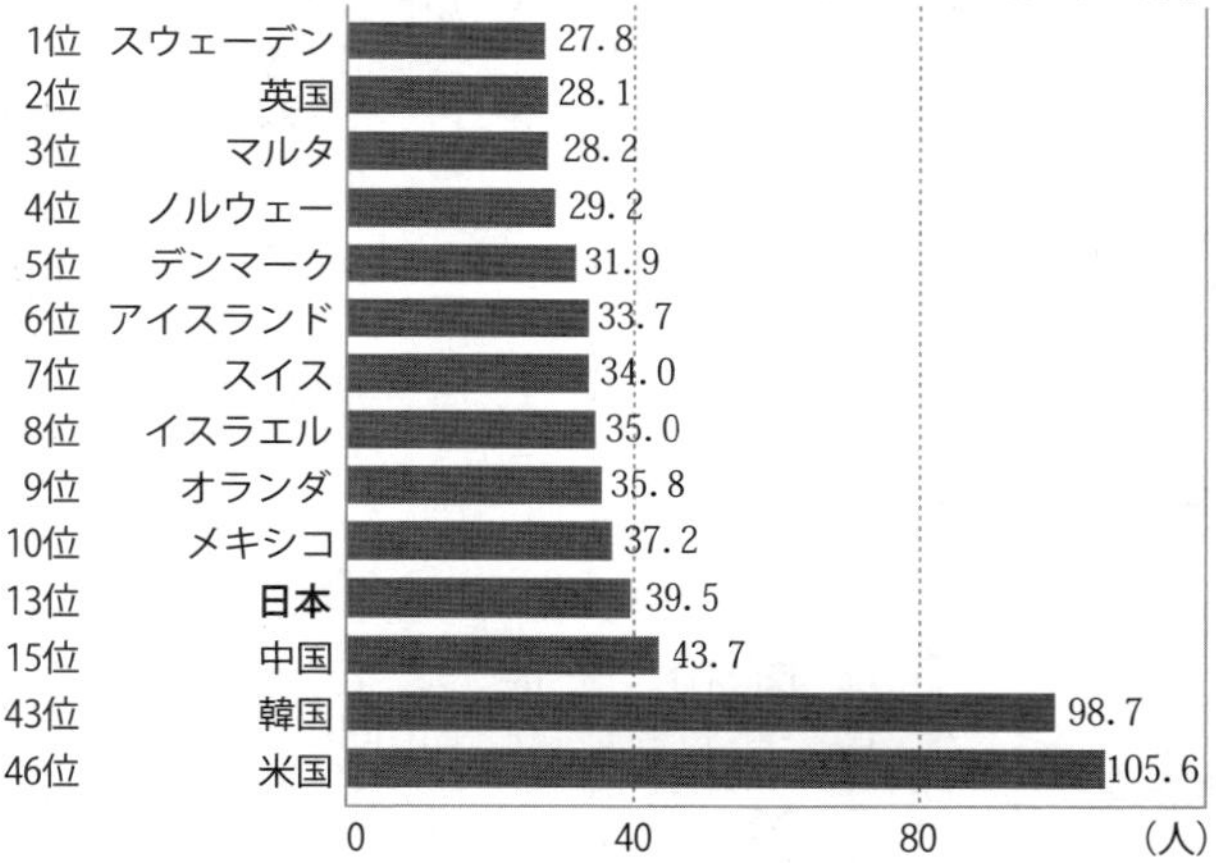

※2012〜2015年の年平均値を少ない順に並べた。ただし、一部の国は3年以下の年平均値。
出典：「Road accidents」OECD Data

図4-18 労働災害の死亡者数（労働者10万人あたり）

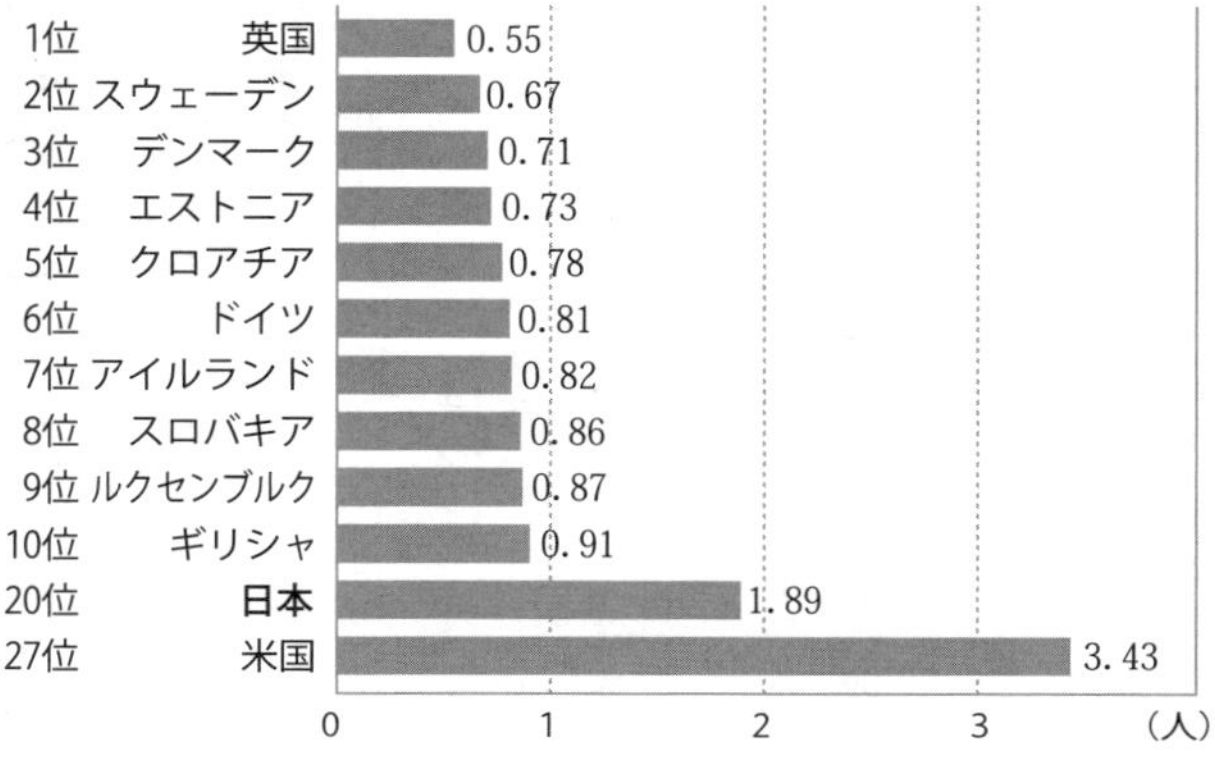

出典：「Fatal injuries statistics 2014」Health and Safety

うつ病発症率は一〇六位だが、自殺者数はワースト一八位

二〇一七年二月に、WHO（世界保健機関）が「二〇一五年現在、世界でうつ病にかかっている人はおよそ三億二二〇〇万人」と発表し、世界に衝撃を与えた。これは世界人口の約四・四パーセントにあたり、一〇年間で約一八パーセント増加した。**図4－19**はそのWHOの報告書のデータから、国別のうつ病患者の人口比率を高い順にランキングしたものである。日本は四・二パーセントで、世界一八三カ国のうち中位にあり、韓国・中国とほぼ同じだった。世界の地域別の発症率は、太平洋の島嶼国がいちばん少なく、アフリカが最も多い。ただし、国別ではうつ病多発国は欧州に最も多い。

同じWHOのデータに基づき、**図4－20**に二〇一五年における人口一〇万人あたりの自殺者数のランキングを示した。日本は世界一八三カ国中ワースト一八位で、かなり多い部類に入り、中国の約二倍の高率である。なお、自殺は男性のほうが女性より一・七倍（二〇一五年の世界平均）多いが、男女のランキングでは、日本の男性は一〇万人あたり二七・三人でワースト二〇位、女性は一二・四人でワースト九位だった。

図4-19 うつ病発症率

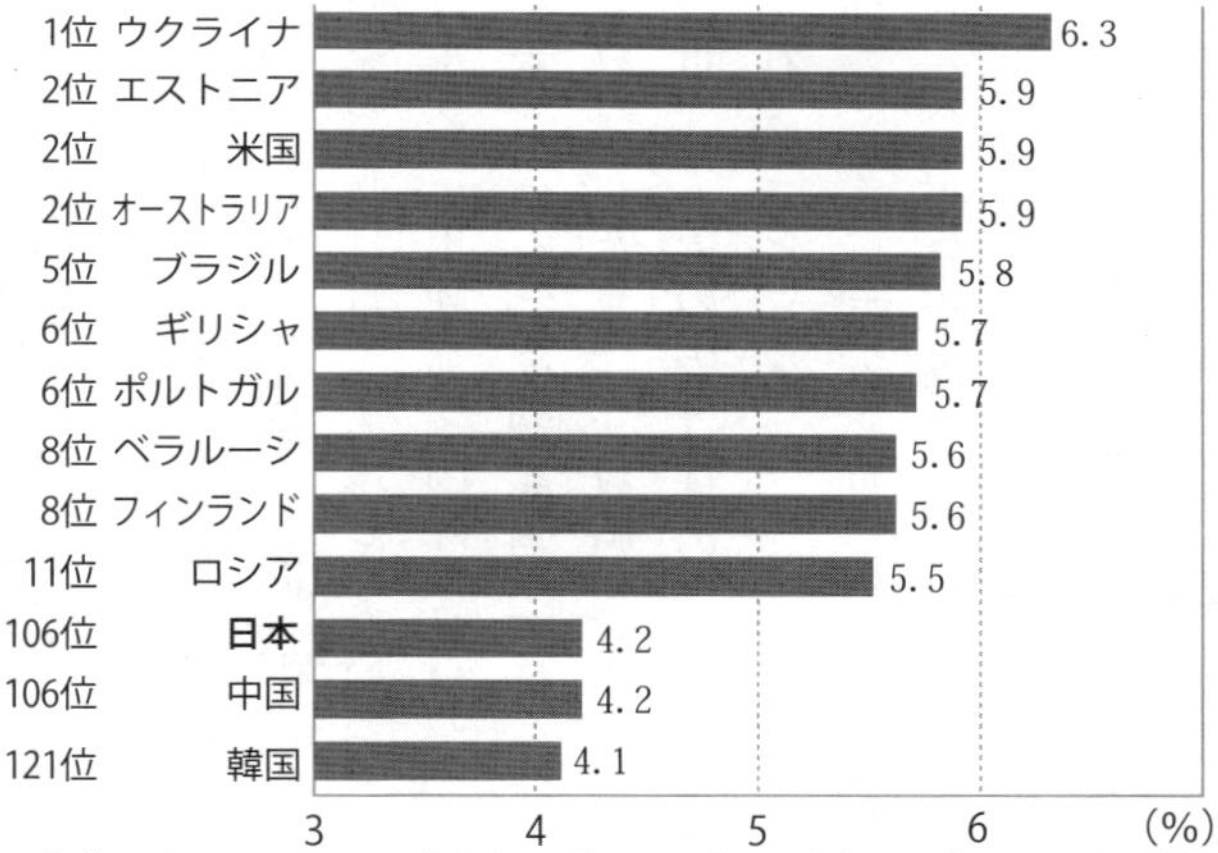

出典： Depression and Other Common Mental Disorders 2017,WHO

図4-20 自殺者数（人口10万人あたり）

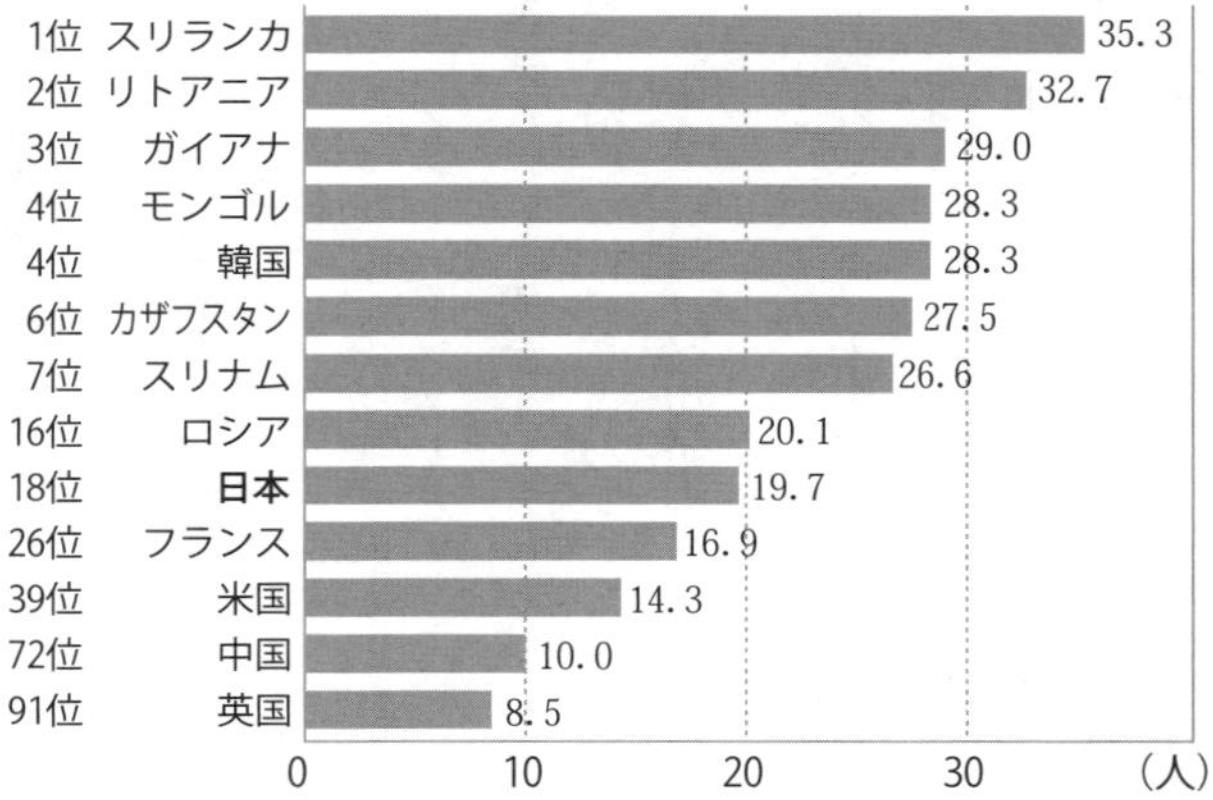

出典： Global Health Observatory (GHO) data WHO

腐敗や汚職は少ないが、人身売買では改善が見られない

中国の習近平《しゅうきんぺい》総書記が力を入れる汚職の摘発。贈収賄や職権乱用で立件された公職者は二〇一三年から三年連続で年間五万人を超え、一六年も四万七六五〇人に上った。公務員や政治家の汚職は日本でも珍しくないとはいえ、さすがにこの数には驚かされる。

ベルリンに本部を置く国際NGOの「トランスペアレンシー・インターナショナル」が毎年公表している「腐敗認識指数」は、政治や行政、警察などの公的サービスにおける汚職状況を数値化したもので、数値が大きいほど汚職が少ない清廉《せいれん》な社会を表わす。二〇一六年版では世界一七六の国と地域のうち、日本は第二〇位(**図4-21**)。欧州諸国に比べると、やや汚れているといえる。

他方、日本は「人身売買」根絶に向けた取り組みが遅れている。米国務省が毎年公表している「人身売買報告書」の二〇一七年版でも、欧米のほとんどの国が四段階の最上位にランクされているのに対して、日本は(一三年連続で)二番目のランクである(**図4-22**)。報告書では、JK(女子高生)ビジネスやアダルトビデオへの出演強要問題なども指摘されている。

図4-21 汚職の少ない清潔な社会

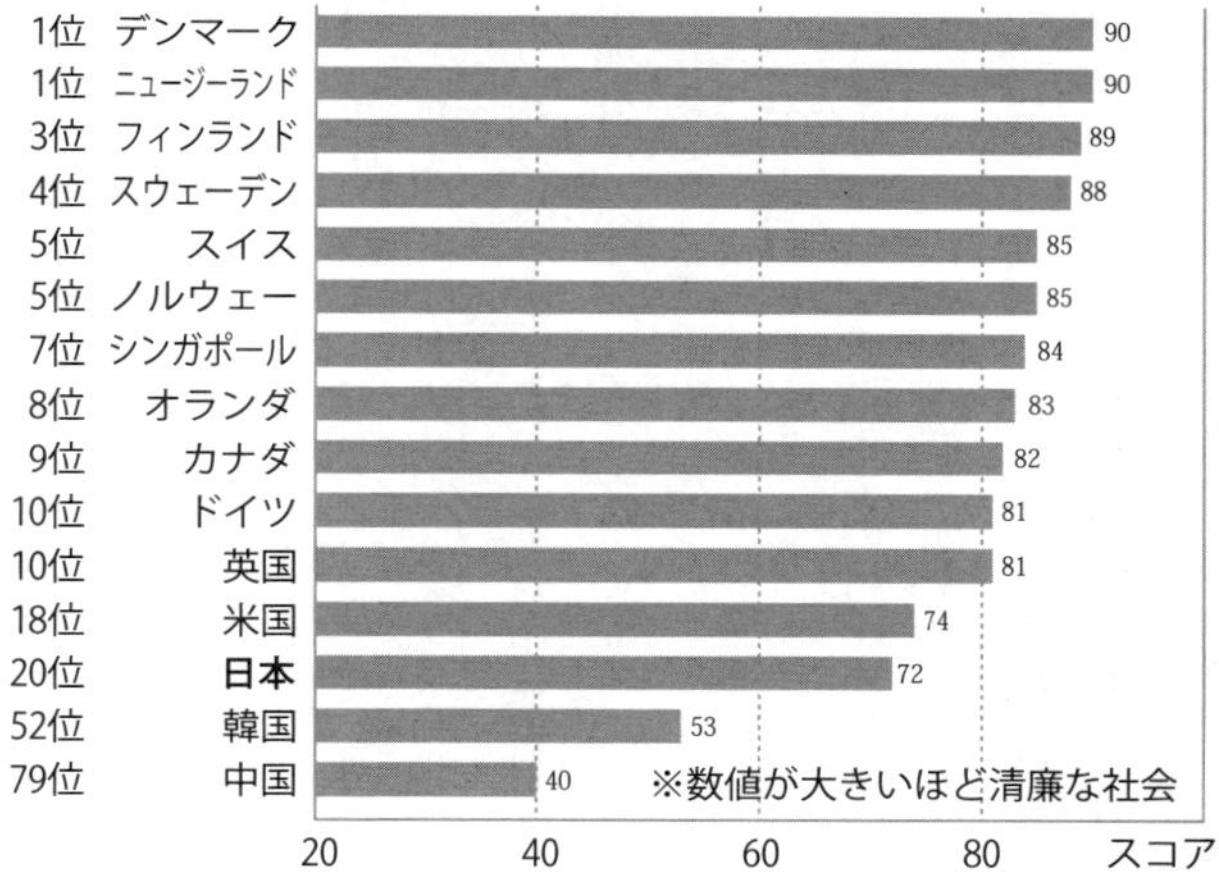

出典：Corruption Perceptions Index 2016 Transparency International

図4-22 人身売買根絶の取り組みに対する格付け

レベル1　36（国・地域）			レベル2　80（国・地域）		
英国	米国	オーストラリア	日本	ブラジル	アフガニスタン
ドイツ	フランス	ニュージーランド	ギリシャ	ベトナム	シンガポール
チリ	フィリピン	スウェーデン	エジプト	ジャマイカ	アルゼンチン
スイス	コロンビア	韓国	ケニア	メキシコ	南アフリカ
カナダ	イスラエル	台湾など	ペルー	エストニア	ブータンなど
レベル3　45（国・地域）			**レベル4　23（国・地域）**		
ラオス	ハンガリー	バングラデシュ	ロシア	中国	トルクメニスタン
ハイチ	モルドバ	モンテネグロ	ギニア	スーダン	ウズベキスタン
イラク	キューバ	ナイジェリア	コンゴ	ブルンジ	ベラルーシ
タイ	クウェート	サウジアラビア	マリ	イラン	ベネズエラ
ガーナ	パキスタン	香港など	シリア	ベリーズ	北朝鮮など

※本報告書では「Tier 1」「Tier 2」「Tier 2 watch list」「Tier 3」となっているのを、レベル1～4に表現を変えた。レベル1が最も取り組みが進んでいる国・地域。

出典： Trafficking in Persons Report june 2017 米国務省

報道の自由度は第四八位、社会の自由度は第一五位

権力を監視し、国民の知る権利を保障する意味でも、「報道の自由」は民主主義社会に必須の市民の権利といえる。しかし、先進国の中で日本の「報道の自由」に対する評価は高くない。**図4－23**は、米国に本部を置く国際NGO・フリーダムハウスが二〇一七年四月に公表した、世界一九九の国と地域の「報道の自由度」ランキングである。日本は以前から記者クラブ制度（加盟していないと自由に取材できない、官公庁などにある大手メディアの記者組織）などが外国人やフリーランスの記者から批判されており、報道の自由度の評価は低い。この報告書でも世界第四八位だった。なお、少々信頼性は乏しいが、パリを拠点とするNGO・国境なき記者団の同様のランキングでは日本は第七二位だった。

フリーダムハウスは報道の自由度に限らず、国の社会的自由度を総合的に評価した結果も毎年発表している。政治参加や表現の自由など七つの観点で、合計二五の項目について〇～四の点数で評価し、合計一〇〇点満点で世界一九五の国と地域における社会の自由度を算出。二〇一七年に発表した報告書では、日本は九六点、世界第一五位だった。

図4-23 報道の自由度

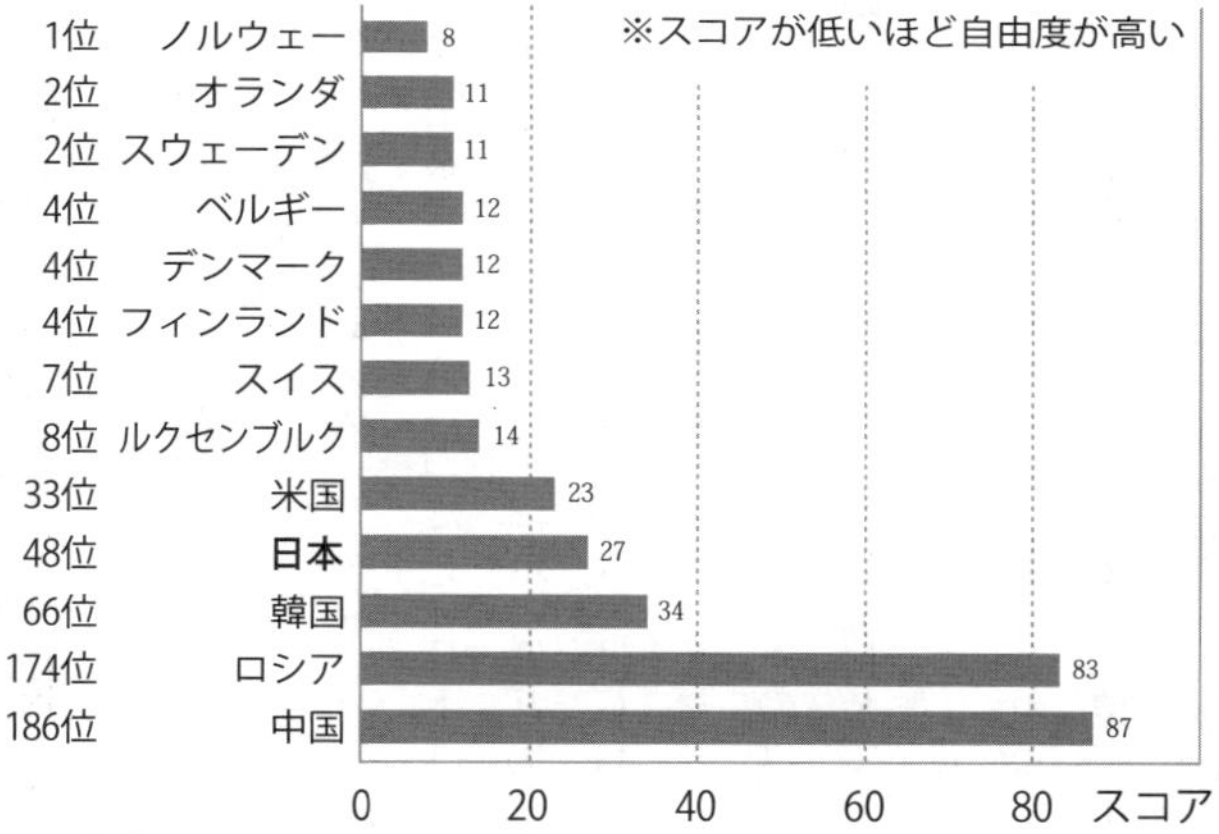

出典： Freedom of the Press 2017 Freedom House

図4-24 社会の自由度

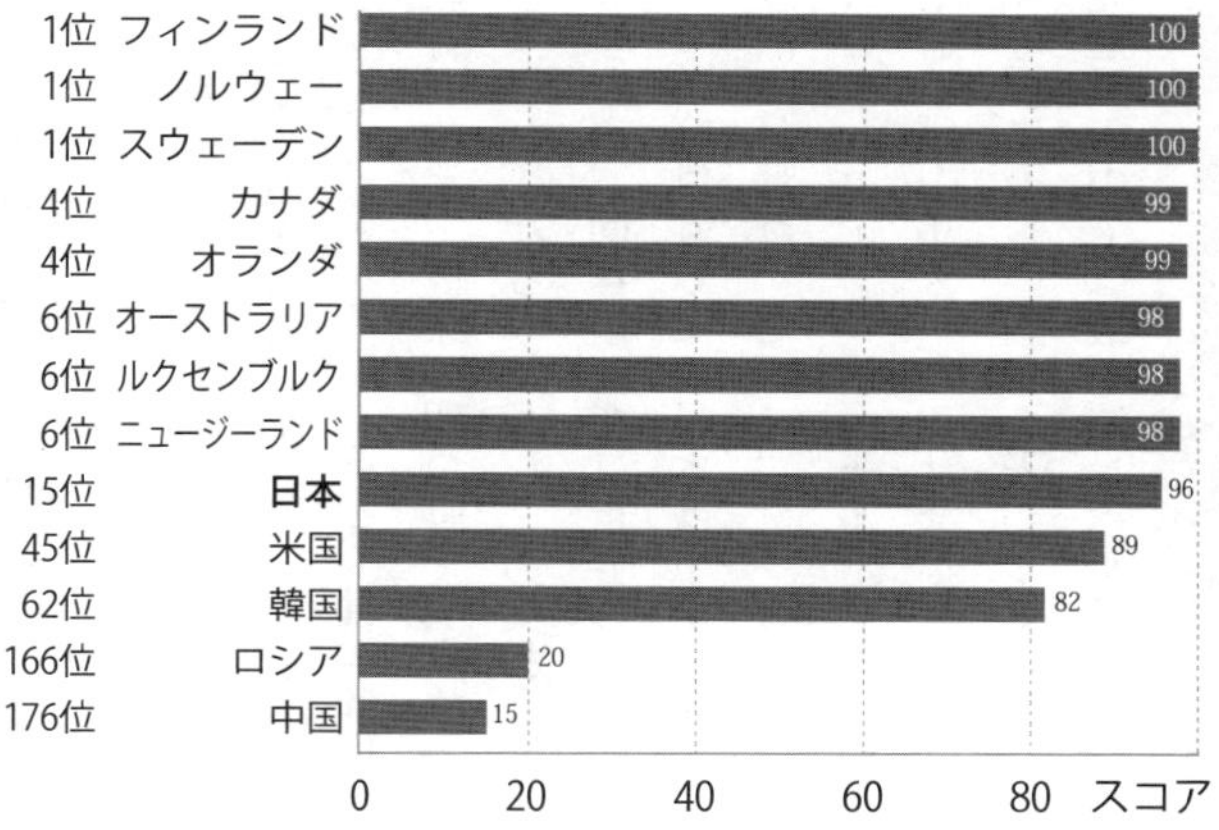

出典： Freedom in the world 2017 Freedom House

男女格差と「母親への優しさ」は先進国最低レベル

少子高齢化した日本社会では、女性のさらなる社会進出が期待されているものの、活躍できる舞台や環境はまだまだ整っていない。世界経済フォーラム（WEF）が二〇一六年一〇月に発表した「ジェンダー・ギャップ指数（GGI）」ランキングによると、日本は世界一四四カ国中第一一一位だった。GGIは、経済、教育、政治、健康の四分野で男女格差を調べて指数化したもので、一に近いほど男女平等ということになる。ただし、男女とも大学進学率や賃金が低い開発途上国などはGGIが高くなるため、**図4-25**では世界の主要四三カ国（OECD加盟国とG20参加国）をピックアップして順位付けした。日本は下から四番目の第四〇位。とくにスコアが低かったのは、経済と政治の分野だった。

図4-26は、世界の子どもを支援している国際NGO「セーブ・ザ・チルドレン」が毎年公表している母親指数のランキング。これは「妊産婦の死亡リスク」「五歳未満児の死亡率」など五つの指標から総合的に算出される、いわば「母親に優しい国」を表わしている。最新の二〇一五年版では、日本は第三二位。主立った先進国の中では最下位レベルである。

図4-25 ジェンダー・ギャップ指数（男女格差）

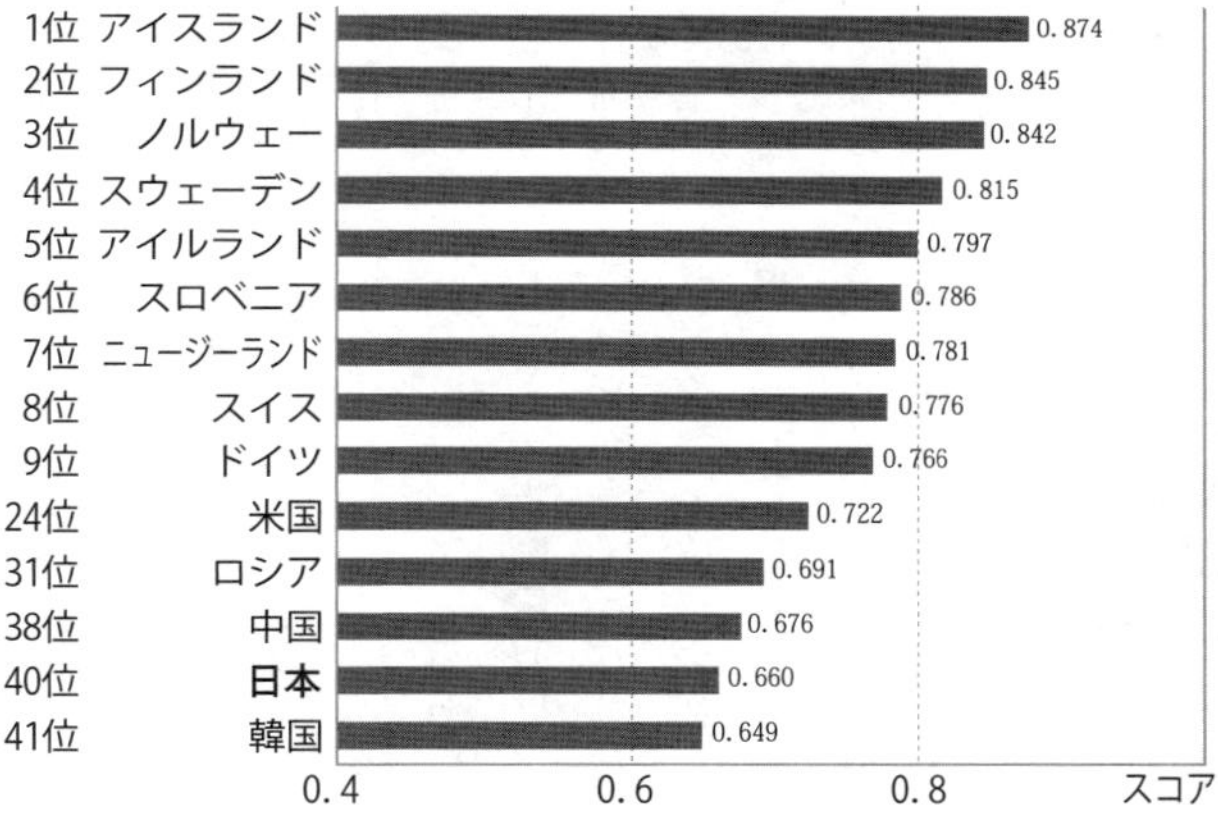

※OECD加盟国とG20の43カ国（EUを除く）が対象。1に近いほど男女平等。
出典： Global Gender Gap Index 2016 World Economic Forum

図4-26 母親指数（母親に優しい国）

順位	国名	順位	国名	順位	国名
1位	ノルウェー	14位	シンガポール	169位	シエラレオネ,ハイチ
2位	フィンランド	23位	フランス	171位	ギニアビサウ
3位	アイスランド	24位	英国	172位	チャド
4位	デンマーク	30位	韓国	173位	コートジボアール
5位	スウェーデン	32位	**日本**	174位	ガンビア
6位	オランダ	33位	米国	175位	ニジェール
7位	スペイン	56位	ロシア	176位	マリ
8位	ドイツ	61位	中国	177位	中央アフリカ
9位	オーストラリア	83位	タイ	178位	コンゴ民主共和国
10位	ベルギー	140位	インド	179位	ソマリア

出典： STATE OF THE WORLD'S MOTHERS 2015　Save the Children

外国人が暮らしにくく、引退後の生活もそう楽でない

日本には仕事や留学などの理由で、多くの外国人が暮らしている。**図4－27**はそうした外国人が暮らしやすい国のランキングである。これは世界三九〇都市で外国人居住者のネットワーク化を展開するインターネーションズ社（本部ドイツ）が、二〇一七年二～三月に母国以外で暮らす約一万二五〇〇人を対象に実施したアンケート調査結果による。「生活の質」「家族の生活」など五つの指標における一六項目の合計スコアで、日本は六五カ国中第四〇位。外国人には暮らしにくいようだ。安全（二位）、教育の質（五位）などで上位だったが、仕事と生活のバランス（六五位）、言語（六二位）などの評価が低かった。

一方、**図4－28**は「年金受給者生活水準ランキング」。いわば引退した人が幸せに暮らしている国の順位で、フランスの資産運用会社のナティクシス・グローバル・アセット・マネジメント社による。二〇一七年版では日本は調査対象の四三カ国中第二三位、ちょうど真ん中だった。この調査は四つの指標からなるが、その指標別の日本の順位は、「健康」六位、「物質的豊かさ」一二位、「生活の質」二二位、「引退後の財政」三六位だった。

図4-27 外国人が暮らしやすい国

順位	国名	順位	国名	順位	国名
1位	バーレーン	12位	ベトナム	56位	トルコ
2位	コスタリカ	23位	ドイツ	57位	インド
3位	メキシコ	29位	フィリピン	58位	カタール
4位	台湾	31位	韓国	59位	ウクライナ
5位	ポルトガル	34位	オーストラリア	60位	イタリア
6位	ニュージーランド	39位	香港	61位	サウジアラビア
7位	マルタ	40位	**日本**	62位	ブラジル
8位	コロンビア	43位	米国	63位	ナイジェリア
9位	シンガポール	50位	ロシア	64位	クウェート
10位	スペイン	55位	中国	65位	ギリシャ

出典：The Best & Worst Places for Expats in 2017 InterNations

図4-28 引退後に暮らしやすい国（年金受給者生活水準ランキング）

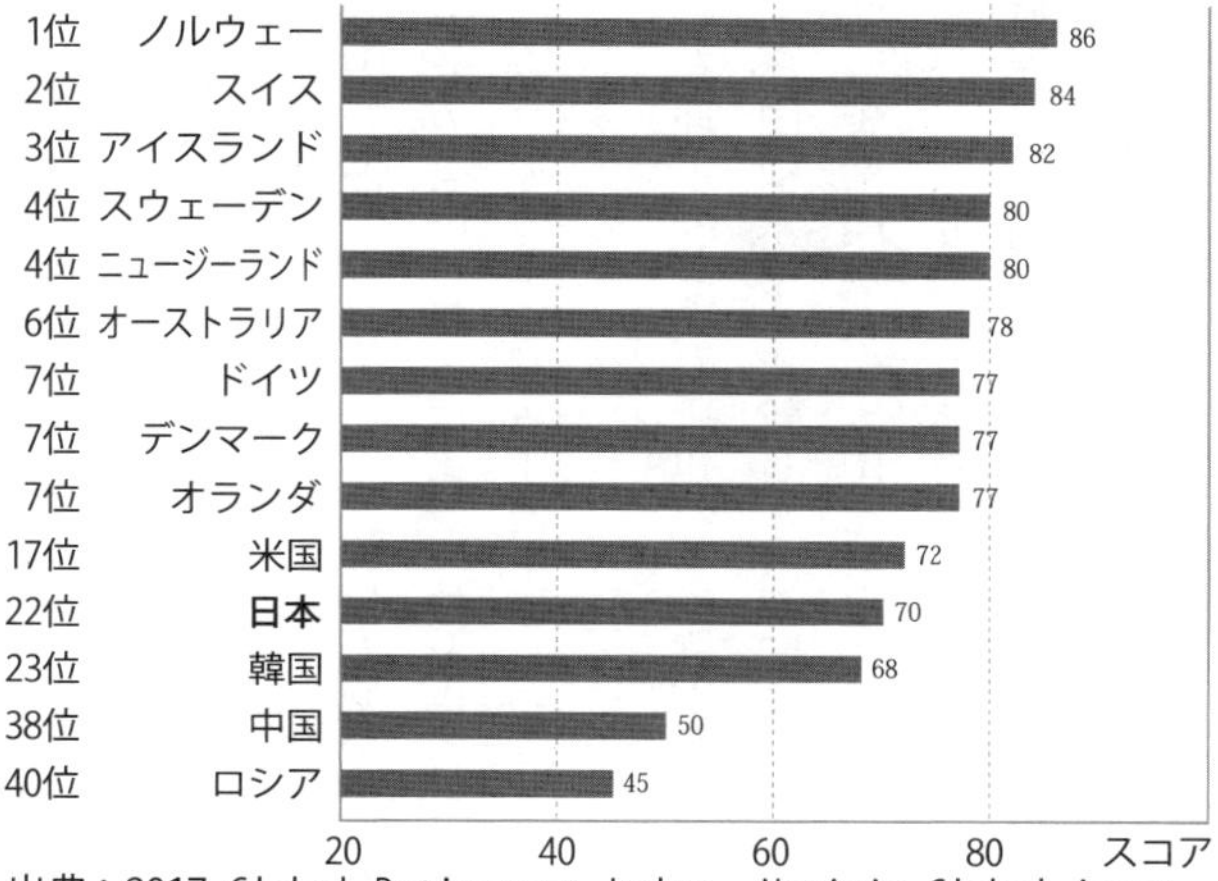

出典：2017 Global Retirement Index　Natixis Global Asset Management

医療の質は世界最高レベルだが、「死の質」は第一三位

国民の健康と高寿命を支える医療。その「医療の質」について、二〇一七年五月に世界的有名医学誌「ランセット」が公表した世界ランキングでは、日本はトップ一〇に届かず、第一一位だった（**図4－29**）。これは世界一九五の国と地域を対象に、予防や治療が可能な三二疾患の二〇一五年における死亡率に基づき比較したもの。日本は第一一位といえども第四位の国々との差はわずかで、しかも人口が多い国ほど死亡率を減らすのが難しいことを考えれば、実質的に世界最高レベルといってよいだろう。

また、ふだんの医療も大切だが、人生の終焉《しゅうえん》を迎えたときの緩和ケアや終末医療も「人生の質」を左右する非常に重要な医療である。その国別水準を比較したのが**図4－30**の「死の質」ランキングである。英国エコノミスト誌の調査部門が八〇カ国を対象に、五つの指標に基づく項目を算定して合計スコアで求めた。二〇一五年版で日本は総合第一四位。五つの指標とそれぞれの順位は、「緩和ケアと保健医療環境」一四位、「人材」一六位、「経済負担」一七位、「ケアの質」一六位、「地域の協力体制」五位だった。

図4-29 医療の質

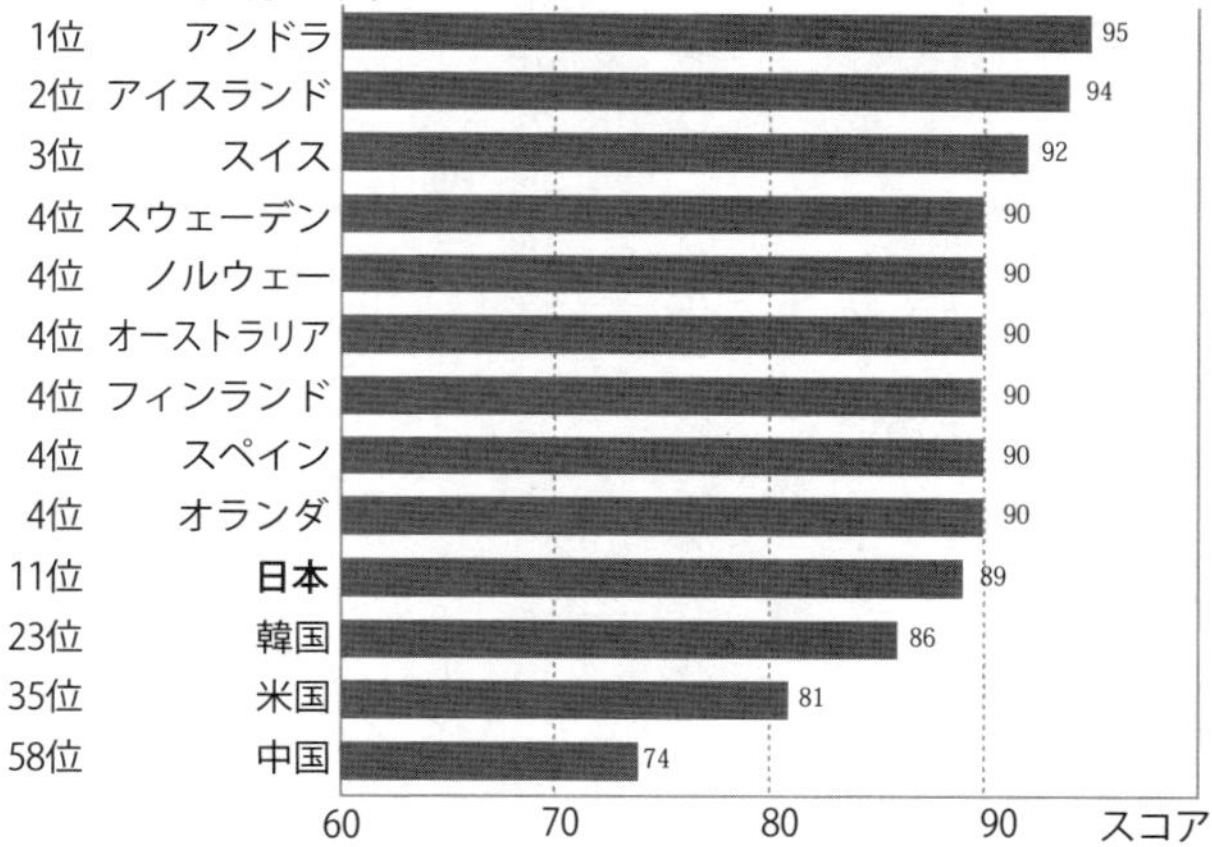

※中国はスコアが74の4カ国の同率順位。
出典：Healthcare Access and Quality Index 2017, THE LANCET

図4-30 死の質

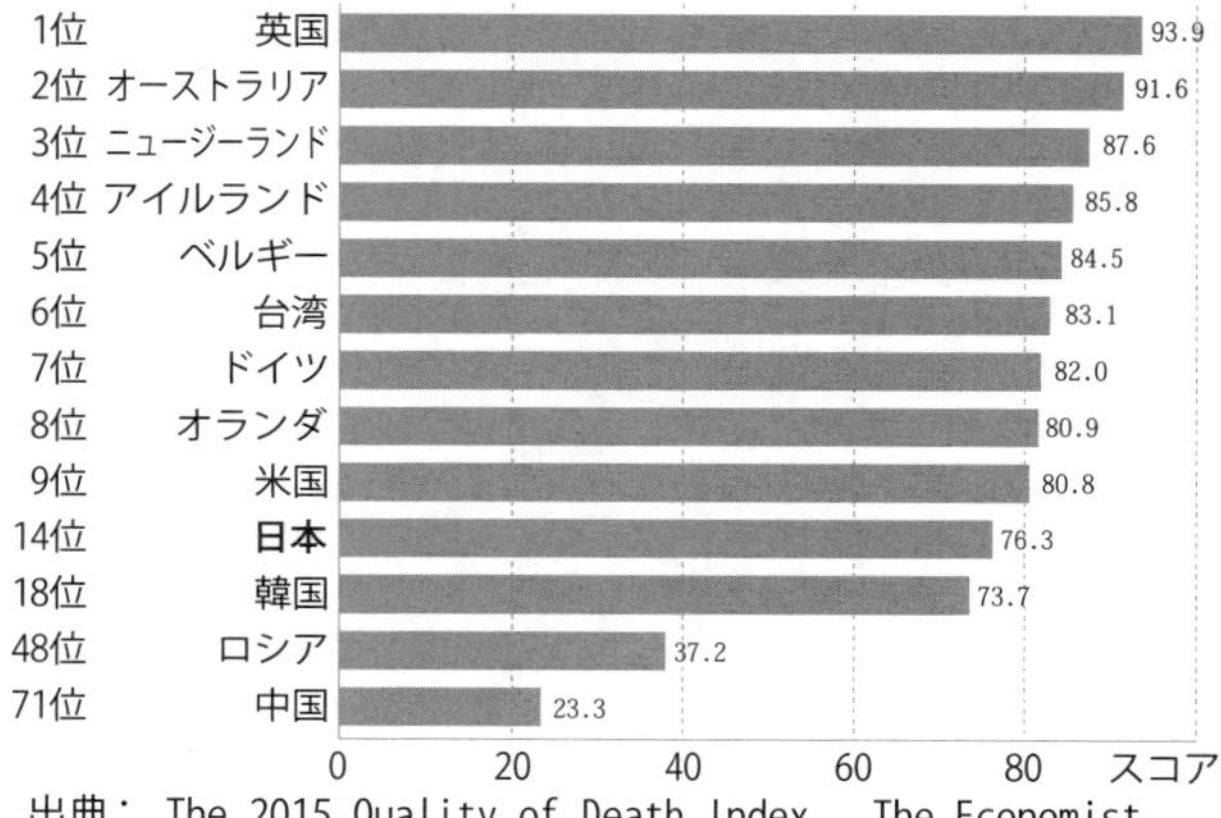

出典： The 2015 Quality of Death Index　The Economist Intelligence Unit

「最高の国」では第四位。でも「繁栄度」は第二三位

さて、これまでさまざまな世界ランキングにおける日本の順位を見てきたが、日本が世界トップレベルにある分野もあれば、そうでない分野もあった。では、総合的に査定すると日本は国家として世界の中で優等生なのかどうか。

図4－31は、米ニューズ&ワールド・リポート（NWR）誌が発表した二〇一七年版の「世界最高の国」ランキングである。これは世界の主要八〇カ国について、「文化的影響力」「市民権」「冒険」「起業家精神」「歴史的遺産」「原動力」「ビジネスのオープン度」「パワー」「生活の質」の九つの指標から合計スコアを算出したもので、日本は総合で世界第四位に選ばれた。ただし、この手のランキングは他にもいろいろな会社や団体が発表しており、**図4－32**は英国のシンクタンク・レガタム研究所による「世界で最も繁栄している国」ランキング（二〇一六年）である。表現は異なるが、主旨は「世界最高の国」とほぼ同じだ。判定の指標は若干《じやっかん》異なり、「経済」「ビジネス環境」「政府」「教育」「健康」「安全・防犯」「個人の自由」「社会資本」「自然環境」の九つ。日本の順位は、こちらでは世界第二三位である。

図4-31 世界最高の国

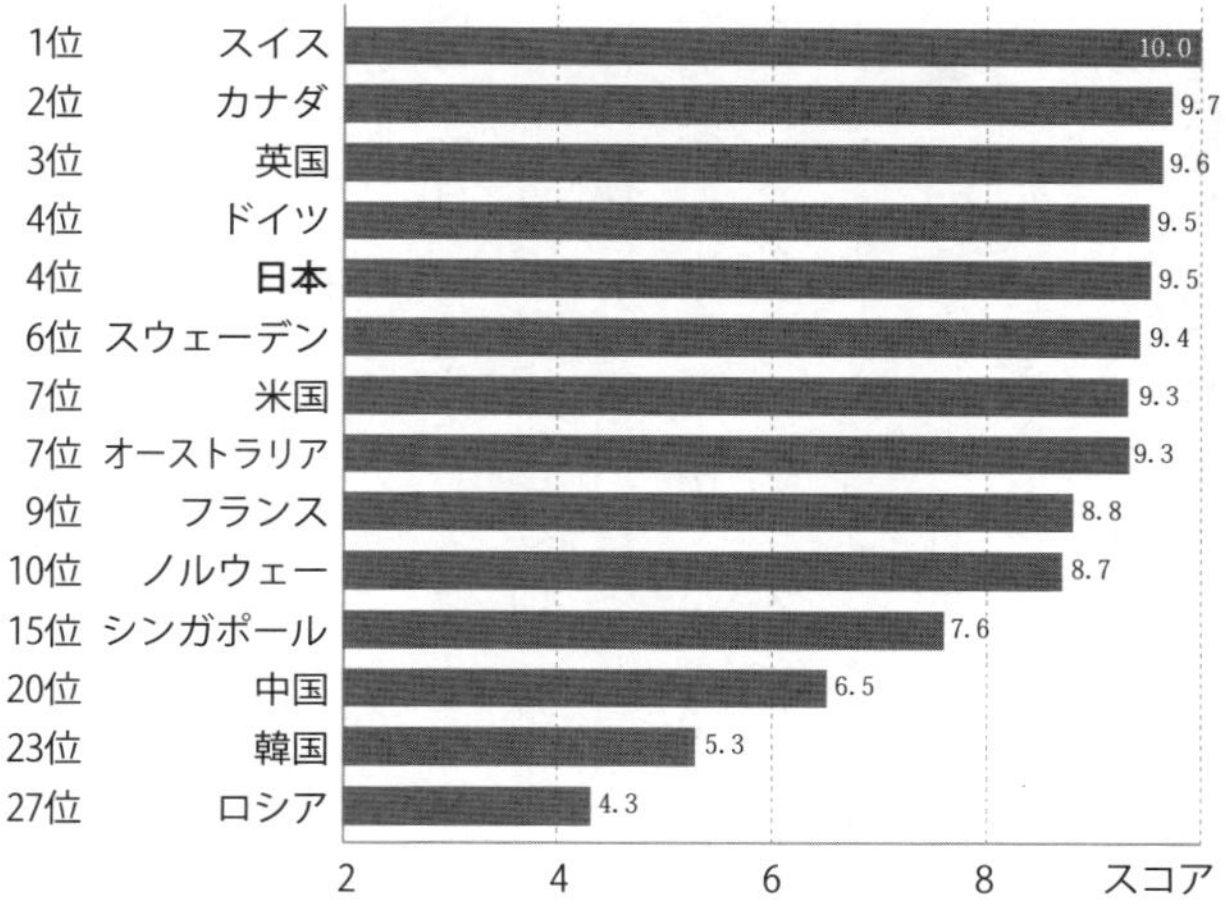

出典：BEST COUNTRIES　2017, U.S.News & World Report

図4-32 世界で最も繁栄している国

順位	国名	順位	国名	順位	国名
1位	ニュージーランド	11位	ドイツ	21位	スペイン
2位	ノルウェー	12位	ルクセンブルク	22位	**日本**
3位	フィンランド	13位	アイルランド	23位	香港
4位	スイス	14位	アイスランド	32位	イタリア
5位	カナダ	15位	オーストリア	35位	韓国
6位	オーストラリア	16位	ベルギー	52位	ブラジル
7位	オランダ	17位	米国	65位	メキシコ
8位	スウェーデン	18位	フランス	90位	中国
9位	デンマーク	19位	シンガポール	95位	ロシア
10位	英国	20位	スロベニア	104位	インド

出典：THE LEGATUM PROSPERITY INDEX™ 2016　Legatum Institute

日本の幸福度は世界五一位、幸福感を持つ人は約六割

本章の最後に、国の幸福度と国民の幸福感を取り上げる。かねてより、物質的に豊かで社会制度が充実している先進国のほうが開発途上国より幸福感が低いという「幸福のパラドクス」が指摘されてきたが、ここで紹介する二つの調査結果もその傾向を示している。

図4－33は国連と米コロンビア大学が設立した「持続可能な開発ソリューション・ネットワーク」が発表した「世界幸福度報告書二〇一七」の幸福度ランキング。GDPや健康寿命、社会支援、人生選択の自由などの指標から世界一五五カ国の幸福度合を算出した結果、欧州先進国が上位に並ぶ中、日本は第五一位だった。しかし、国民の幸福感はそれとは別。**図4－34**にギャラップ・インターナショナル・アソシエーションが公表した「エンド・オブ・イヤー・サーベイ二〇一六」から、日米中韓露における幸福な国民の割合を示した。また、**図4－35**はその調査で対象となった世界六九の国と地域の「幸福」（「とても幸福」と「幸福」の合計）感を感じている国民の割合のランキング。日本は五九・三パーセントで、世界平均の六一・八パーセントより低かった。一党独裁下の中国国民は、実は世界で六番目に幸福を感じているのだ。

図4-33 幸福な国

順位	国名	順位	国名	順位	国名
1位	ノルウェー	14位	米国	56位	韓国
2位	デンマーク	15位	アイルランド	70位	パラグアイ
3位	アイスランド	16位	ドイツ	71位	香港
4位	スイス	19位	英国	72位	フィリピン
5位	フィンランド	30位	パナマ	79位	中国
6位	オランダ	31位	フランス	81位	インドネシア
7位	カナダ	36位	コロンビア	87位	ギリシャ
8位	ニュージーランド	48位	イタリア	94位	ベトナム
9位	オーストラリア	49位	ロシア	110位	バングラデシュ
10位	スウェーデン	51位	日本	155位	中央アフリカ

出典： WORLD HAPPINESS REPORT 2017　Sustainable Development Solutions Network

図4-34 日米中韓露における国民の幸福感

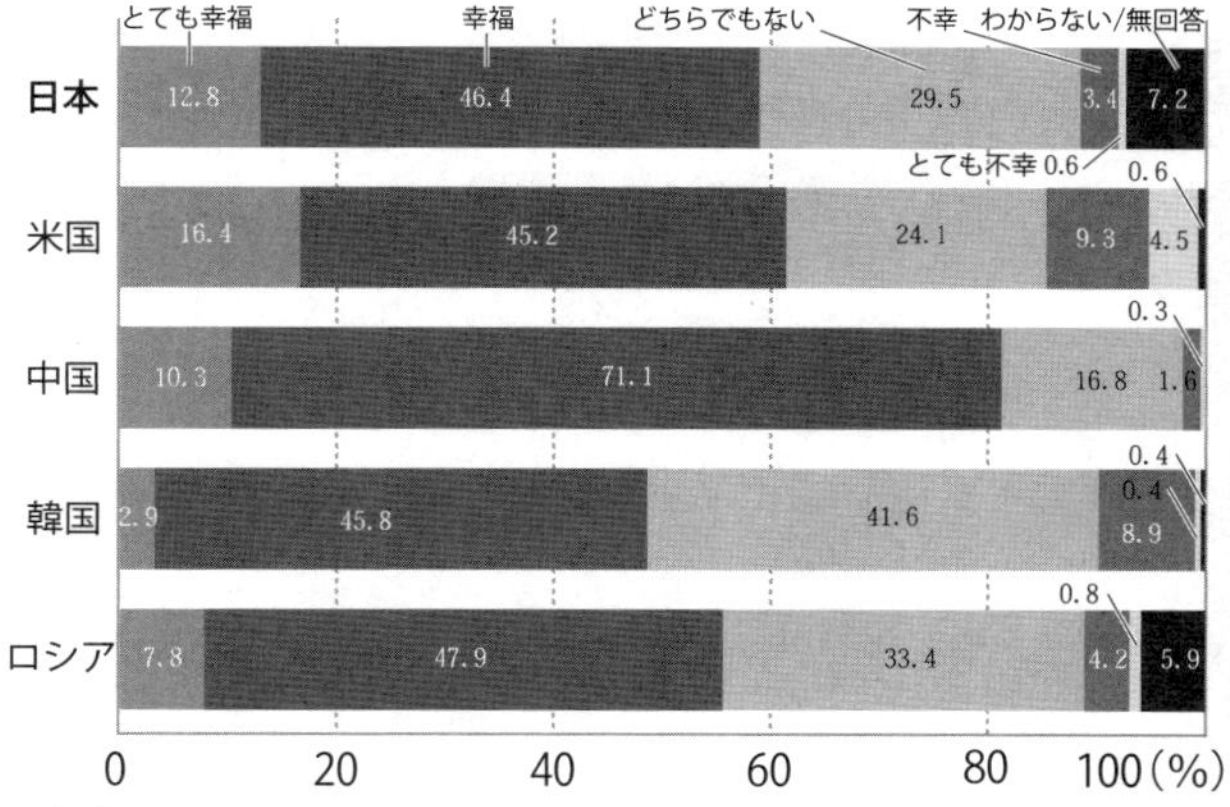

出典： End of Year Survey 2016　WIN・GIA

図4-35 国民が幸福感を感じている国

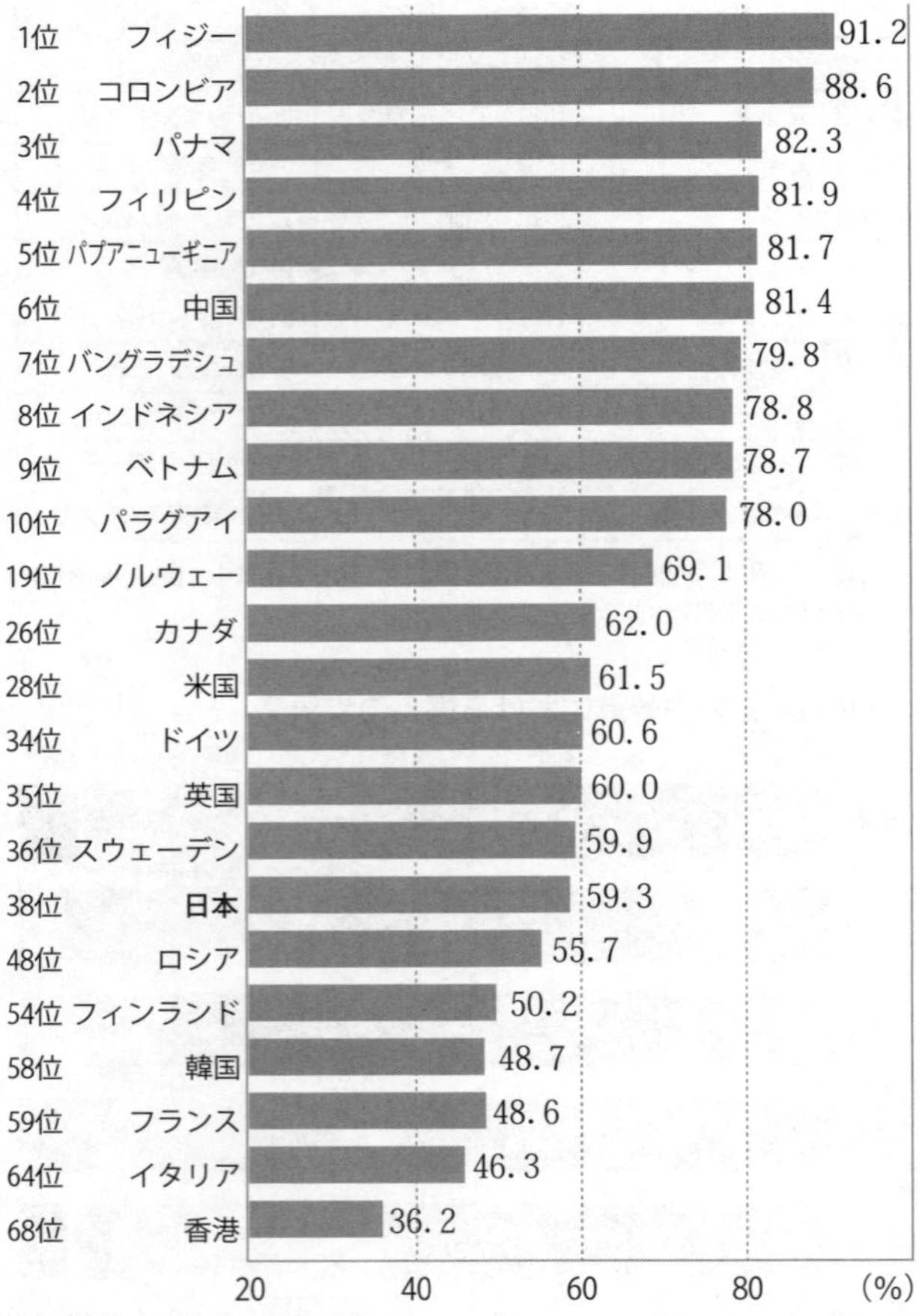

※数字は「とても幸福」と「幸福」と答えた国民の合計割合。
出典： End of Year Survey 2016　WIN・GIA

五章

日本観光はどこまで魅力的か……

二〇一六年のインバウンドは、二四〇〇万人で世界第一六位

本章では、日本を訪れる外国人（以下、訪日外客）や「観光地」としての日本に関するデータを基に、日本が訪問する価値のある魅力的な国かどうかを検証する。訪日外客が即親日家とはいえないまでも、日本と何らかの関係を持つか、あるいは関心がある人たちである。インバウンドの増加はビジネスや経済面のみならず、親日家を増やす意味でも重要だ。事実、訪日を契機に対日観が変わったという中国人も多いという。

まず、**図5-1**に訪日外客数の長期推移を示した。日本経済が低成長を続けている昨今、急激に増加した訪日外客の大半は観光客である。経済の低迷が訪日旅行を割安にし、観光客が押し寄せているのはちょっとした皮肉だが、訪日外客の増加は大歓迎だ。格安航空会社（LCC）の成長や日本政府による「クール・ジャパン」の取り組みなどもインバウンド増加に寄与していると思われる。二〇一六年の外客数の世界ランキングで、日本は世界第一六位（**図5-2**）。上位国とはまだかなりの差があるものの、現在の勢いからすると、東京五輪の二〇二〇年に訪日外客四〇〇〇万人という政府目標も達成可能かもしれない。

図5-1 訪日外客数の推移

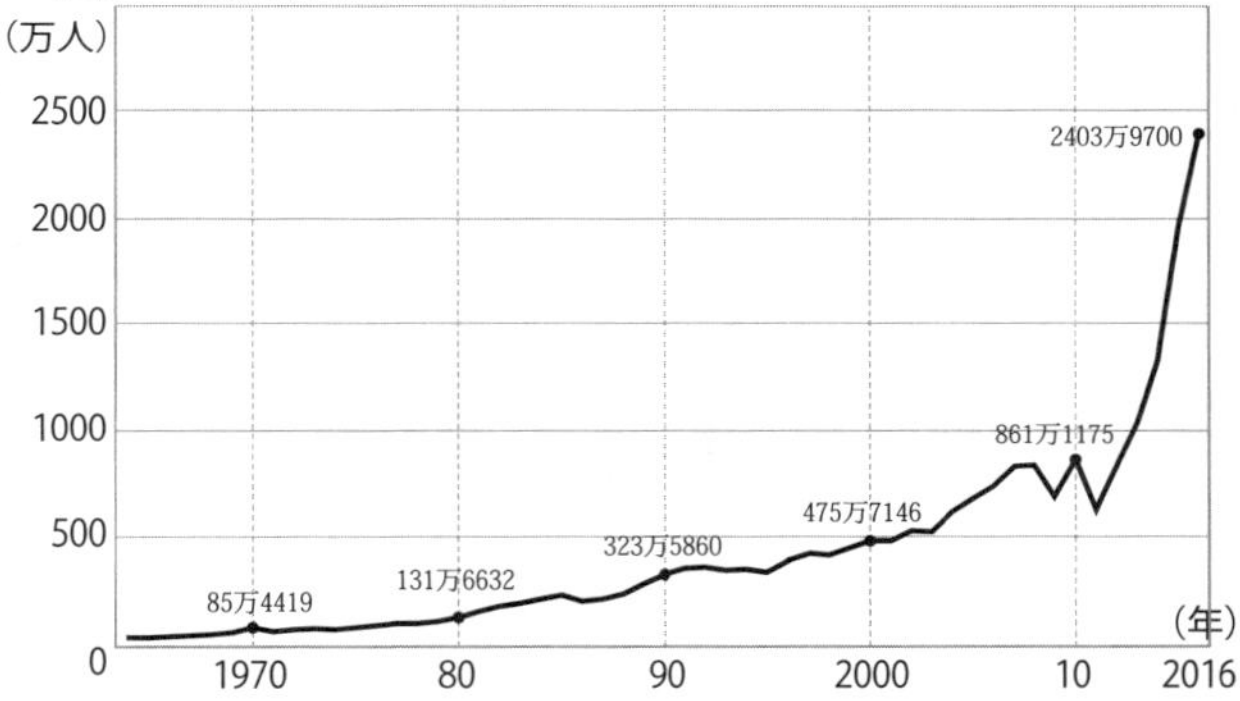

※日本を主たる居住国とする永住者等の外国人を除く。ただし、外国人一時上陸客等を加えている。
出典:「訪日外客数」日本政府観光局(JNTO)

図5-2 外客数の世界ランキング

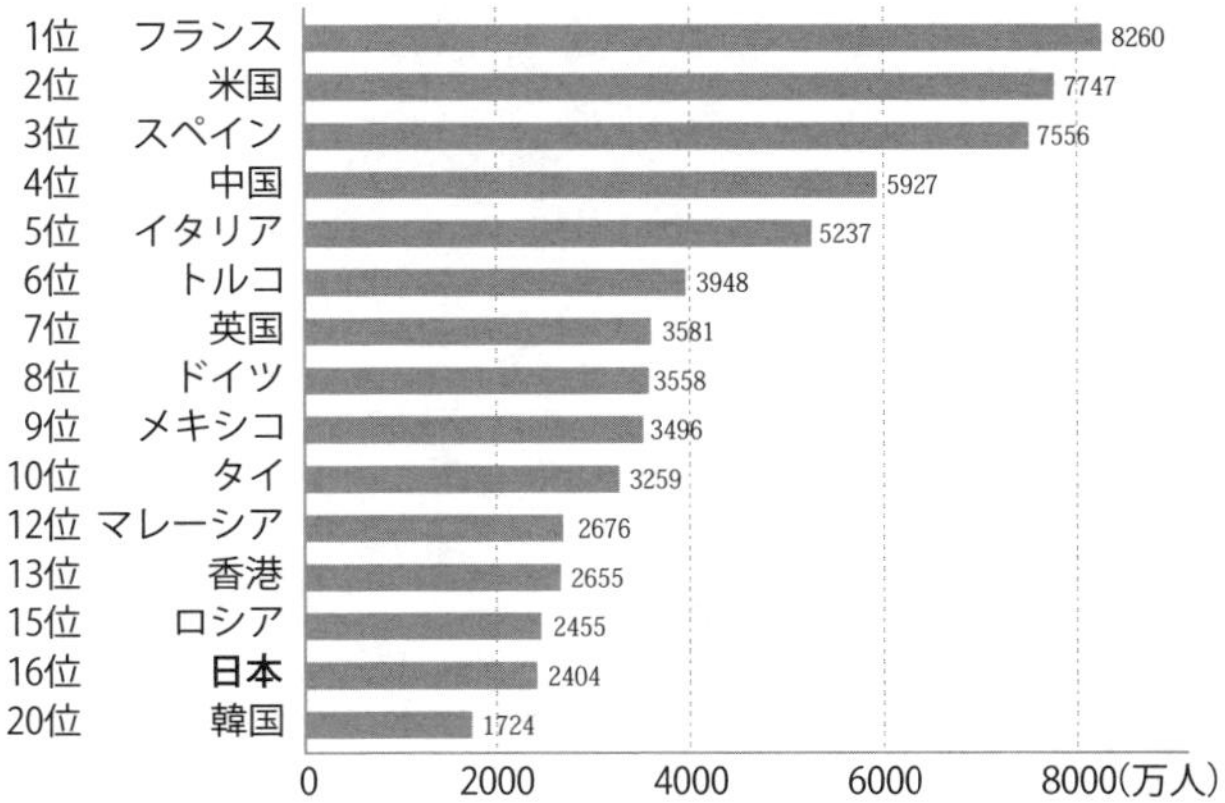

※2017年6月時点の暫定値。ただし、米国は2015年の数値。
出典:「世界各国、地域への外国人訪問者数ランキング」
日本政府観光局(JNTO)

二大反日国が二大訪日国

訪日外客の大半はアジアからで、全体のおよそ八五パーセントを占める。訪日外客数の上位一〇カ国のうち、アジア以外の国は米国とオーストラリアのみである。アジアの中でも、中国（二六・五パーセント）、韓国（二一・二パーセント）、台湾（一七・三パーセント）、香港（七・七パーセント）の上位四カ国で実に七二・七パーセントを占める（**図5－3**）。中国と韓国といえば世界で数少ない反日国。その二国から第一位と第二位の数の人が日本を訪れていることになり、対日感情の改善が期待される。

図5－4に中韓台香からの訪日客数の推移を示した。二〇一三年までは韓国からの来訪者が最も多かった。中国が逆転したのは一五年で、このとき一九七〇年以来四五年ぶりに訪日外客数が出国日本人数を上回った。なお、〇九年に訪日外客数が落ち込んだのは、新型インフルエンザが世界的に流行したことによる。また、一一年の下落は東日本大震災で福島原発事故が発生し、放射能汚染を心配する人が増えたからである。しかし、それもすぐに杞憂《きゆう》だとわかり、翌一二年から再び訪日外客数は急上昇を続けている。

図5-3 訪日外客数の国別割合

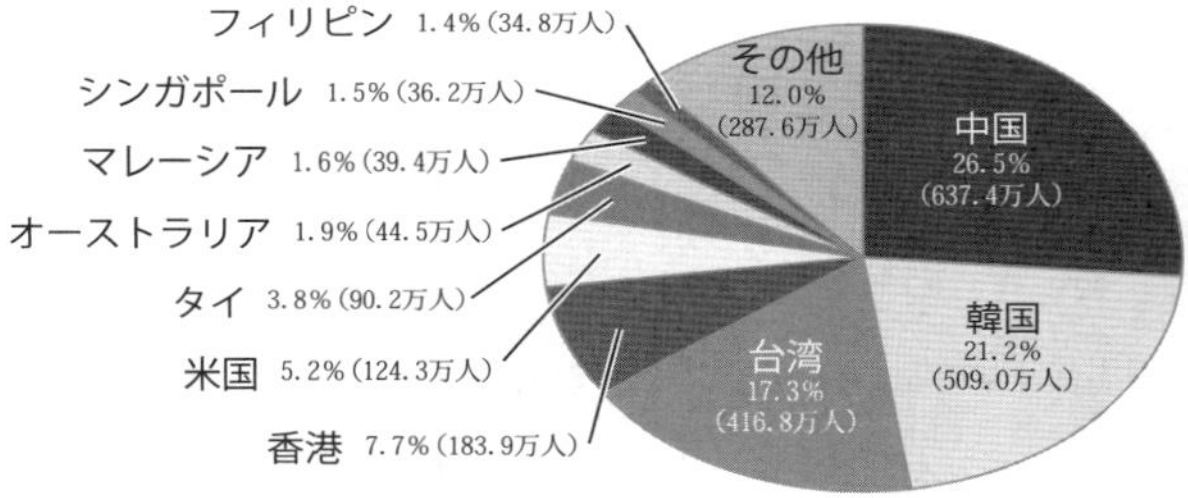

出典：「世界各国、地域への外国人訪問者数ランキング」2016年, 日本政府観光局（JNTO）

図5-4 中韓台香の国別訪日外客数の推移

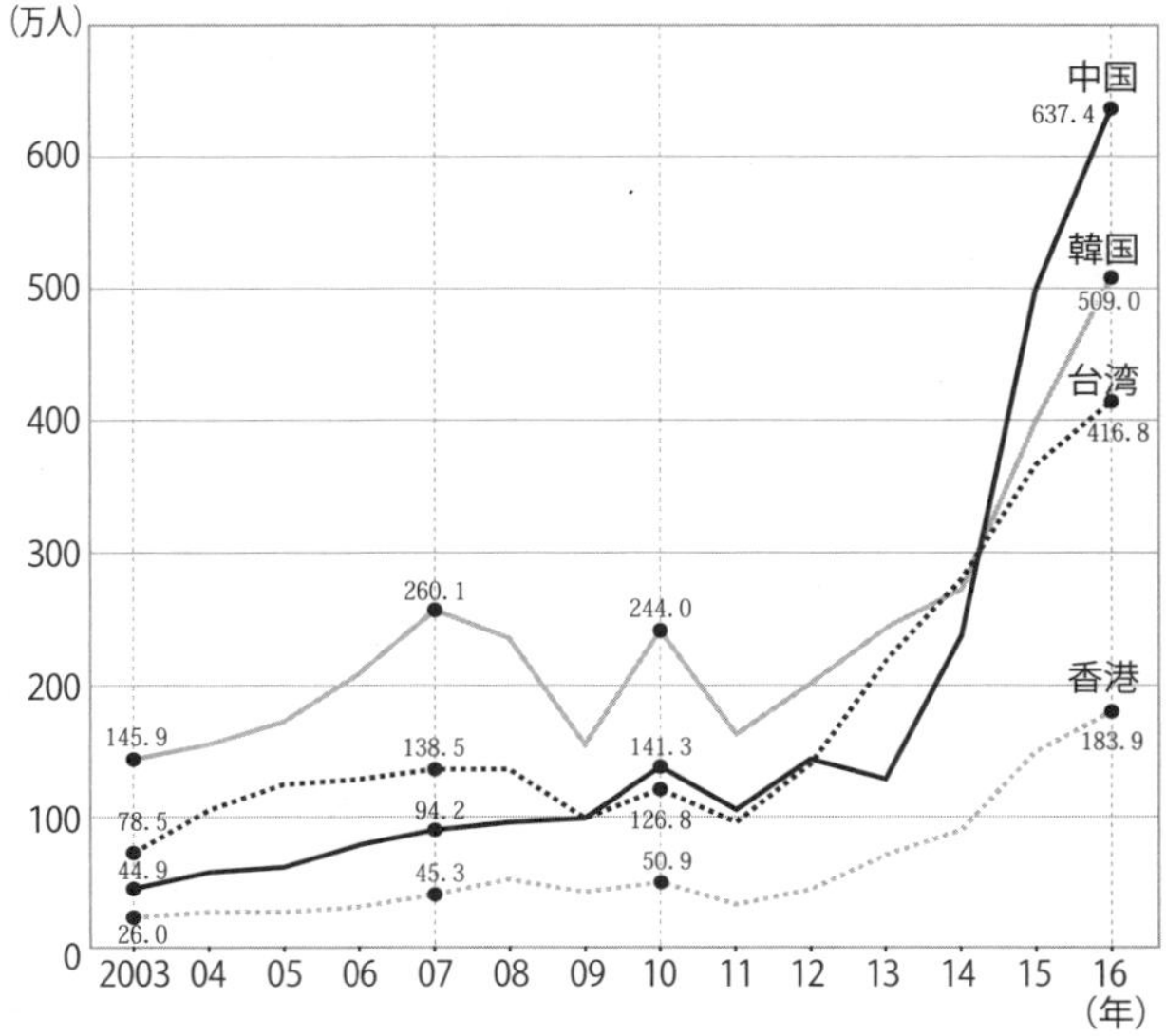

出典：「訪日外客数（年表）」日本政府観光局（JNTO）

旅行収支が二〇一五年に黒字転換したのは中国人のおかげ

訪日観光は日本の真実の姿に触れて親日家になってもらうよい機会だが、インバウンドの増加は何といっても経済効果が大きい。**図5－5**に日本の旅行収支の推移を示した。旅行収支とは、訪日外客が宿泊費や飲食費など日本で遣《つか》った金額から、日本人海外旅行者が外国で遣った金額を差し引いた額のこと。ただし、行き帰りの航空運賃は輸送収支に入り、旅行収支には含まれない。日本の旅行収支は過去五〇年余りずっと赤字だったが、二〇一五年に五三年ぶりに黒字に転換した。

日本の旅行収支の黒字化にいちばん貢献した国は、いうまでもなく訪日客が最多の中国である。**図5－6**は二〇一六年における訪日外客が日本で遣った旅行費総額の国別割合である。金額には日本国内で遣った分に加え、パッケージツアーに参加した人が自国の旅行会社に支払った代金のうち日本に支払われる宿泊費や交通費なども含まれる。ただし、行き帰りの航空運賃は含まない。中国が日本で遣った旅行費は実に全体の約四割を占める。もっとも、一六年はまだ「爆買い」の最中。今後は若干減収に転じると予想される。

図5-5 日本の旅行収支の推移

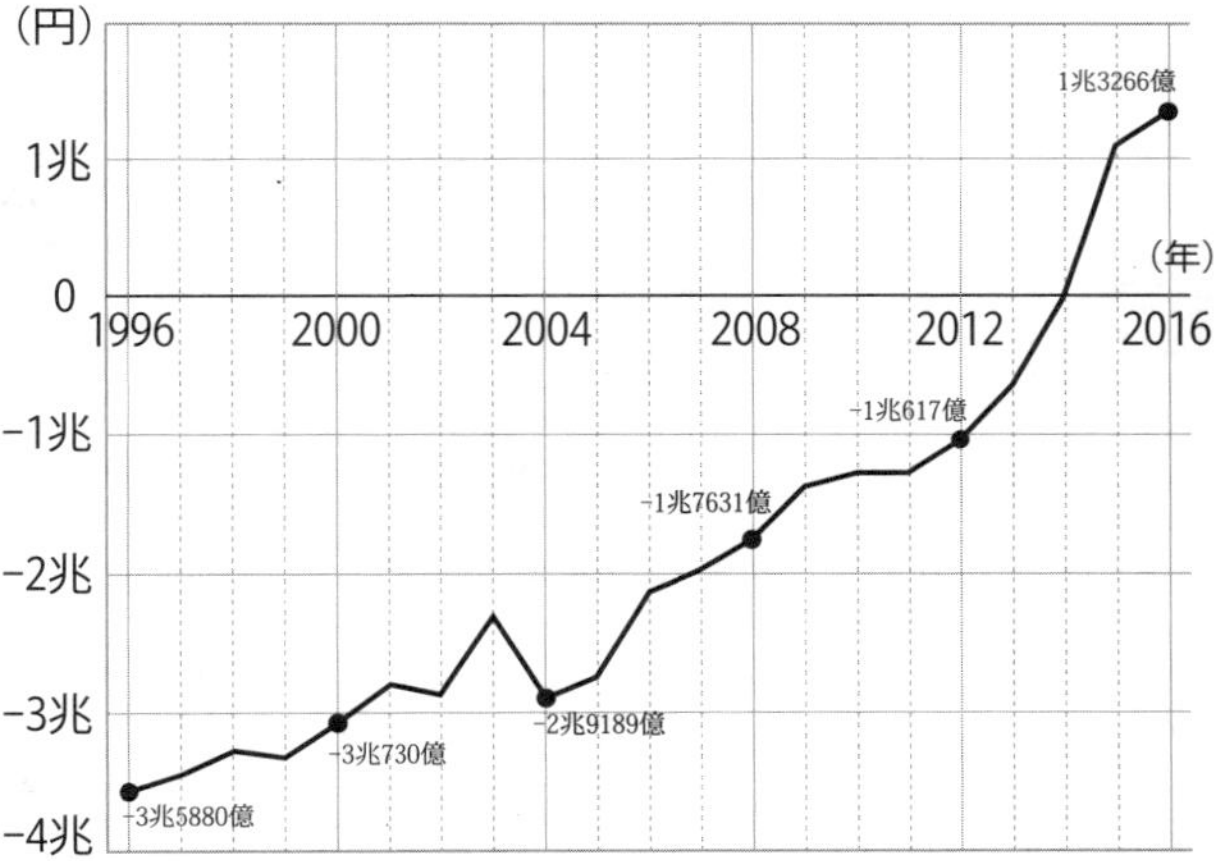

出典：「国際収支状況」財務省

図5-6 訪日外客が日本で遣った旅行費総額の国別割合

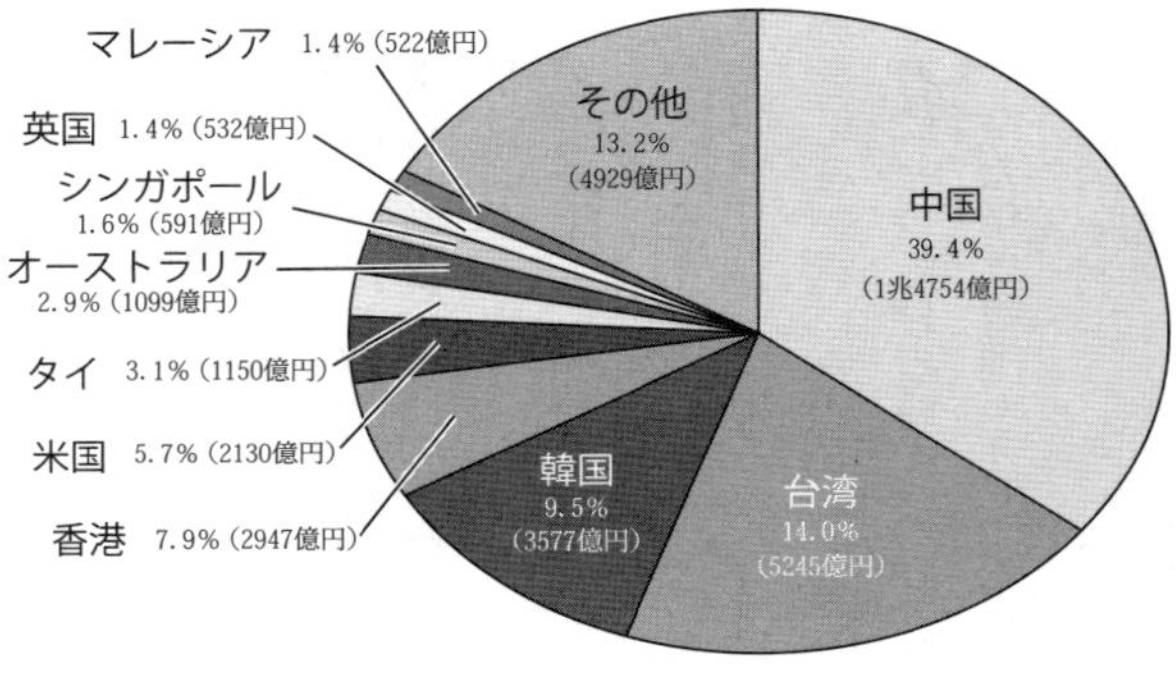

※パッケージツアー参加費の日本の受取分を含む。
出典：「訪日外国人消費動向調査結果」 2016年、観光庁

滞在日数が長いオーストラリア人観光客が大金を遣う

日本でいちばんお金を遣う旅行者は中国人だったが、それは中国人旅行者総計の話。二〇一六年における旅行者一人あたりの日本での支出額は、中国人（約二三万二〇〇〇円）よりオーストラリア人（約二四万七〇〇〇円）のほうが多かった（**図5－7**）。といっても、オーストラリア人が中国人以上に爆買いしたわけではなく、滞在日数が違うのだ。**図5－8**に国別訪日外客の平均宿泊数を示した。ただし、ここでは訪日目的が「観光・レジャー」の旅行者すなわち観光客に限った。実は本章のここまでのデータは訪日外客のすべてを対象にしてきたが、仕事や業務で来る人の割合がかなり多い国もある。訪日目的については次項で取り上げる。いずれにしろ、オーストラリア人観光客の日本滞在日数は中国人の二倍以上であり、その分お金を遣ったのである。このように滞在日数を見ると、いちばん短い韓国人がいちばんお金を遣わないことがわかる。つまり韓国人旅行者にとって日本旅行はお手軽な国内旅行の延長のようなものだといえる。ちなみに、同じ二〇一六年に韓国を訪れた各国の旅行者のうち、いちばんお金を遣わなかったのは日本人だった。

図5-7 国別/訪日外客1人あたりが日本で遣った旅行費

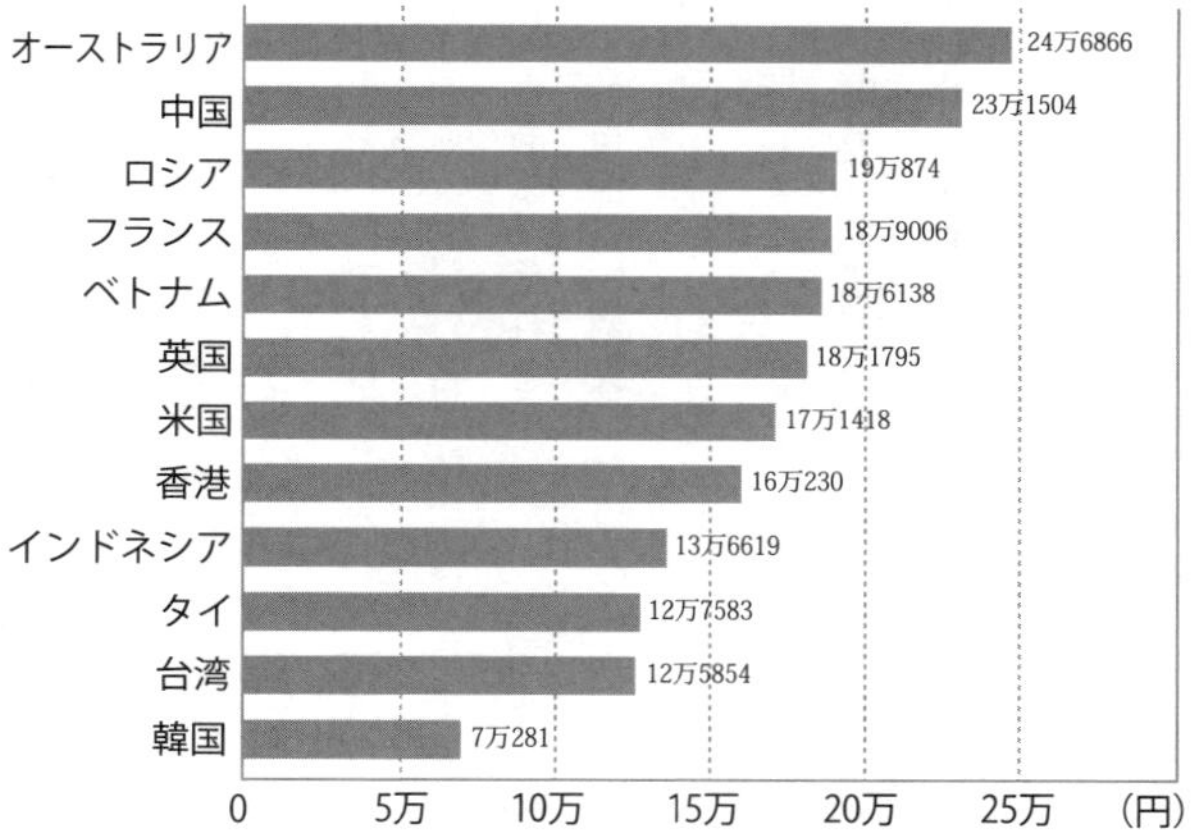

※パッケージツアー参加費の日本の受取分を含む。

図5-8 国別/訪日観光客の平均宿泊数

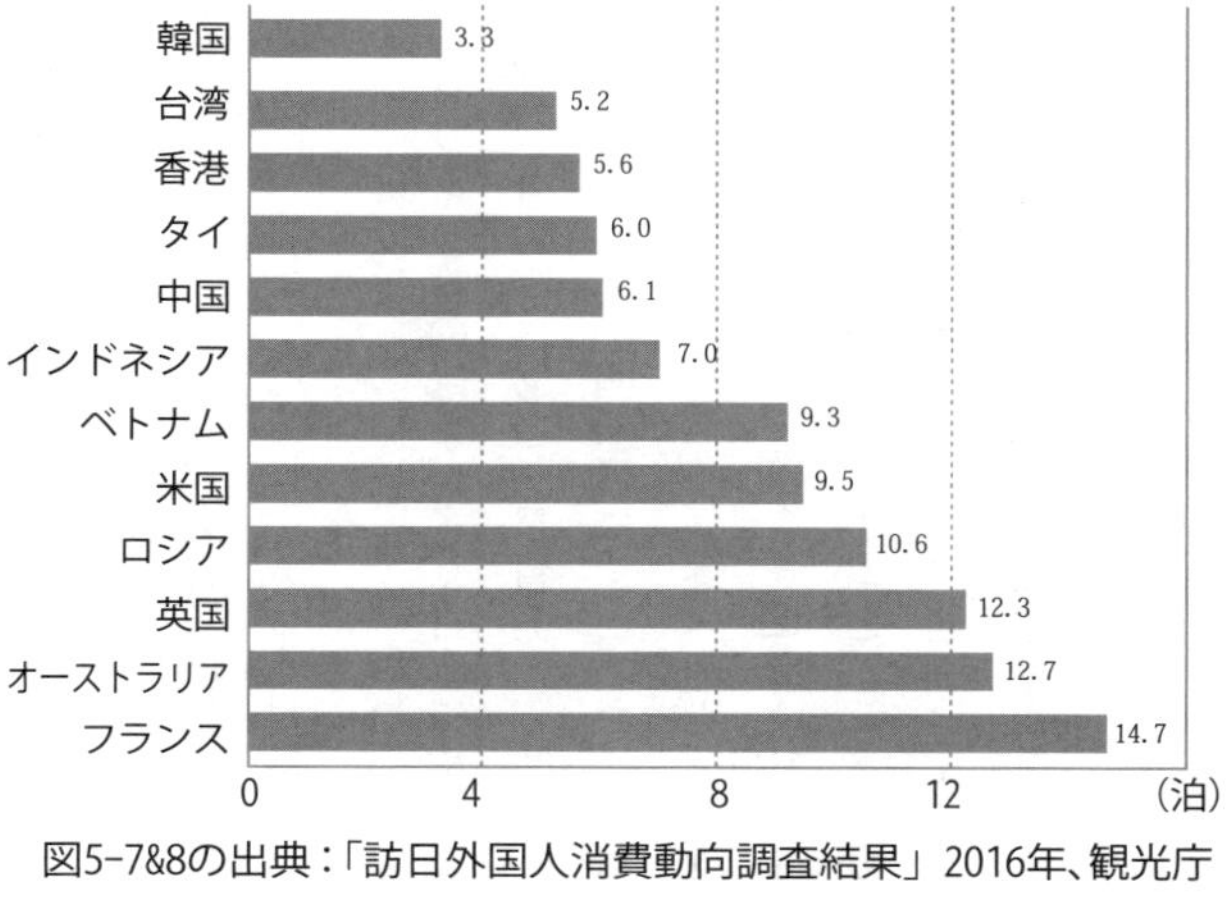

図5-7&8の出典：「訪日外国人消費動向調査結果」2016年、観光庁

訪日目的は日本からの距離と所得水準で変わる

訪日の目的は旅行者によってさまざまである。**図5－9**は二〇一六年における訪日外客の訪日目的（①～⑯）とその割合である。これによると、訪日客の一〇人に七人以上は観光客で、仕事や業務で来日する人の割合は意外に少ない。

もっとも、訪日外客全体ではそうでも、観光客よりビジネス客のほうが多く日本にやって来る国もある。それを示したのが**図5－10**である。**図5－9**の表にある訪日目的①～⑯は、観光庁が聞き取り調査のために作成したもの。それを筆者があえて四項目にまとめた。すなわち、①～④を「観光・レジャー」、⑤～⑩を「仕事・業務」、⑪はそのままで、⑫～⑯を「その他」として分類した。そしてその分類で、主な国別の訪日目的の割合を**図5－10**に示した。東アジア諸国からの訪日客は総じて八割前後が観光目的だが、ベトナムとインドからは「仕事・業務」で来日する割合が多い。また、欧米からの旅行者も東アジア諸国と比べると、やはり「仕事・業務」目的の比率が高い。つまり、日本から遠い国や所得水準が低い国からはビジネス客の比率が高くなる傾向があるといえる。

図5-9 訪日外客の主な来訪目的

主な訪日目的	割合(%)	分類	主な訪日目的	割合(%)	分類
①観光・レジャー	72.7	観光・レジャー 73.9%	⑨インセンティブツアー	0.6	仕事・業務
②ハネムーン	0.4		⑩その他ビジネス	8.4	
③スポーツ・スポーツ観戦	0.4		⑪親族・知人訪問	5.0	5.0%
④イベント	0.4		⑫トランジット	0.5	その他 3.2%
⑤企業ミーティング	4.5	仕事・業務 17.9%	⑬留学	1.3	
⑥研修	2.1		⑭学校関連の旅行	0.6	
⑦国際会議	1.4		⑮治療・検診	0.1	
⑧展示会・見本市	0.9		⑯その他	0.7	

※筆者が①〜④を「観光・レジャー」、⑤〜⑩を「仕事・業務」、⑫〜⑯を「その他」として分類。

図5-10 国別/訪日外客の来訪目的

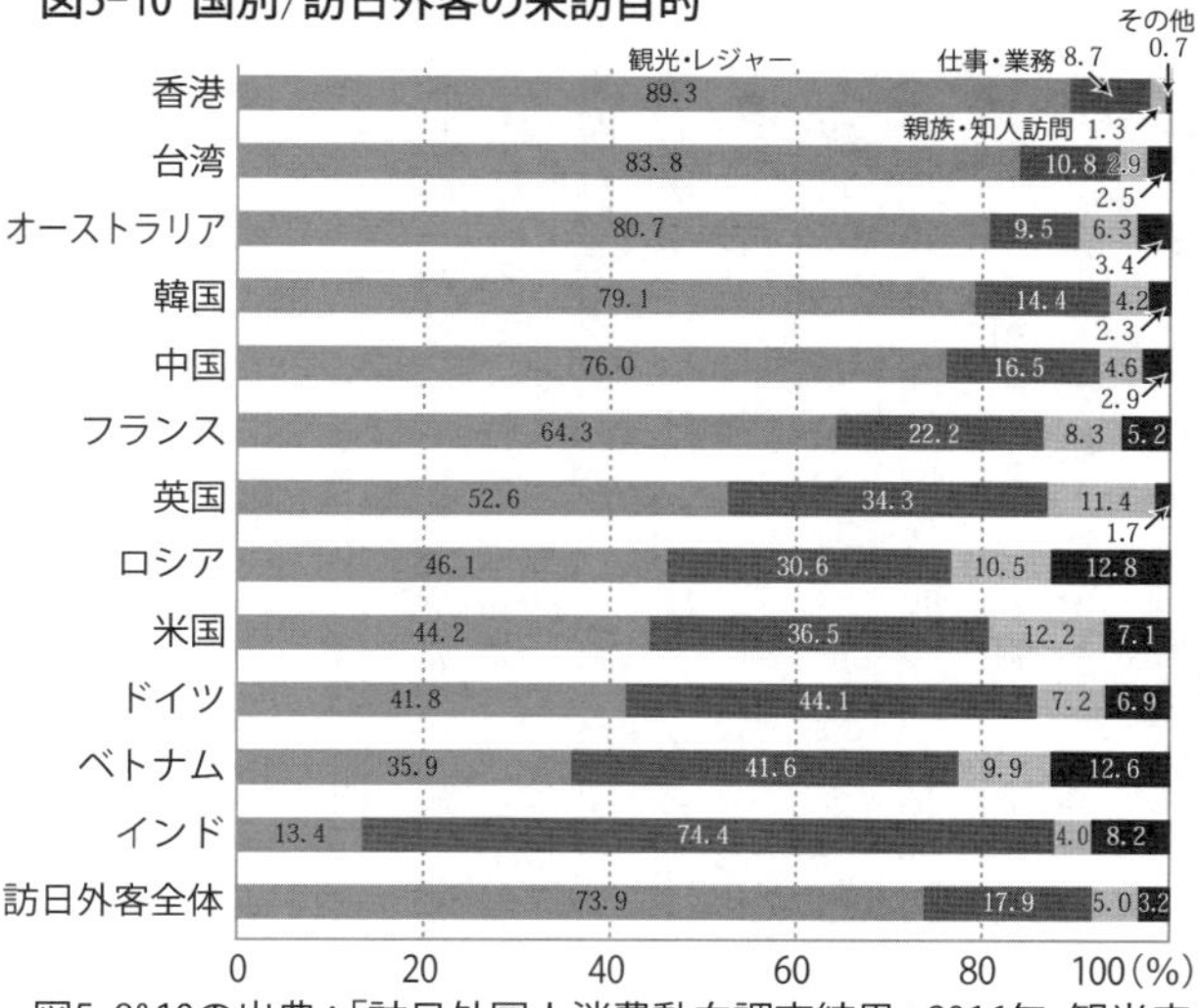

図5-9&10の出典：「訪日外国人消費動向調査結果」2016年、観光庁

旅行・観光競争力ランキングは世界第四位

さて、**図5－2**に示したように、外客数の世界ランキングで日本は第一六位。フランスの三分の一以下で、アジア内での順位も中国、タイ、マレーシア、香港に次ぐ第五位（トルコをアジアに含めると第六位）に甘んじている。しかし、もし二〇二〇年の目標値四〇〇〇万人をこのグラフに当てはめると、日本は世界六位に躍《おど》り出ることになる。ただ、観光客を増やすためには、日本に観光地としてのそれだけの魅力が必要である。

世界経済フォーラム（WEF）が二〇一七年四月に公表した「旅行・観光競争力報告書」によると、世界一三六の国と地域の中で、競争力が第一位に輝いたのはスペインで、第二位はフランス。日本は第四位にランクされた（**図5－11**）。日本には観光競争力が十分にあると認められた恰好《かっこう》だが、ただしこの競争力は「観光」だけでなく「商用旅行」も対象にしており、合計九〇項目の調査結果から順位付けされている。九〇項目は四つの「指標」に属する一四の「柱」にまとめられている。**図5－12**に一四の柱ごとの日本の順位を掲載した。日本は「価格競争力」が弱いものの、「文化資源・業務旅行」で強さを見せている。

図5-11 旅行・観光競争力

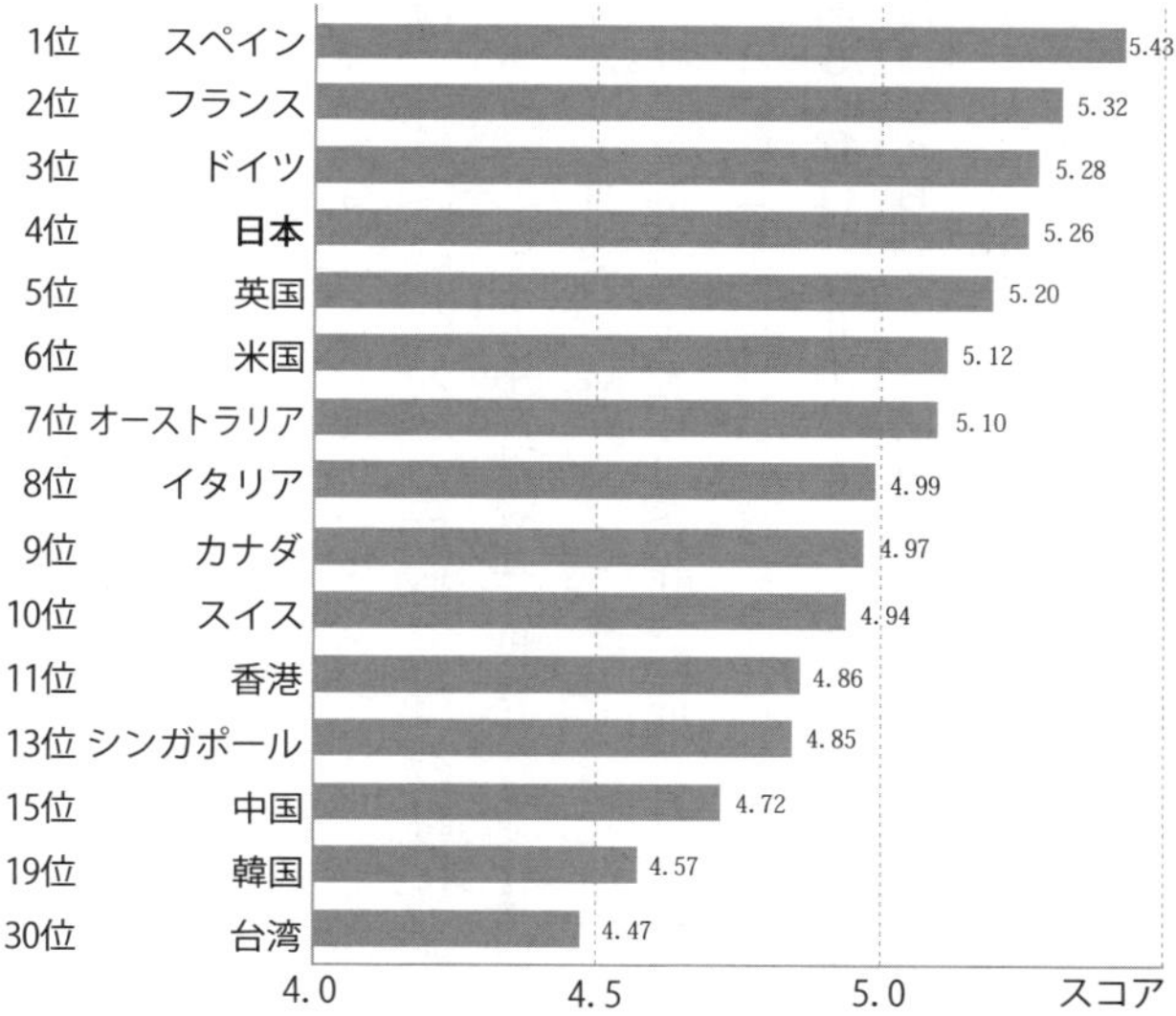

図5-12 「旅行・観光」における日本の強みと弱み

指標	柱	順位	指標	柱	順位
環境整備	ビジネス環境	20位	旅行・観光政策と促進要件	旅行・観光の優先度	18位
	安全・安心	26位		国際的な開放度	10位
	健康・衛生	17位		価格競争力	94位
	人材と労働市場	20位		環境の維持	45位
	ＩＣＴ利用	10位	インフラ	航空インフラ	18位
自然文化資源	自然資源	26位		陸上交通・港湾インフラ	10位
	文化資源・業務旅行	4位		旅行者用インフラ	29位

図5-11&12の出典： The Travel & Tourism Competitiveness Report 2017　World Economic Forum

日本の世界遺産の数は世界第一二位

観光魅力度の具体的な指標の一つとして「世界遺産」の数を取り上げる。世界遺産は第一級の観光資源。「文化遺産」と「自然遺産」及びその両方の要素を併せ持った「複合遺産」の三種がある。日本で最初の世界遺産は、一九九三年に登録された「法隆寺《ほうりゅうじ》地域の仏教建造物」「姫路城《ひめじ》」「屋久島《やく》」「白神山地《しらかみ》」の四件。前の二件が文化遺産で、後の二件は自然遺産である。二〇一七年九月現在、世界には文化遺産が八三二件、自然遺産が二〇六件、複合遺産が三五件あり、総数は一〇七三件。そのうち日本には複合遺産はなく、文化遺産が一七件、自然遺産が四件あり、合計数は世界第一二位である（図5－13）。なお、複数の国にまたがる物件（日本にはない）は、該当国で重複してカウントしている。

図5－14は、文化遺産と自然遺産の各件数の世界順位である。通常、複合遺産はそれらと別個に数えられるが、両方の要素を持っているので、ここでは文化遺産と自然遺産の両方でカウントして比較した。日本は世界的に見ても歴史もあり、自然も豊か。現在登録待ちの候補地が九件あるとはいえ、それでも実力からしてまだまだ少なすぎるのではないだろうか。

図5-13 世界遺産の数ランキング

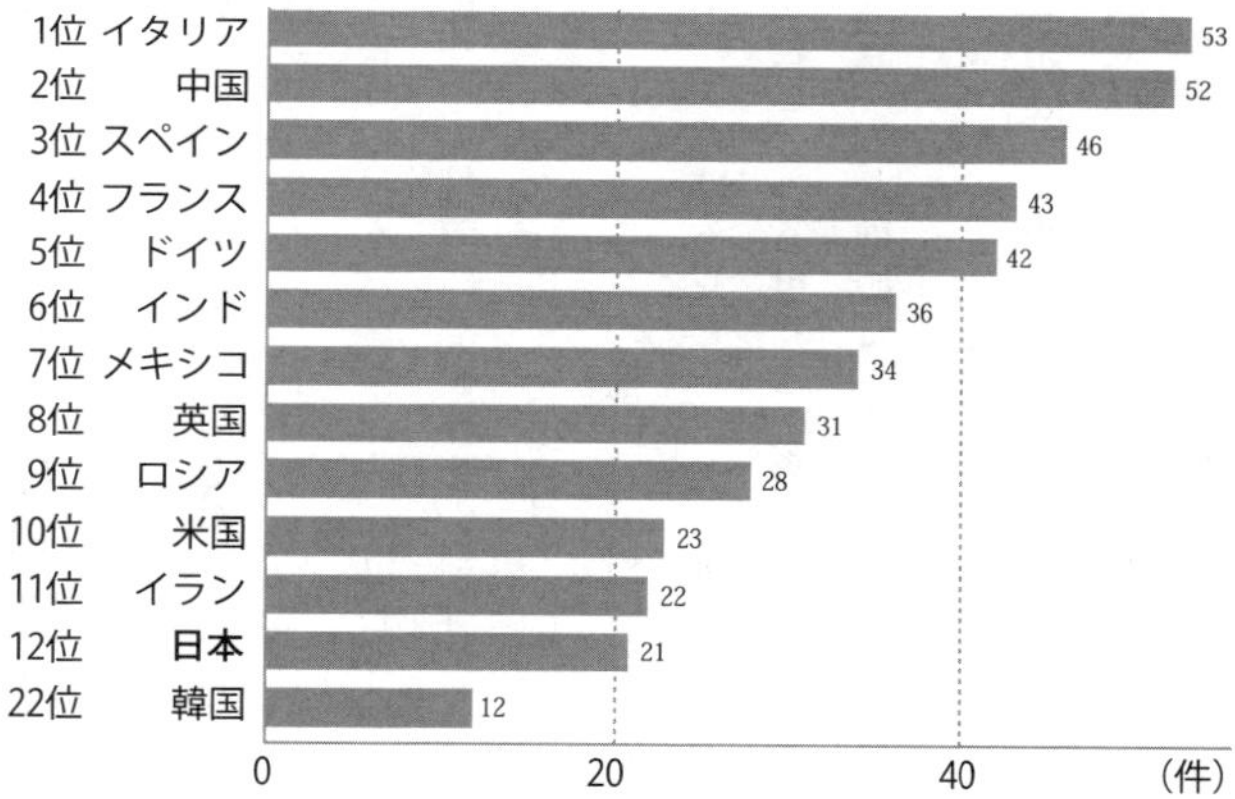

図5-14　世界文化遺産と世界自然遺産の数ランキング

順位	国名	文化遺産(件)	順位	国名	自然遺産(件)
1位	イタリア	48	1位	中国	16
2位	スペイン	42	1位	オーストラリア	16
3位	中国	40	3位	米国	13
3位	フランス	40	4位	ロシア	11
5位	ドイツ	39	5位	カナダ	10
6位	インド	29	6位	インド	8
7位	メキシコ	28	7位	メキシコ	7
8位	英国	27	7位	ブラジル	7
9位	イラン	21	9位	スペイン	6
10位	ギリシャ	18	10位	イタリア	5
11位	**日本**	17	10位	イギリス	5
11位	ロシア	17	10位	アルゼンチン	5
11位	トルコ	17	14位	**日本**	4

図5-13＆14の出典： World Heritage List　UNESCO

世界一のグルメ大国は日本だった

旅行の楽しみは美しい景観やレジャー、異文化との触れ合いなど多岐にわたるが、異文化の代表的なものに「食」がある。近年、日本食が世界的なブームになっていることはご案内のとおり。日本食を楽しみに訪日する外国人客は多い。

世界の大都市には世界中の料理のレストランが集まっている。その中でトップクラスのレストランが多数集まっている、いわばグルメ大国の第一位に日本が輝いた（図5－15）。これは、レストランの格付けで世界的に有名な「ラ・リスト」（本部はフランス）が、オンライン上のあらゆるレビューと各地のシェフの投票などでレストランごとにスコアを決定し、毎年発表している世界の美食レストラン・トップ一〇〇〇店の結果である。二〇一七年版では一三五の国と地域で調査を実施。日本は世界最多の一一六店がランクインした。そして、世界一のレストランに選ばれたのはフレンチの「ギー・サヴォワ」（パリ）で、第二位は和食の「京味《きょうあじ》」（東京）。スコアが九九以上だった世界トップ一四店の中に日本のレストランが三店入り、そのうち二つが和食店だった（図5－16）。

図5-15 世界トップクラスの美食レストランが多い国

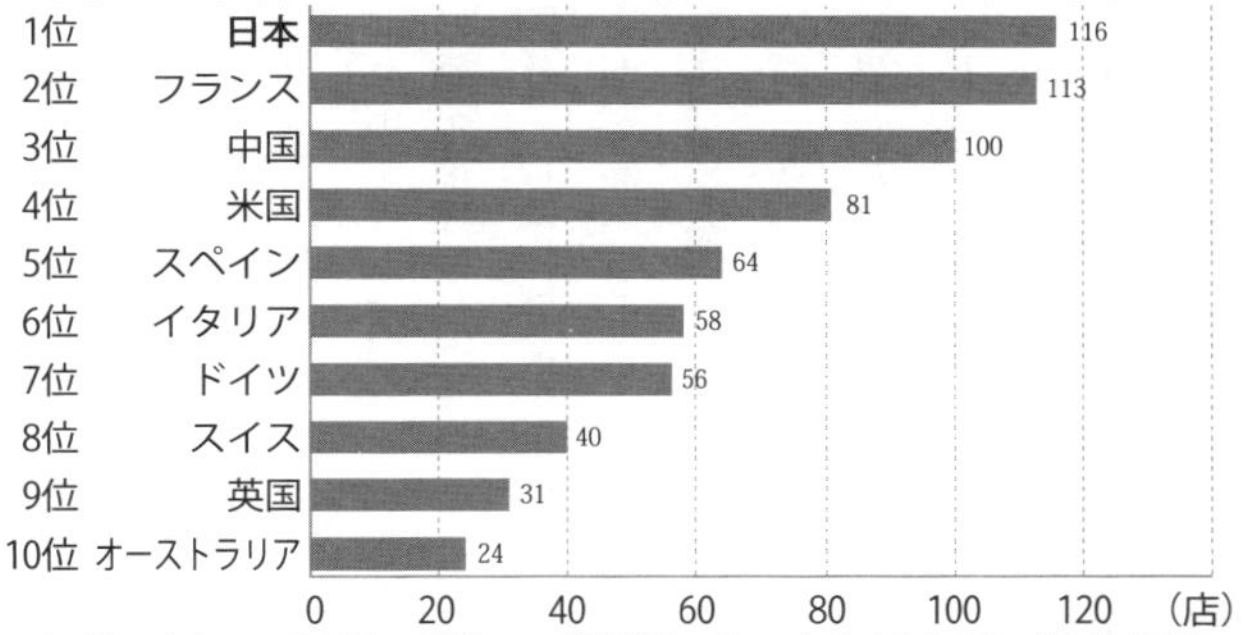

※「La Liste 2017」でトップ1000に入ったレストラン数を比較。「中国」は香港とマカオを含む。

図5-16 世界最高のレストラン14店

順位	レストラン名	料理	所在地	スコア
1位	ギー・サヴォワ	フレンチ	フランス、パリ	99.75
2位	京味	和食	日本、東京	99.5
2位	ル・ベルナルダン	フレンチ	米国、ニューヨーク	99.5
4位	久兵衛	和食	日本、東京	99.25
4位	アラン・デュカス・オ・プラザ・アテネ	フレンチ	フランス、パリ	99.25
4位	オステリア・フランチェスカーナ	イタリアン	イタリア、モデナ	99.25
4位	エル・セジェール・デ・カン・ロカ	スペイン料理	スペイン、ジローナ	99.25
4位	ジャン-ジョルジュ	フレンチ	米国、ニューヨーク	99.25
9位	ジョエル・ロブション	フレンチ	日本、東京	99
9位	レストラン・ド・ロテル・ド・ヴィル	フレンチ	スイス、クリシエ	99
9位	シュヴァル・ブラン・オテル・レ・トロワ・ロワ	地中海料理	スイス、バーゼル	99
9位	レジス・エ・ジャック・マルコン	フレンチ	フランス、サン=ボネ=ル=フォワ	99
9位	ラシェット・シャンプノワーズ	フレンチ	フランス、タンクー	99
9位	ダ・ヴィットリオ	イタリアン	イタリア、ブルザポルト	99

図5-15&16の出典：La Liste 2017

アジア・大洋州で利用客が満足したホテル数は第一位

食事と並んで、旅行で気になるのはホテル。しかし、宿泊施設は旅行者によってニーズがさまざまで、安い宿ほどよいという旅行者やロケーション重視の人もおり、高級ホテルの数を国際比較してもあまり意味がない。そこでここでは実際にそのホテルに宿泊した人の満足度のみを指標にしたランキングを見ることにする。

図5−17は世界最大級の宿泊予約サイトの「ホテルズ・ドット・コム」が発表した「ユーザーが選ぶベストホテル・アワード二〇一七」で、「ゴールド・アワード」を獲得したホテル（または旅館）数のアジア・大洋州でのランキングである。利用者のレビューが五〇件以上あり、かつ平均点が五点満点中四・七点以上のホテルが対象である。なお、欧米のホテルを除外したのは、当サイトが元々米国発なので、利用者にはアジア人より欧米人が多いため、欧米のホテルのレビュー数が多いからである。日本はアジア・大洋州地域で最も多くの四八軒のホテルが受賞した。ただし都市別で見ると、日本で最多の東京はベトナムのハノイ、カンボジアのシェムリアップに次ぐ第三位だった（**図5−18**）。

図5-17 国別/利用者が高評価したホテル数ランキング

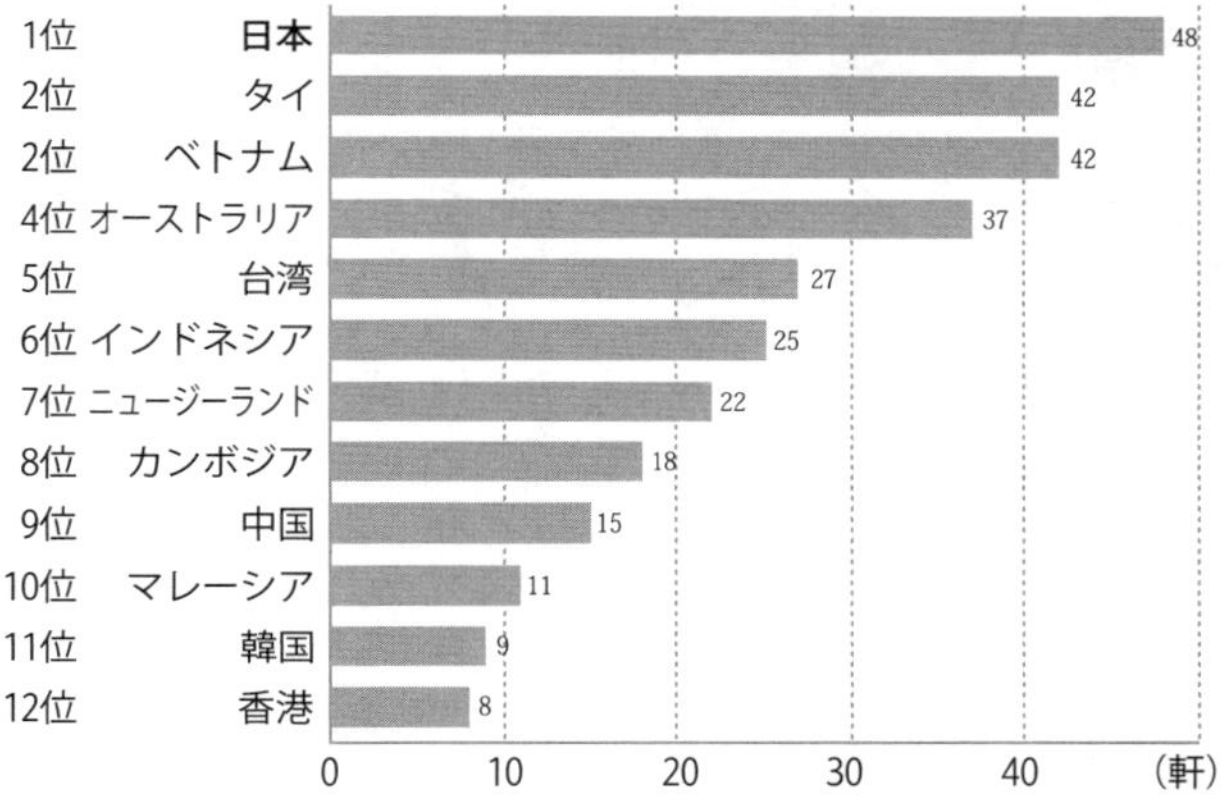

図5-18 都市別/利用者が高評価したホテル数ランキング

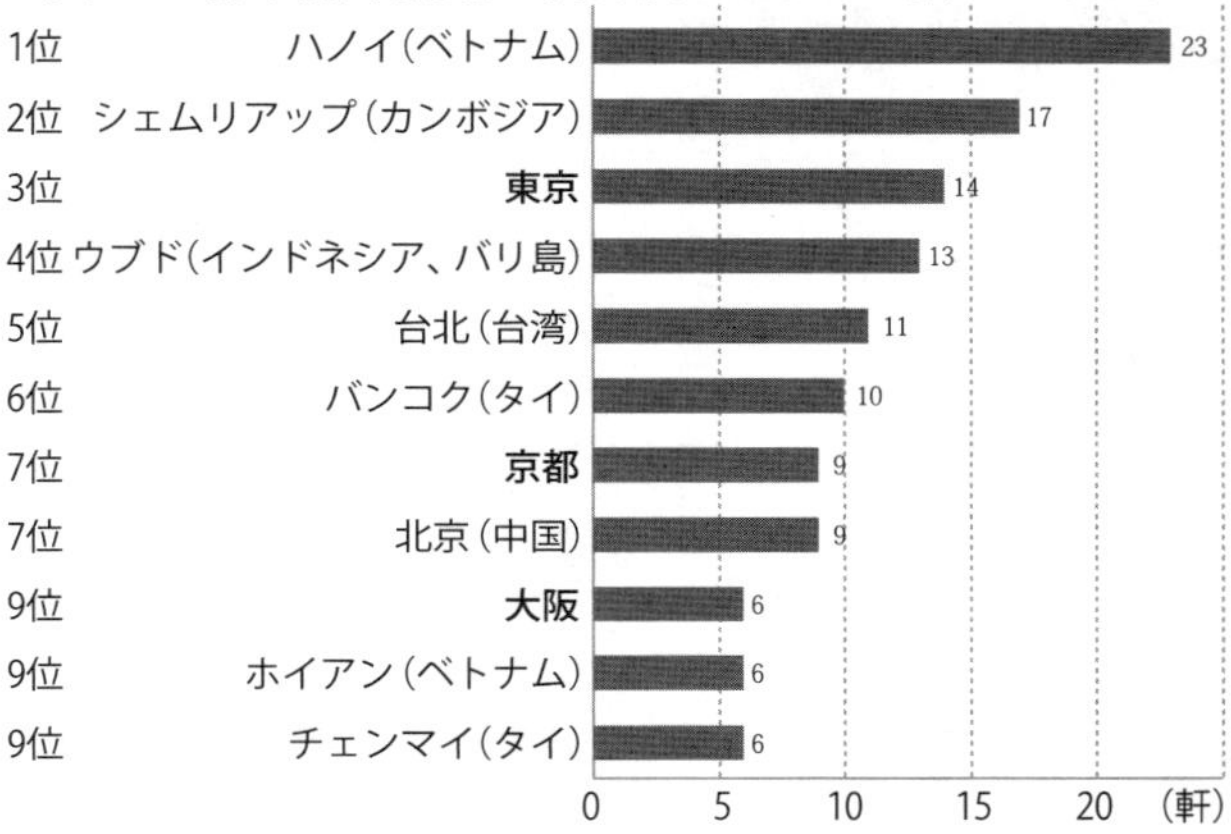

※図5-17&18は「Hotels.com」のゴールド・アワードを獲得したホテル数。アジア・大洋州のみ。

図5-17&18の出典：Loved by Guests Award 2017　Hotels.com

日本の四空港が世界の空港ベスト二〇入り

旅の玄関である空港は、訪問客がその国の第一印象を決める場所でもある。そんな空港には高度なセキュリティが求められることは当然だが、旅行者にとっては利便性や快適さの他、食事やショッピングを楽しめるかなども、空港評価のポイントとなる。

航空業界の調査会社英スカイトラックス社が毎年発表している世界の空港格付けで、二〇一七年に最高の五つ星を獲得した空港は世界で八つあり、その中に日本の東京国際空港（以下、羽田空港）と中部国際空港（同セントレア）が入った。その八空港を含めた世界ベスト二〇空港を**図5－19**に示した。日本の空港では他に関西国際空港と成田国際空港がベスト二〇にランクインし、合計で世界最多の四空港が選ばれた。

このスカイトラックス社のランキングは空港の清潔さやレストラン、ショップの充実度、スタッフの対応など多くの指標ごとの評価を基に決定される。そのうちの主な指標六つの個別ベスト5を**図5－20～25**に示した。羽田空港とセントレアは清潔さとスタッフサービス、保安検査でベスト五に入り、成田は清潔さとグルメで五位以内に入った。

図5-19 世界のベスト空港20

順位	空港	国名	順位	空港	国名
1位	チャンギ	シンガポール	11位	ｱﾑｽﾃﾙﾀﾞﾑ･ｽｷﾎﾟｰﾙ	オランダ
2位	羽田	日本	12位	関西国際	日本
3位	仁川国際	韓国	13位	バンクーバー	カナダ
4位	ミュンヘン	ドイツ	14位	成田国際	日本
5位	香港国際	香港	15位	コペンハーゲン	デンマーク
6位	ハマド国際	カタール	16位	ブリスベン	オーストラリア
7位	セントレア	日本	17位	ヘルシンキ	フィンランド
8位	チューリッヒ	スイス	18位	上海虹橋国際	中国
9位	ﾛﾝﾄﾞﾝ･ﾋｰｽﾛｰ	英国	19位	ケープタウン	南アフリカ
10位	フランクフルト	ドイツ	20位	ドバイ	UAE

図5-20 清潔な空港ベスト5

順位	空港	国名
1位	羽田	日本
2位	仁川国際	韓国
3位	セントレア	日本
4位	桃園国際	台湾
5位	成田国際	日本

図5-21 スタッフサービスがよい空港ベスト5

順位	空港	国名
1位	桃園国際	台湾
2位	仁川国際	韓国
3位	羽田	日本
4位	チャンギ	シンガポール
5位	セントレア	日本

図5-22 グルメな空港ベスト5

順位	空港	国名
1位	香港国際	香港
2位	チャンギ	シンガポール
3位	成田国際	日本
4位	仁川国際	韓国
5位	ハマド国際	カタール

図5-23 ショッピングを楽しめる空港ベスト5

順位	空港	国名
1位	ﾛﾝﾄﾞﾝ･ﾋｰｽﾛｰ	英国
2位	仁川国際	韓国
3位	香港国際	香港
4位	チャンギ	シンガポール
5位	ハマド国際	カタール

図5-24 保安検査が厳重な空港ベスト5

順位	空港	国名
1位	コペンハーゲン	デンマーク
2位	羽田	日本
3位	セントレア	日本
4位	チューリッヒ	スイス
5位	チャンギ	シンガポール

図5-25 ターミナルが素晴らしい空港ベスト5

※「T」はターミナル

順位	空港	国名
1位	ミュンヘン空港T2	ドイツ
2位	ﾛﾝﾄﾞﾝ･ﾋｰｽﾛｰ空港T5	英国
3位	チャンギ空港T3	ｼﾝｶﾞﾎﾟｰﾙ
4位	ﾛﾝﾄﾞﾝ･ﾋｰｽﾛｰ空港T2	英国
5位	ﾏﾄﾞﾘｯﾄﾞ･ﾊﾞﾗﾊｽ空港T4	ｽﾍﾟｲﾝ

図5-19～25の出典：The World s Top 100 Airports in 2017　SKYTRAX

京都は「人気の観光都市」ベスト四

米国の大手旅行雑誌「トラベル・アンド・レジャー」誌が毎年公表している「ワールド・ベスト・シティズ」は、世界の観光都市を景観や文化、食、フレンドリーさなどを基準に読者投票によってスコアを算出し順位付けしたもので、いわば世界の人気観光都市ランキングである。その二〇一七年版で、京都市が第四位に選ばれた（図5－26）。といっても京都市は二〇一四年と一五年に第一位に輝いていた。それが為替の変動の影響もあって一六年に第六位に急降下。そして、一七年は二つ順位を戻した形となったのである。

その京都で最も人気のある観光スポットは伏見《ふしみ》区にある伏見稲荷大社というのが、大手旅行情報口コミサイトの「トリップアドバイザー」による集計結果である。伏見稲荷は「人気のランドマーク」部門で、世界ベスト二五のうち、日本の観光スポットとしては最上位の二三位に入った（図5－27）。とはいえ、口コミの数とレビューだけの順位付けは、観光客の数によっても左右される。日本の観光スポットの口コミ順位が低いのは、世界的に見てまだまだ観光客数が少ないことも一因だろう。

図5-26 人気観光都市ランキング

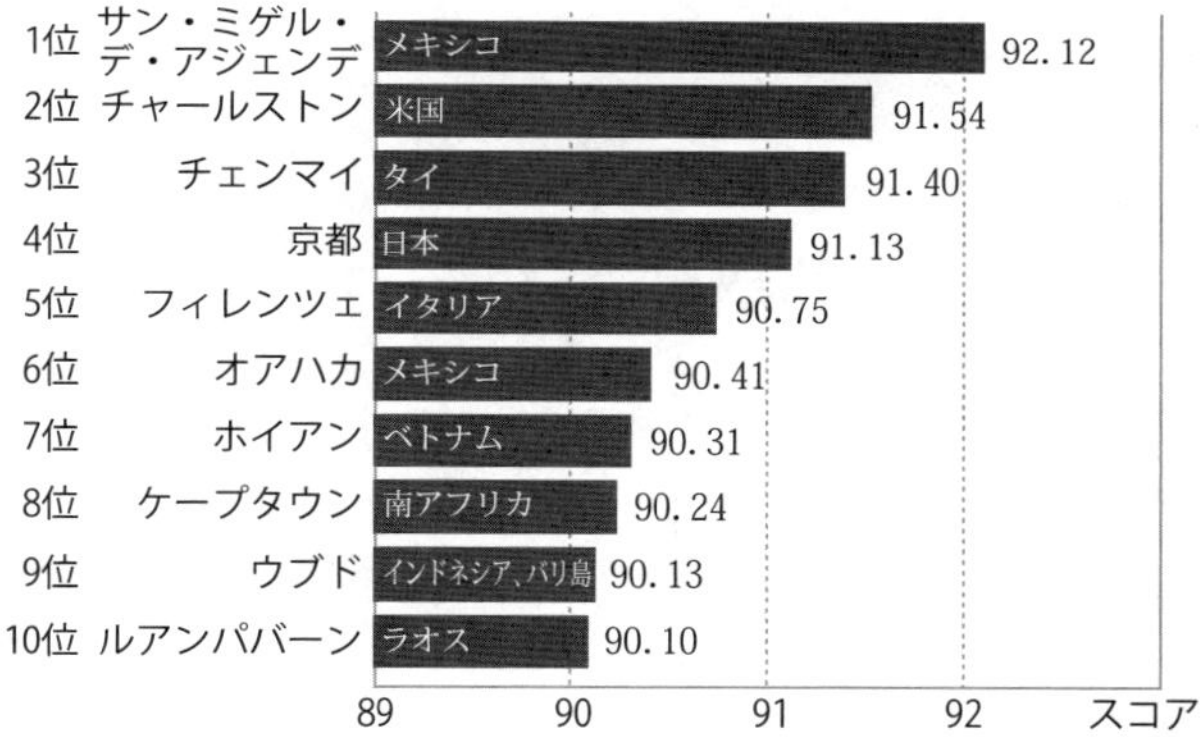

出典： The 2017 World's Best Awards/The World's Top 15 Cities　TRAVEL+LEISURE

図5-27 人気観光スポットランキング

順位	ランドマーク	所在地	国名
1位	アンコールワット	シェムリアップ	カンボジア
2位	シェイク・ザイード・グランドモスク	アブダビ	UAE
3位	メスキータ（大聖堂とモスク）	コルドバ	スペイン
4位	サン・ピエトロ大聖堂	バチカン	バチカン市国
5位	ダージ・マハル	アグラ	インド
6位	血の上の救世主教会	サンクトペテルブルク	ロシア
7位	慕田峪（ぼでんよく）長城	北京	中国
8位	マチュピチュ	マチュピチュ	ペルー
9位	スペイン広場	セビリア	スペイン
10位	大聖堂（ドゥオーモ）	ミラノ	イタリア
23位	伏見稲荷大社	京都	日本

出典：「トラベラーズチョイスアワード/人気のランドマークトップ 25」トリップアドバイザー

訪日旅行に満足した観光客は九七・四パーセント

さて、観光に関するさまざまなデータや世界ランキングを見てきたが、大切なのは観光客が日本を離れるときに、「楽しかった」「満足した」と思うかどうか。そして「また来たい」と思ってくれることだろう。それが世界に親日家を増やすことにもつながる。

図5－28に二〇一六年に「観光・レジャー」を目的として訪日した外客（観光客）の、今回の旅行全般に対する満足度を国別に示した。これは観光庁が聞き取りで実施した「訪日外国人消費動向調査」の結果を基にしている。まず驚くのは、訪日旅行の満足度の高さ。グラフを見ると、まるで韓国や香港の観光客が満足していないように思えるかもしれないが、グラフの色の濃さは「満足」の中での程度の違いを表わしており、「満足した人」の合計割合は、ほぼすべての国で九七パーセントを超えている。調査では「ふつう」「やや不満」「不満」「大変不満」の選択肢もあるのだが、選んだ人が極端に少ないので、グラフでは一つにまとめて「ふつう・不満」とした。「大変満足」した割合がアジアより欧米の観光客に多いのは、日本との文化の違いの大きさや訪日回数の違いのためかもしれない。

図5-28 国別/訪日観光客の旅行満足度

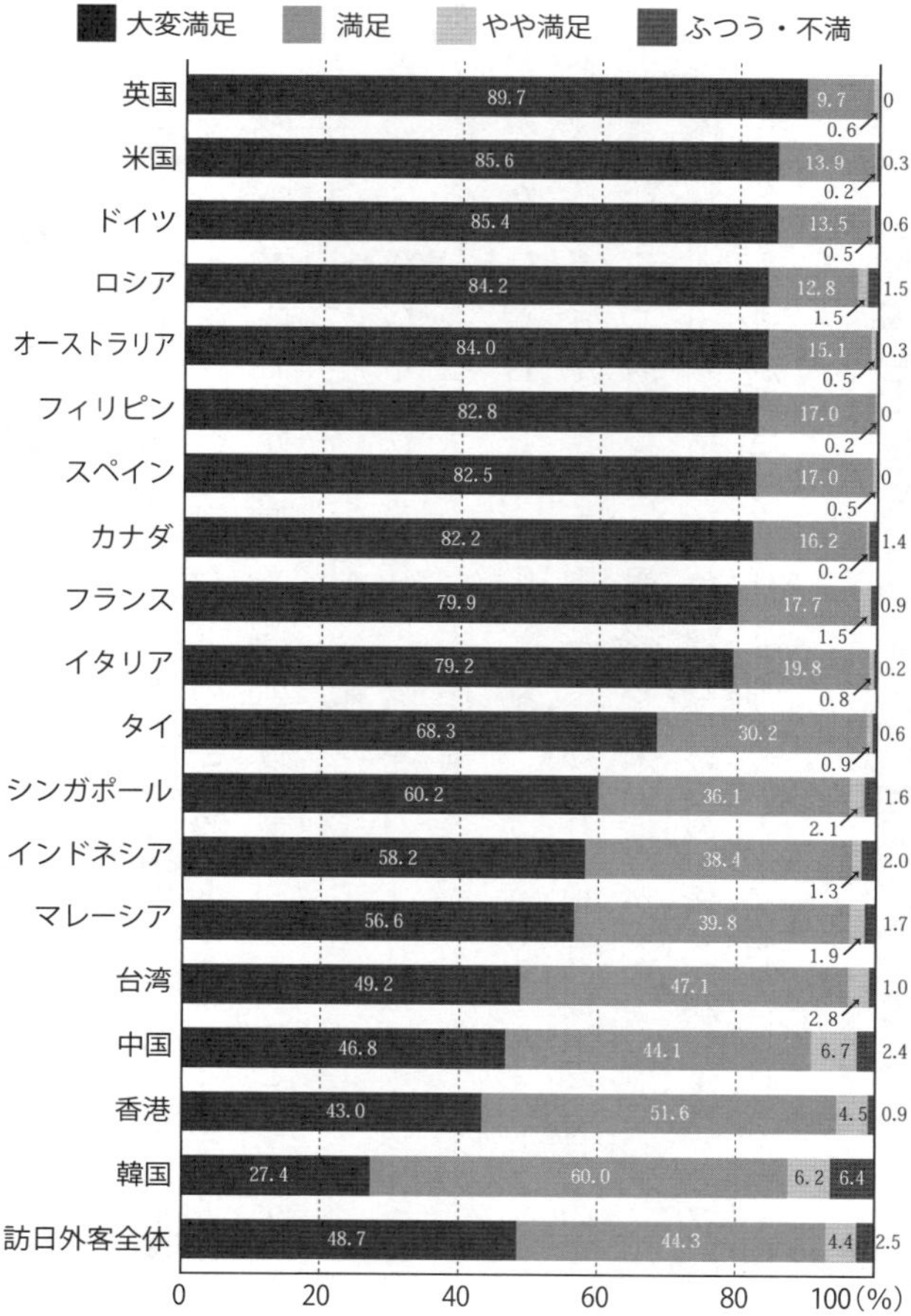

出典：「訪日外国人消費動向調査結果」2016年、観光庁

訪日でいちばん期待するのは「日本食」

ひと口に「観光客」といっても、人によって日本で楽しみにしていることは異なる。訪日前に期待していたことを複数回答で尋ねた結果が**図5-29**の上のグラフである。最も楽しみにしていたのは「日本食」で世界共通である。それ以外でざっくりいうと、アジアの観光客が期待するものは「ショッピング」「テーマパーク」「繁華街の街歩き」。逆に欧米の観光客が期待するのは「日本の歴史・伝統文化体験」「日本の日常生活体験」である。やはり欧米人は異文化体験を望んでいるようだ。また、全体の割合は少ないものの、欧米のほうが期待する人が多かったのは「舞台鑑賞」「スポーツ観戦」。わざわざ日本まで来て見たいスポーツとは、大相撲や武道だろうか。また「映画・アニメゆかりの地を訪問」と「日本のポップカルチャーを楽しむ」ことを期待していた観光客も欧米のほうが多かった。

そして、体験した人のうち満足した割合を示しているのが**図5-29**の下のグラフ。ほとんどの項目で八割を超える人が満足しており、九割前後の人が満足した項目も多い。期待に違《たが》わぬ結果でよかった！

図5-29 観光客が訪日前に期待していたことと、実際に体験して満足した割合

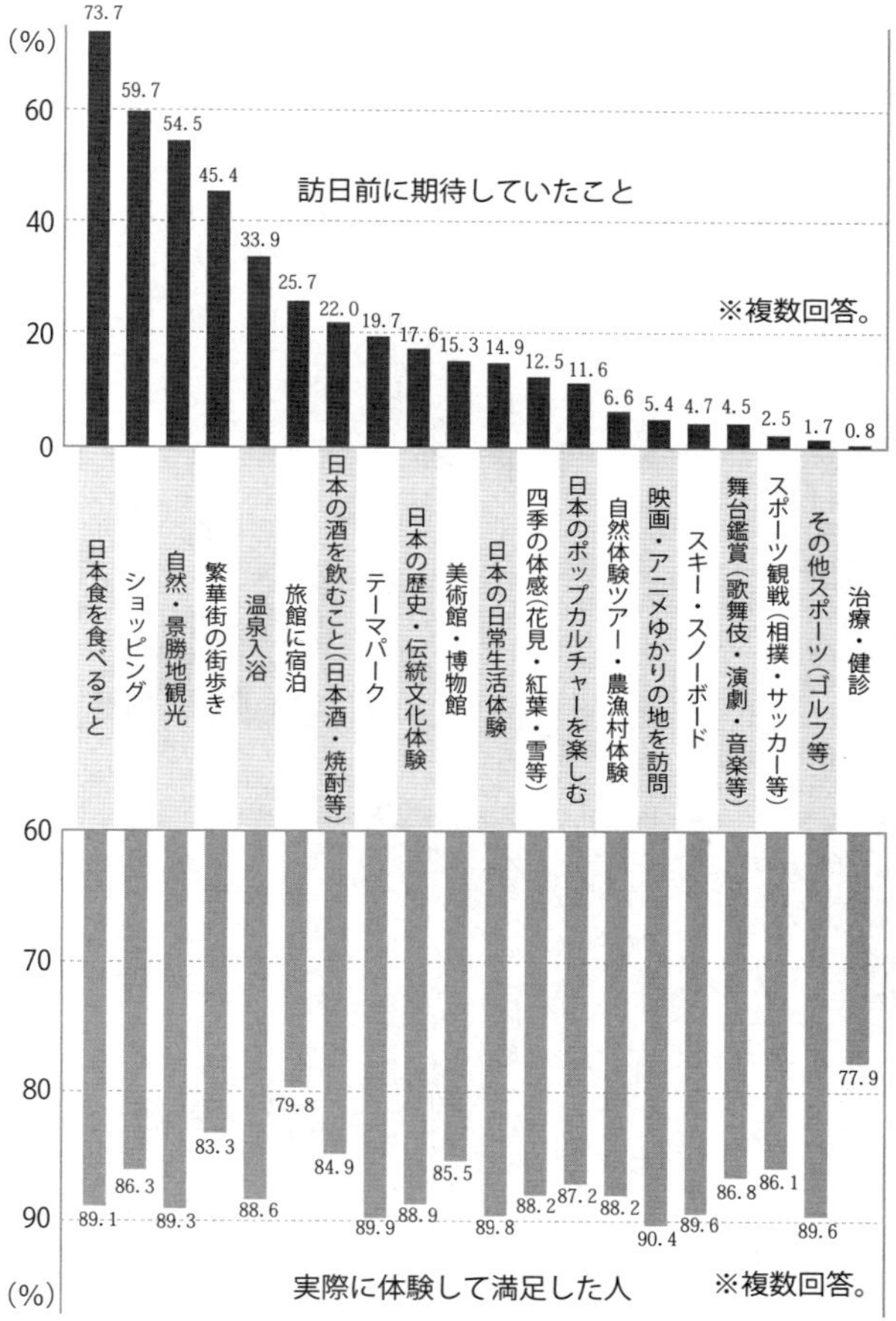

出典：「訪日外国人消費動向調査結果」2016年、観光庁

「また来たい」と答えた訪日観光客も約九七パーセント

訪日観光客の九七・四パーセントが日本旅行に満足（図5−28）してくれたようだが、はて、その人はまた日本に来てくれるだろうか。再訪の意向を尋ねた結果が図5−30である。このグラフは図5−28と似ており、一見すると韓国の観光客は「また来たい」と思う割合が少ないと勘違いしそうである。しかし、グラフの色の濃さは「必ず来たい」「来たい」「やや来たい」という再訪意思の程度の違いを表わしているだけで、ほとんどが「また来たい」と答えているのだ。その割合は観光客全体の九六・九パーセントに及び、韓国人観光客に限っても九六・三パーセントが「また来たい」としている。調査では「何ともいえない」「あまり来たくない」「来たくない」「絶対来たくない」の選択肢もあるが、選んだ人が極端に少ないので、グラフでは一つにまとめて「何ともいえない・来たくない」とした。

とはいえ、中国の観光客の五六・五パーセントが「必ず来たい」と答えたにもかかわらず、韓国人のその割合は三三・五パーセントに止まる。しかし次項で見るように、実際に何度も日本にいちばん多く来ているのは韓国人なのである。

図5-30　国別/「日本にまた来たい」と答えた観光客の割合

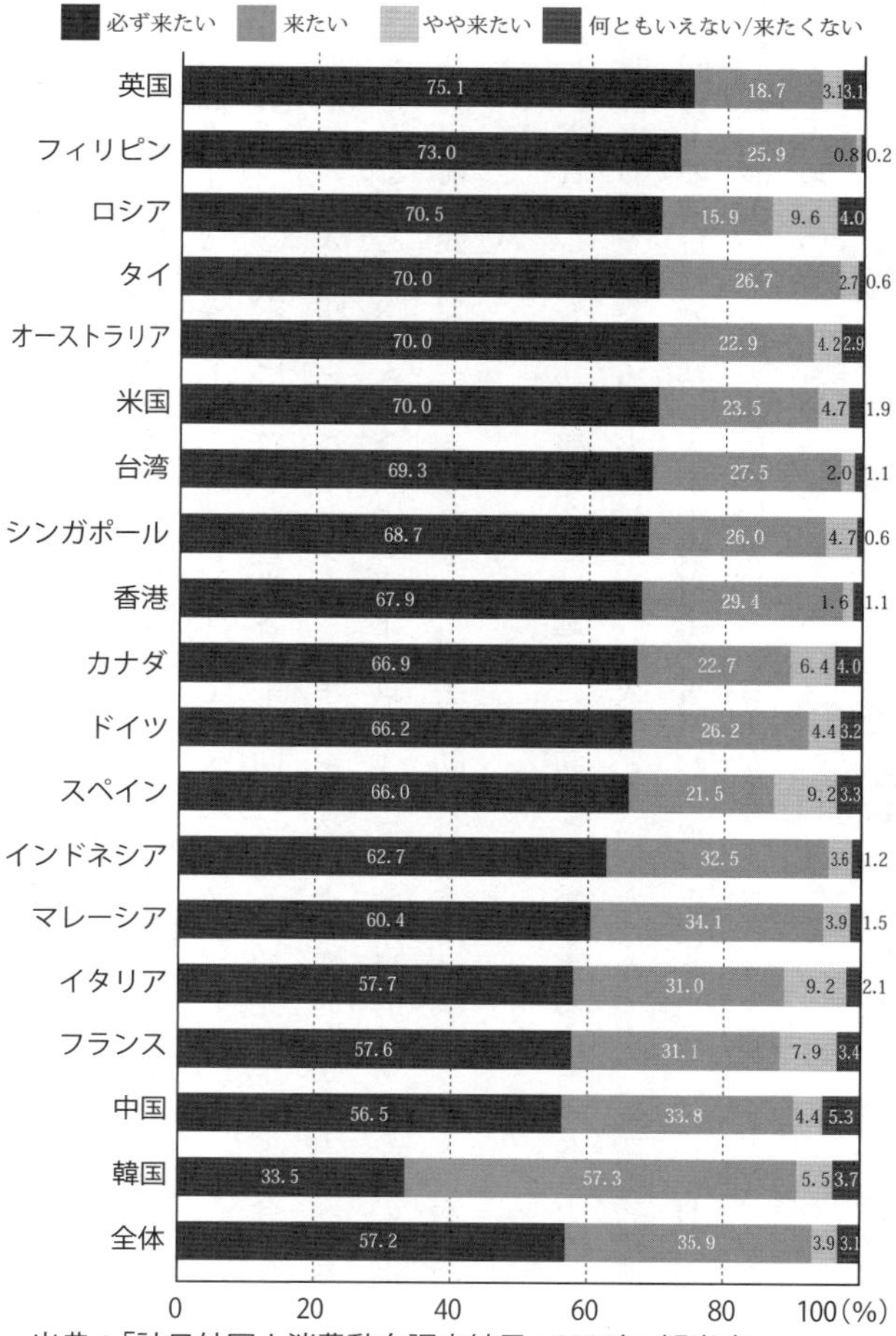

出典：「訪日外国人消費動向調査結果」2016年、観光庁

観光客の半数以上が「今回が初めての訪日ではない」

訪日観光客への聞き取り調査では、ほぼ全員（約九七パーセント）が「日本にまた来たい」という意向を示している。しかし本当に再来日してくれるのか。

図5－31は、二〇一六年に訪日した観光客の来訪回数である。観光客全体では今回初めて日本に来たという人は四四・九パーセント。つまり、半数以上の観光客が過去に訪日経験があることになる。といっても、今回は「観光・レジャー」が旅の目的であるものの、前回あるいはそれ以前は商用で来たかもしれない。過去の訪日目的までは調べられていないので、その点は明確でない。

しかしいずれにしても、訪日観光客には過去に来訪した経験がある人も多く、とくに近隣の台湾と香港の観光客で初めて来日したという人は二割に満たなかった。しかも香港の場合は、四回以上の訪日経験を持つ人が半数以上の五三パーセントにも上る。逆に、日本から遠く離れた欧州諸国からの観光客には初来日という人が多く、スペインとイタリアではそれが八割以上を占めている。

図5-31 国別/訪日観光客の来訪回数

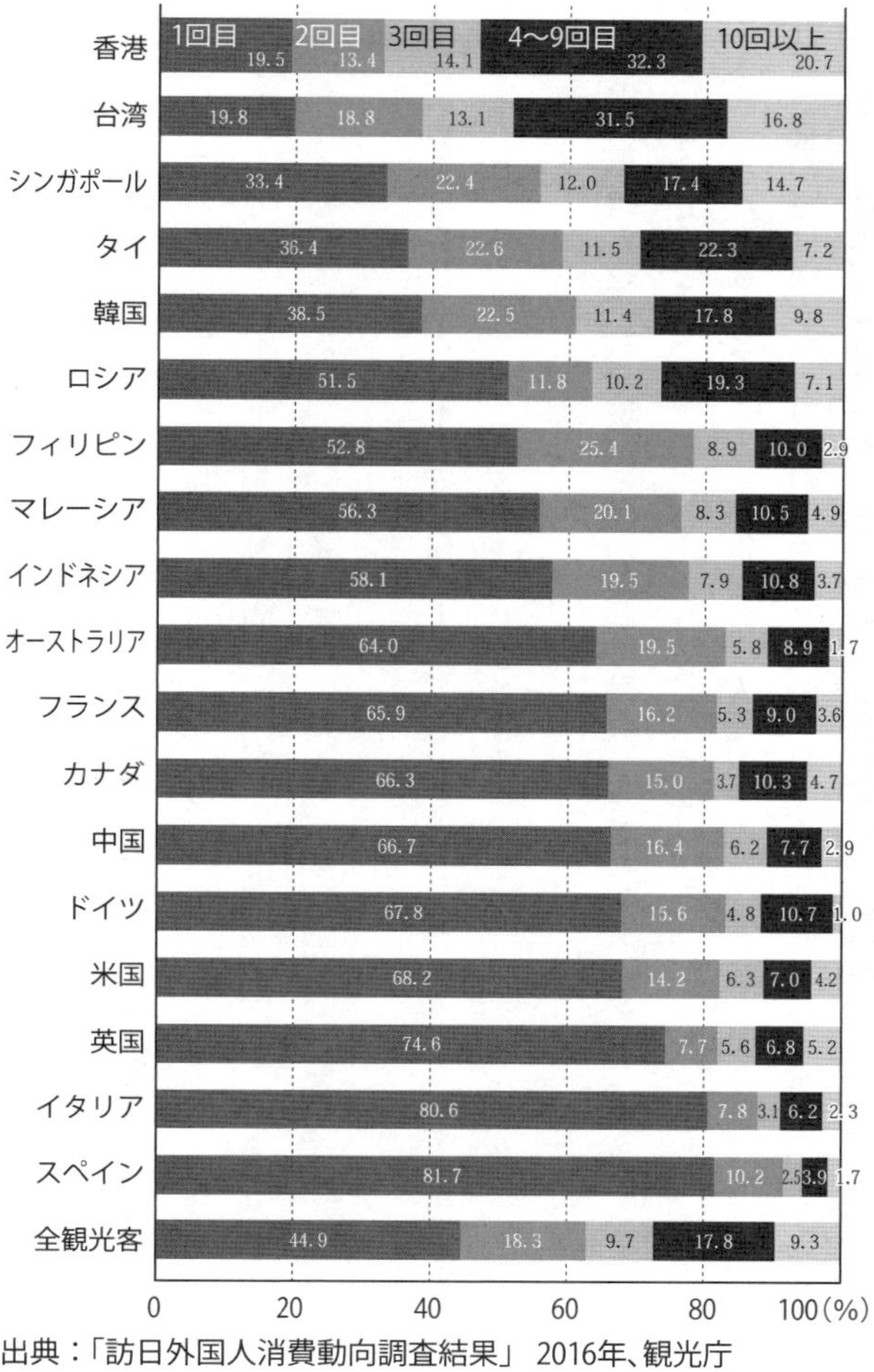

出典：「訪日外国人消費動向調査結果」 2016年、観光庁

エピローグ

二〇二〇年東京オリンピック・パラリンピック。世界中から多くの観光客が日本に押し寄せるだろう。その年に安倍政権が目標とする「インバウンド四〇〇〇万人」が達成されるかどうかは別としても、日本がその先も魅力的な観光国として発展し続けられるかどうかが試される一年になることは間違いない。そしてそれはまた、膨大な親日派を増やすチャンスでもある。

親日国が増えることは、日本の安全保障上とても重要だが、個々人にとっては海外旅行を快適にしてくれたり、外国人との友好を深めたりする機会が増すことにつながり、そちらのほうが重要かもしれない。

世界の街を歩いていると、現地の人の親切に触れて幸せな気分になることもあれば、逆にいやな思いをすることもある。海外へ出かけたことがある人ならだれもがその両方を経験していることだろう。残念ながら、未《いま》だ世界には人種差別が根強く残っている。トランプ大統領の登場で米国では白人至上主義が力を増しつつあり、それが欧州にも飛び火していることは周知の事実。日本でも近年「ヘイト・スピーチ」が問題になるなど、人種差別が公然とおこなわれるようになってきた。しかし、差別をしている日本人も一歩海外に出れば、今度は自分が東洋人として差別される側に立たされることを知らなければならない。

いや、ここで人種差別の議論をしようというわけではない。取り上げたいのは、海外で差別的な眼《め》で見られたときに、こちらが「日本人」であるとわかると、相手が掌《てのひら》を返して態度が変わる場面についてである。怪訝《けげん》な面持ちが笑顔に変わり、「日本が好きだ」「日本人の友達がいる」などと積極に話しかけてくるときもある。このような体験をした人も多いに違いない。

ただし、そんなときに感じるべきは、アジアといっても日本は特別なのだというような卑屈な優越感ではなく、日本を一目《いちもく》置かれる国にした先人たちへの感謝である。先の大戦で敗戦国となったものの、短期間のうちに復興し、世界有数の経済大国になった日本。高い技術力を持ち、優《すぐ》れた工業製品を輸出している日本。開発途上国に対して積極的に経済支援を続けてきた日本。先人たちが積み上げてきたこれらの功績のおかげで、「日本人」というだけで、外国人から友好的な態度を取ってもらえる。「日本」ブランドのありがたさである。

しかし、近年日本企業の不祥事が相次いでいる。それも、日本を代表する有名大メーカーにおいてである。製造業の品質偽装や欠陥商品、無資格検査などはそれこそ「日本ブランド」の価値を貶《おとし》めるもの。先人たちが築いてきた「日本」を子・孫の世代が壊《こわ》していってしまうかもしれないのである。この流れに終止符を打たなければ、日本国に対する信頼そのものが瓦解《がかい》してしまうかもしれない。それを防ぐには一刻も早く膿《うみ》を出し尽くし、今後新たな不正がおこなわれないようにするルールや組織を作ること。それが日本企業に求められている。

現在世界中に親日国が広がっている状況を見れば、先の大戦後からここまでの日本の歩みは概《おおむ》ね正しかったのではないか。そして、今後それを進展させて親日国をますます増やしていくことこそ、日本が歩むべき道だろう。

二〇一八年一月

佐藤《さとう》 拓《たく》

切りとり線

★読者のみなさまにお願い

この本をお読みになって、どんな感想をお持ちでしょうか。祥伝社のホームページから書評をお送りいただけたら、ありがたく存じます。今後の企画の参考にさせていただきます。また、次ページの原稿用紙を切り取り、左記まで郵送していただいても結構です。

お寄せいただいた書評は、ご了解のうえ新聞・雑誌などを通じて紹介させていただくこともあります。採用の場合は、特製図書カードを差しあげます。

なお、ご記入いただいたお名前、ご住所、ご連絡先等は、書評紹介の事前了解、謝礼のお届け以外の目的で利用することはありません。また、それらの情報を6カ月を越えて保管することもありません。

〒101-8701（お手紙は郵便番号だけで届きます）
祥伝社新書編集部
電話03（3265）2310
祥伝社ホームページ　http://www.shodensha.co.jp/bookreview/

★本書の購買動機（新聞名か雑誌名、あるいは○をつけてください）

＿＿＿＿新聞の広告を見て	＿＿＿＿誌の広告を見て	＿＿＿＿新聞の書評を見て	＿＿＿＿誌の書評を見て	書店で見かけて	知人のすすめで

★100字書評……親日国の世界地図

名前

住所

年齢

職業

佐藤 拓　さとう・たく

1959年、愛知県生まれ。京都大学工学部卒業。科学ジャーナリストとして、物理、化学、工学、統計学と幅広い分野で活躍。世代論にも注目し、日本の戦後を独自の視点で分析している。主な著書に『暮らしの遺伝子学』『マンガでわかる「超ひも理論」』の他、祥伝社新書に『データ比較「住みにくい県」には理由がある』『1万円の世界地図』がある。

親日国《しんにちこく》の世界地図《せかいちず》
——236のデータで実証《じつしょう》

佐藤《さとう》 拓《たく》

2018年2月10日　初版第1刷発行

発行者……………辻 浩明
発行所……………祥伝社しょうでんしゃ
〒101-8701　東京都千代田区神田神保町3-3
電話　03(3265)2081(販売部)
電話　03(3265)2310(編集部)
電話　03(3265)3622(業務部)
ホームページ　http://www.shodensha.co.jp/

装丁者……………盛川和洋
印刷所……………萩原印刷
製本所……………ナショナル製本

Printed in Japan　ISBN978-4-396-11529-6　C0230